典藏

《尚书》译注

杨红泉 译著

春风文艺出版社
·沈阳·

图书在版编目（CIP）数据

《尚书》译注 / 杨红泉译著 . -- 沈阳 : 春风文艺
出版社, 2025.5. -- ISBN 978-7-5313-7014-7

Ⅰ . K221.04

中国国家版本馆 CIP 数据核字第 2025WR2652 号

春风文艺出版社出版发行

沈阳市和平区十一纬路25号　邮编：110003

武汉市籍缘印刷厂印刷

责任编辑：周珊伊		责任校对：陈　杰	
装帧设计：康　妞		幅面尺寸：142mm×210mm	
字　　数：294千字		印　　张：12	
版　　次：2025年5月第1版		印　　次：2025年5月第1次	
书　　号：ISBN 978-7-5313-7014-7			
定　　价：68.00元			

目　录

虞　书

尧　典…………………………………………………003
舜　典…………………………………………………017
大禹谟…………………………………………………034
皋陶谟…………………………………………………049
益　稷…………………………………………………056

夏　书

禹　贡…………………………………………………069
甘　誓…………………………………………………094
五子之歌………………………………………………097
胤　征…………………………………………………102

商　书

汤　誓…………………………………………………109
仲虺之诰………………………………………………112
汤　诰…………………………………………………118
伊　训…………………………………………………122
太　甲（上）…………………………………………127
太　甲（中）…………………………………………131

太　甲（下）……………………………………… 134

咸有一德…………………………………………… 137

盘　庚（上）……………………………………… 141

盘　庚（中）……………………………………… 149

盘　庚（下）……………………………………… 155

说　命（上）……………………………………… 158

说　命（中）……………………………………… 162

说　命（下）……………………………………… 166

高宗肜日…………………………………………… 170

西伯戡黎…………………………………………… 172

微　子……………………………………………… 175

周　书

泰　誓（上）……………………………………… 181

泰　誓（中）……………………………………… 185

泰　誓（下）……………………………………… 189

牧　誓……………………………………………… 192

武　成……………………………………………… 196

洪　范……………………………………………… 202

旅　獒……………………………………………… 214

金　縢……………………………………………… 218

大　诰……………………………………………… 224

微子之命…………………………………………… 232

康　诰……………………………………………… 235

酒　诰……………………………………………… 246

梓　材……………………………………………… 254

召　诰……………………………………………… 258

洛　诰 …………………………………………… 266

多　士 …………………………………………… 276

无　逸 …………………………………………… 283

君　奭 …………………………………………… 289

蔡仲之命 ………………………………………… 297

多　方 …………………………………………… 301

立　政 …………………………………………… 309

周　官 …………………………………………… 317

君　陈 …………………………………………… 323

顾　命 …………………………………………… 328

康王之诰 ………………………………………… 338

毕　命 …………………………………………… 342

君　牙 …………………………………………… 348

冏　命 …………………………………………… 351

吕　刑 …………………………………………… 355

文侯之命 ………………………………………… 368

费　誓 …………………………………………… 372

秦　誓 …………………………………………… 375

虞 书

尧 典

【原文】

昔在帝尧，聪明文思，光宅天下①。将逊于位，让于虞舜，作《尧典》②。

【注释】

①昔：从前。文思：智慧与品德兼备。光宅：同"奄有"，占有，拥有。

②逊：让出王位。

【译文】

从前唐尧在世的时候，耳聪目明，智慧与品德兼备，因此能够拥有天下。在他即将把帝位禅让给虞舜的时候，史官记录写下了《尧典》。

【原文】

曰若稽古，帝尧曰放勋，钦明文思安安，允恭克让，光被四表，格于上下①。克明俊德，以亲九族②。九族既睦，平章百姓③。百姓昭明，协和万邦④。黎民于变时雍⑤。

【注释】

①曰若：句首发语词，无义。稽古：考察往事。钦明：恭俭明察。安安：通"晏晏"，温和。允：诚实。恭：恭敬。克：能够。让：谦让。被：覆盖，遍及。四表：四方极远的地方。

格：至，达到。

②明：显明，这里是选拔任用。俊德：才德杰出的人。

③平章：辨别彰明。百姓：百官。意指妥善处理百官之事。

④昭明：清晰有条理。协和：和谐融洽。

⑤时：善。雍：和睦。意指天下黎民百姓都变化从善，于是风俗大和。

【译文】

考察往事，帝尧的名叫作放勋，他恭俭明察，才智与德行并重，性情温和而宽容，谦逊而乐于让贤，德行远播四方，贯通天地。他能选拔才德兼备的人，使家族亲密和睦。家族和睦之后，又能够妥善处理百官政事。百官的政事处理好了，又能使万邦诸侯和谐融洽。天下民众也逐渐受其感化变得友好和睦。

【原文】

乃命羲和，钦若昊天，历象日月星辰，敬授民时①。

【注释】

①乃：于是，就。羲和：羲氏、和氏的并称。相传为重黎的后代，世掌天地四时之官，制定历法。钦：敬。若：顺从，遵循。昊天：苍天。历：推算。象：取法。意指推算日月星辰运行的规律，并加以取用。敬授民时：将历法传给百姓，使知时令变化，不误农时。

【译文】

尧于是命令羲氏与和氏，要恭敬地遵循自然的时序，根据日月星辰运行的规律，制定出历法，方便人们依照时令节气从事生产活动。

【原文】

分命羲仲，宅嵎夷，曰旸谷①。寅宾出日，平秩东作②。日中，星鸟，以殷仲春③。厥民析，鸟兽孳尾④。

【注释】

①分命：任命。宅：居住。嵎夷（yú yí）：东部滨海地区。古代指东方极远之地。旸（yáng）谷：日出的地方。

②寅：恭敬。宾：导引。平秩：平，辨别。秩，次序。东作：春耕。

③日中：春分，昼夜长短相等。星鸟：南方朱雀七宿，在天呈鸟形，故名星鸟，傍晚在南方天空正中出现。夏至则青龙，秋分则玄武，冬至则白虎。殷：正，确定。仲春：春季第二月。

④厥：其。析：分散。孳尾：生殖繁衍。

【译文】

任命羲仲居住在东方旸谷，负责恭敬地迎接日出，辨别测定太阳东升的时刻以便从事春耕。依据昼夜长短相等，以及南方朱雀七宿黄昏时出现在天的正南方这些现象来确定为春分。这时，人们分散在田野里辛勤劳作，鸟兽也开始生育繁殖。

【原文】

申命羲叔，宅南交，曰明都①。平秩南讹，敬致②。日永，星火，以正仲夏③。厥民因，鸟兽希革④。

【注释】

①申：再次。宅：居住。南交：南部交趾地区。明都：

古地名。

②平秩：平，辨别。秩，次序。讹：运行。意指太阳从北回归线向南移动。敬致：恭敬地迎接太阳到来。致，到来。

③日永：夏至。永，长。星火：东方青龙七宿之一，夏至日黄昏出现在南方。

④厥：其。因：迁往高地居住。夏天百姓为避洪水，迁往高地居住。希革：鸟兽毛羽稀少。

【译文】

又任命羲叔，住在南方的交趾地区，也就是明都这个地方。负责辨别测定太阳往南运行的时刻，恭敬地迎接太阳向南回归。依据白昼时间最长，以及东方青龙七宿黄昏时出现在南方这些现象来确定为夏至。这时，人们为了躲避洪水，迁往高地居住，鸟兽的羽毛也都稀疏起来，以适应炎热的天气。

【原文】

分命和仲，宅西，曰昧谷。寅饯纳日，平秩西成①。宵中，星虚，以殷仲秋②。厥民夷，鸟兽毛毪③。

【注释】

①分命：任命。宅：居住。昧谷：古代传说西方日入之处。寅：敬。饯：送行。纳日：入日，落日。

②平秩：平，辨别。秩，次序。西成：太阳西落的时刻。成，终。

③宵中：秋分。昼夜长短相等。

④星虚：北方玄武七宿之一，秋至日黄昏出现在南方。殷：正，确定。

⑤厥：其。夷：平。到平地居住。

⑥毨（xiǎn）：鸟兽新换的毛整齐。

【译文】

又任命和仲，住在西方的昧谷。负责恭敬地送别落日，辨别测定太阳西落的时刻。依据昼夜长短相等，以及北方玄武七宿中的虚星黄昏时出现在正南方这些现象确定为秋分。这时，人们离开高地又回到平地上居住，而鸟兽也开始换上新的羽毛。

【原文】

申命和叔，宅朔方，曰幽都①。平在朔易②。日短，星昴，以正仲冬③。厥民隩，鸟兽氄毛④。

【注释】

①申：再次。宅：居住。朔方：北方极远之地。幽都：古地名。

②平：辨别。在：观察。朔易：太阳从南回归线向北运转。

③日短：冬至。白昼最短。星昴（mǎo）：西方白虎七宿之一，冬至日黄昏出现在南方。

④厥：其。隩（yù）：通"奥"，室内。氄（rǒng）：鸟兽细密而柔软的毛。

【译文】

又任命和叔，住在北方的幽都。负责辨别观察太阳往北运行的情况。依据白昼时间最短，以及西方白虎七宿中的昴星黄昏时出现在正南方这些现象确定为冬至。这时，人们都住在室内取暖，而鸟兽长出了细密而柔软的毛。

【原文】

帝曰："咨①！汝羲暨和②。期三百有六旬有六日，以闰月定四时，成岁③。允厘百工，庶绩咸熙④。"

【注释】

①咨：叹词。

②汝：你们。暨：与，和。

③期（jī）：一周年。有：通"又"。以闰月定四时：每年只有三百五十四天，所以增加闰月来调剂四季。岁：一年。

④允：信，确定。厘：治。百工：百官。庶绩：各种事业。庶，众。熙：兴起，兴盛。

【译文】

尧说："啊！你们羲氏与和氏。望你们以三百六十六天为一周年，通过增设闰月的方式，准确划分春夏秋冬四季，以此构成一个完整的年份。由此规定百官的事务，各种事业就都能兴盛发展了。"

━━━━━━━━━ ◆ ━━━━━━━━━

【原文】

帝曰："畴，咨，若时登庸①？"

【注释】

①畴：谁。咨：叹词。若时：顺应时令为政。若，顺。时，四时。登庸：选拔任用。

【译文】

尧帝说："啊，谁能顺应时令为政？我要提拔任用他。"

【原文】

放齐曰："胤子朱启明①。"

【注释】

①放齐：臣名。胤子：嗣子。朱：尧的儿子丹朱。启明：聪慧通达。

【译文】

放齐说："您的儿子丹朱聪慧通达，可以让他担任这项职务。"

————————◆————————

【原文】

帝曰："吁！嚚讼，可乎①？"

【注释】

①吁：语气词，表示惊讶。嚚讼（yín sòng）：奸诈而好争讼。

【译文】

尧帝说："唉！他奸诈而好争讼，可以吗？"

————————◆————————

【原文】

帝曰："畴，咨，若予采①？"

【注释】

①畴：谁。咨：叹词。若：顺从。予：我。采：事。处理政务。

【译文】

尧帝说："谁能够根据我的意见处理政务呢？"

【原文】

驩兜曰："都！共工方鸠僝功①。"

【注释】

①驩兜（huān dōu）：相传为尧舜时的部落首领，四凶之一。都：表示赞叹的语气词。共工：善于治水，四凶之一。方：通"旁"，普遍，广大。鸠：通"纠"，聚集。僝（zhuàn）：具有，显现。僝功，取得一定成绩。

【译文】

驩兜说："啊！共工能够聚集众人之力成就功业。"

- - - - - - - - - - ◆ - - - - - - - - - -

【原文】

帝曰："吁！静言庸违，象恭滔天①。"

【注释】

①吁：语气词，表示惊讶。静言：即巧言。庸：常。违：违背命令。象恭：貌似恭敬。滔：通"慆"，轻慢。天：指国君。

【译文】

尧帝说："唉！这个人花言巧语，阳奉阴违，貌似恭敬，实则轻慢国君。"

- - - - - - - - - - ◆ - - - - - - - - - -

【原文】

帝曰："咨！四岳，汤汤洪水方割，荡荡怀山襄陵，浩浩滔天①。下民其咨，有能俾乂②？"

【注释】

①咨：叹词。四岳：四方氏族部落首领。汤汤、荡荡、

浩浩: 水势浩大的样子。方: 通"旁", 普遍, 广大。割: 通"害"。怀: 包围。襄: 漫上。滔: 漫, 遮蔽。

②下民: 臣民。其: 代词, 代指洪水滔天这件事。咨: 嗟叹。俾（bǐ）: 使。乂（yì）: 治理。

【译文】

尧帝说:"啊! 四方的诸侯啊! 滔滔的洪水到处危害人们, 水势奔腾包围了山岭, 淹没了丘陵, 浩浩荡荡, 弥漫接天。臣民百姓都愁苦叹息, 有谁能治理洪水, 使我们的人民得以安居乐业呢? "

【原文】

佥曰:"於! 鲧哉①。"

【注释】

①佥（qiān）: 都。於（wū）: 感叹词。

【译文】

人们都说:"啊! 还是让鲧来担负这项责任吧。"

【原文】

帝曰:"吁! 咈哉, 方命圮族①。"

【注释】

①吁: 语气词, 表示惊讶。咈（fú）: 古同"拂", 违逆, 违背。方命: 负命, 抗命。圮族: 危害族人。

【译文】

尧帝说:"唉! 这个人常常违背法纪, 不服从命令, 危害族人，不可任用。"

【原文】

岳曰："异哉！试可乃已①。"

【注释】

①异：举，任用。试可乃已：应为"试不可乃已"。已：罢免。

【译文】

四方诸侯之长说："先用吧！实在不可以，再罢免他。"

【原文】

帝曰，"往，钦哉①！"九载，绩用弗成②。

【注释】

①往：去。钦：敬。

②绩用：功用。弗：不。

【译文】

尧帝说："去吧，要恭敬地对待职事啊！"鲧治水九年，并未取得显著成效。

【原文】

帝曰："咨！四岳。朕在位七十载，汝能庸命，巽朕位①？"

【注释】

①咨：叹词。四岳：四方氏族部落首领。汝：你们。庸

命：顺应天命。庸，用。巽（xùn）：通"践"，继任。

【译文】

尧帝说："啊！四方的诸侯啊！我在位已经七十年了，你们当中谁能够顺应天命接替我的帝位？"

【原文】

岳曰："否德忝帝位^①。"

【注释】

①否（pǐ）：鄙陋。忝：辱，犹言不配。

【译文】

四方诸侯之长说："我们德行浅陋，不能胜任。"

【原文】

曰："明明扬侧陋^①。"

【注释】

①明明：前一个明是动词，明察；后一个明是名词，在显贵位置的人。扬：荐举。侧陋：地位低下而才德兼备的人。

【译文】

尧帝说："可以明察贵戚中的贤才，也可以推举地位低微的贤德之人。"

【原文】

师锡帝曰："有鳏在下，曰虞舜^①。"

【注释】

①师：众人。锡：通"赐"，提意见。鳏（guān）：无妻的男子。

【译文】

众人提议说："在民间有一个无妻的男子，他的名字叫虞舜。"

———————◆———————

【原文】

帝曰："俞！予闻，如何①？"

【注释】

①俞：文言叹词。犹言"然"。

【译文】

尧帝说："是的，我也听说过这个人，他的德行怎么样呢？"

———————◆———————

【原文】

岳曰："瞽子。父顽，母嚚，象傲，克谐以孝，烝烝乂，不格奸①。"

【注释】

①瞽（gǔ）：盲人，瞎子。指舜的父亲乐官瞽叟。顽：心术不正。嚚（yín）：奸诈、狡猾。克：能够。谐：和睦相处。烝烝乂：日趋于善。格奸：至于奸恶。

【译文】

四方诸侯之长回答说："他是乐官瞽叟的儿子。他的父亲心术不正，他的母亲总是说谎，他的弟弟非常傲慢，而舜却能同他们和谐相处，用孝行感化他们。他们也日趋于善，不至于成为大奸大恶之人！"

【原文】

帝曰："我其试哉！女于时，观厥刑于二女①。"

【注释】

①其：将。女于时：女，嫁，即把女儿嫁于人。时，通"是"，这，这里指虞舜。意指将女儿嫁给虞舜。厥：代指虞舜。刑：同"型"，典型，法则。

【译文】

尧帝说："我试试吧！把我的两个女儿嫁给舜，通过两个女儿考察他的治家法则。"

【原文】

厘降二女于妫汭，嫔于虞①。

【注释】

①厘：整饬、命令。降：下嫁。妫汭（guī ruì）：妫水隈曲之处。嫔：嫁人为妇。

【译文】

于是命令在妫河的弯曲处举行婚礼，将两个女儿嫁给虞舜。

【原文】

帝曰："钦哉①！"

【注释】

①钦：敬。

【译文】

尧帝说："以后你就敬慎地处理政务吧！"

舜 典

【原文】

虞舜侧微，尧闻之聪明，将使嗣位，历试诸难，作《舜典》①。

【注释】

①侧微：卑贱。嗣位：继承帝位。

【译文】

虞舜出身寒微，尧听说他明辨是非、善于决断，想让他承继大位，用诸多困难来考验他，史官记录写下了《舜典》。

【原文】

曰若稽古，帝舜曰重华，协于帝①。浚哲文明，温恭允塞，玄德升闻，乃命以位②。

【注释】

①曰若：句首发语词，无义。稽古：考察往事。协：相同，类似。

②浚：深邃。哲：智慧。文明：经纬天地曰文，照临四方曰明。温恭：温良恭俭。允塞：充满，充实。玄德：幽德，内在具备而不显现于外的德行。乃：于是，就。

【译文】

考察往事，帝舜名叫重华，圣明与帝尧相合。他智慧深邃，明察秋毫，温和谦逊的美德充满天地之间，他潜心加强自身道德修养，朝堂上的官员都听说过他，于是他被授予官职。

【原文】

慎徽五典，五典克从；纳于百揆，百揆时叙；宾于四门，四门穆穆；纳于大麓，烈风雷雨弗迷①。

【注释】

①徽：调和。五典：五常之教。即"父义、母慈、兄友、弟恭、子孝"。纳：选入。百揆：总理国政之官。时叙：承顺；顺当。宾：作动词，迎接四方宾客。穆穆：仪容谨敬的样子。大麓：犹总领，谓领录天子之事。迷：迷失。

【译文】

命他担任司徒，负责教化民众，人们都能自觉遵循五种伦理道德规范；命他担任司空，主管水利、营建之事，各种政务都处理得井井有条；又命他在明堂门口迎接觐见的四方部落首领，来朝的宾客都恭恭敬敬、仪容端庄；又命他代掌天子之事，面对暴风雷雨也能处变不惊。

【原文】

帝曰："格①！汝舜。询事考言，乃言底可绩，三载，汝陟帝位②。"舜让于德，弗嗣③。

【注释】

①格：来。

②汝：你。询：考察。乃：你的。底（dǐ）绩：取得功绩。

底，致，获得。陟：升，登上。

③嗣：继承。

【译文】

尧说："来吧，舜！我考察了你这几年来的所言所行，你提出的建议最终都取得了成效，至今已经三年，你现在可以登上帝位了。"舜觉得自己德行还不够，不肯继承帝位。

【原文】

正月上日，受终于文祖①。在璿玑玉衡，以齐七政②。肆类于上帝，禋于六宗，望于山川，遍于群神③。辑五瑞，既月乃日，觐四岳群牧，班瑞于群后④。

【注释】

①上日：农历初一。受终：接受尧的禅让。文祖：尧太祖的宗庙。

②在：观察。璿玑玉衡：指北斗七星，玉衡是杓，璿玑是魁。齐：整理。七政：指日、月和金、木、水、火、土五星。

③肆：遂，于是。类：通"禷"，祭天之礼。禋（yīn）：祭名。把牺牲、玉帛放在柴上焚烧，使烟气上达于天以致精诚。六宗：天地四时。望：祭祀山川之礼。

④辑：收集。五瑞：诸侯作为符信用的五种玉。王执镇圭，公执桓圭，侯执信圭，伯执躬圭，子执谷璧，男执蒲璧。既月乃日：选择吉月、吉日。觐：朝见天子。四岳：四方氏族部落首领。牧：官长。班，通"颁"，颁发，分发。瑞：即"五瑞"。后：君主。这里指诸侯首领。

【译文】

正月初一这一天，舜在尧的太庙中正式接受了禅让的册命。舜继位后，他仔细观察了北斗七星的运行规律，并根据日月星辰的变化制定了新的历法。接着便举行了盛大的祭天大典，向天帝报告自己继承帝位的事，然后又精心诚意地祭祀天地四时、山川和众神。随后收集诸侯的五种圭玉，选定良辰吉日，接受四方诸侯的朝见，把圭玉颁发给他们。

【原文】

岁二月，东巡守，至于岱宗，柴①。望秩于山川，肆觐东后②。协时月正日，同律度量衡③。修五礼、五玉、三帛、二生、一死贽④。如五器，卒乃复⑤。

【注释】

①巡守：天子出行，视察邦国州郡。岱宗：东岳泰山。柴：祭天之礼，祭祀时积聚柴火，将祭品放于柴火之上而焚烧。

②望：祭祀山川之礼。秩：次序，依次。肆：于是。觐：朝见天子。东后：东方的诸侯。

③协：协调。正：定。同：统一。律：音律。古代十二律，即黄钟、大吕、太簇、夹钟、姑洗、仲吕、蕤宾、林钟、夷则、南吕、无射、应钟。其中，单数六种称六阳律，双数六种称六阴律。度：丈尺。量：斗斛等容器。衡：称重量的器具。

④五礼：公侯伯子男五等朝聘之礼。五玉：前面说的五瑞。三帛：包裹瑞玉的红黑黄三种颜色的丝帛。孔安国曰："诸侯世子执纁，公之孤执玄，附庸之君执黄。"二生：活的羊羔和大雁。卿执羔，大夫执雁。一死：一只死野鸡。士执雉。贽：执以朝贡。

⑤如：入，纳。五器：上文所说的五种瑞玉。卒：终。乃：于是。复：返还。朝见完毕后就归还。

【译文】

这年二月，舜来到东方巡视，在泰山举行了祭祀泰山的典礼。对于其他山川，都按地位尊卑依次举行了祭祀，然后，接受了东方诸侯君长的朝见。他协调春夏秋冬四时的月份，确定了各月的天数，统一音律、度、量、衡。制定了公侯伯子男等不同爵位朝聘的礼节，规定用五种瑞玉、三种不同颜色的丝绸、活羊羔、活雁、死野鸡，分别作为诸侯、卿大夫和士朝见时的贡物。先纳入五种瑞玉，待朝见完毕后，这些瑞玉仍然还给诸侯。

【原文】

五月，南巡守，至于南岳，如岱礼①。八月，西巡守，至于西岳，如初②。十有一月，朔巡守，至于北岳，如西礼③。归，格于艺祖，用特④。

【注释】

①巡守：天子出行，视察邦国州郡。南岳：衡山。如岱礼：和巡狩泰山之礼一样。

②西岳：华山。如初：和最初巡守泰山一样。

③朔：北方。北岳：恒山。

④归：巡行回来。格：到。艺祖：上文所说的文祖，即尧太祖的宗庙。特：公牛。

【译文】

五月，舜又来到南方巡视，到达衡山，像祭祀泰山一样祭祀衡山。八月，舜到西方巡视，到达华山，也像祭祀泰山一样祭祀华山。十一月，舜到北方巡视，到达恒山，像祭祀华山一样祭祀恒山。回朝之后，到尧的太庙祭祀，用一头牛作为祭品，举行了祭祀仪式。

【原文】

五载一巡守，群后四朝，敷奏以言，明试以功，车服以庸①。

【注释】

①群后：四方诸侯君长。敷奏：陈奏，向君上报告。试：考察。庸：功劳。

【译文】

之后就每五年巡视一次，四方诸侯依照各自方位，分别在四岳朝见天子，向天子报告自己的政务，天子也认真地考察诸侯国的政治得失，对那些政绩卓著的诸侯赐予车马和衣物作为奖赏。

【原文】

肇十有二州，封十有二山，浚川①。

【注释】

①肇：正，这里指划定州界。封：封土筑坛。有：通"又"。浚：疏通。

【译文】

舜划定十二州的疆界，在十二州的名山上封土为坛举行祭祀，同时他还负责疏浚了河道。

【原文】

象以典刑，流宥五刑，鞭作官刑，扑作教刑，金作赎刑①。眚灾肆赦，怙终贼刑②。钦哉，钦哉，惟刑之恤哉③！

【注释】

①象：刻画墨、劓、剕、宫、大辟之刑于器物，使民知所惩戒。典刑：常刑。流：流放。宥：宽宥。扑：用槚木荆条笞打。古代学校用来体罚的器具。金：古代多称铜为金。

②眚（shěng）灾：因过失而造成灾害。肆：于是。怙：依仗。贼：犹则。

③惟：表示希望。钦：敬。恤：谨慎。

【译文】

舜把五种常用的刑罚刻画在器物上，用来警示世人，用流放的办法代替五刑以示宽大饶恕，有官职的犯了错就罚以鞭刑，用荆条教育不服从教化的学生，对于犯了小错或者还有疑问的就用铜赎罪。凡是过失犯罪，就赦免他；要是犯了罪还不知悔改，就要严加惩罚。慎重啊，慎重啊，使用刑罚时一定要慎重啊！

———— ● ————

【原文】

流共工于幽州，放驩兜于崇山，窜三苗于三危，殛鲧于羽山，四罪而天下咸服①。

【注释】

①幽州：北方边境。崇山：南方边境。三危：西方边境。羽山：东方边境。殛：诛死。流、放、窜，都是流放、驱逐的意思。罪：惩罚。咸：都。

【译文】

于是把共工流放到幽州，把驩兜流放到崇山，把三苗驱逐到三危，把鲧流放到羽山，这四个罪人受到了应有的惩罚，天下的人都心悦诚服。

【原文】

二十有八载，帝乃殂落①。百姓如丧考妣，三载，四海遏密八音②。

【注释】

①有：通"又"。乃：才。殂（cú）落：死亡。

②百姓：百官。考妣：父死后称"考"，母死后称"妣"。遏：停止。密：静止。八音：金、石、丝、竹、匏、土、革、木。这里泛指一切演奏的音乐。

【译文】

舜辅佐政务二十八年后，尧帝逝世了。人们好像死了父母一样地沉浸在悲痛之中，在接下来的三年里，全国上下不再奏乐。

【原文】

月正元日，舜格于文祖，询于四岳，辟四门，明四目，达四聪①。"咨，十有二牧②！"曰，"食哉惟时！柔远能迩，惇德允元，而难任人，蛮夷率服③。"

【注释】

①月正元日：正月元日。格：来，到。文祖：尧太祖的宗庙。询：谋。四岳：四方氏族部落首领。四门：明堂的东西南北

四门。明四目，达四聪：广视听于四方，使天下无壅塞。

②咨：叹词。牧：官长。

③食：衣食。惟：只。时：顺时。柔：安抚。能：亲善，和睦。迩：近。惇：亲厚。德：有德行的人。允：信任。元：善，善良的人。难：拒，引申为疏远。任人：佞人。率：带领。

【译文】

守丧三年后的正月初一，舜到了尧的太庙，与四方诸侯君长共商国家大事，打开明堂四门，明察天下政务，倾听四方意见。"啊，十二州的官长！"舜帝说："只有顺应天时，才能解决温饱。安抚远方的臣民，爱护近处的臣民，亲厚有德的人，信任善良的人，疏远邪佞的人，这样，边远的外族都会相率归服。"

· ◆ ·

【原文】

舜曰："咨，四岳！有能奋庸熙帝之载，使宅百揆，亮采惠畴①？"

【注释】

①咨：叹词。四岳：四方氏族部落首领。奋庸：努力建立功业。熙：光大，振兴。载：事业。宅：居。百揆：官名，负责统率百官，即后世所谓宰相。亮：辅佐。采：事。处理政务。惠：顺从。畴：类。

【译文】

舜帝说："啊！四方诸侯的官长！有谁能奋发努力、发扬光大尧帝的事业，身居宰相之位辅助我治理国家呢？"

【原文】

佥曰："伯禹作司空①。"

【注释】

①佥：都。司空：主管水利、营建之事。

【译文】

都说："担任司空之职的伯禹可以（承当）百揆之任。"

【原文】

帝曰："俞，咨！禹，汝平水土，惟时懋哉①！"

【注释】

①俞：文言叹词。犹言"然"。咨：叹词。汝：你。平：治。惟：表示希望。时：通"是"，这，代指百揆。懋：勉力，努力。

【译文】

舜帝说："好啊！禹，你治理水土很有成效，努力担任百揆这个职位吧！"

【原文】

禹拜稽首，让于稷、契暨皋陶①。

【注释】

①稽首：古代一种跪拜礼。稷：名"弃"，周之始祖。契（xiè）：商之始祖。暨：与，和。皋陶（gāo yáo）：东夷部落的首领。

【译文】

禹跪拜叩头，让给稷、契和皋陶。

【原文】

帝曰："俞，汝往哉^①！"

【注释】

①俞：文言叹词。犹言"然"。汝：你。往：去。

【译文】

舜帝说："好啦，还是你去吧！"

【原文】

帝曰："弃，黎民阻饥，汝后稷，播时百谷^①。"

【注释】

①弃：后稷名。阻饥：饥饿。汝：你。后：主掌。稷：农官，主管播种百谷之事。时：通"莳"，种植。

【译文】

舜帝说："弃，人们忍饥挨饿，你主持农业，教人们种植庄稼吧！"

【原文】

帝曰："契，百姓不亲，五品不逊^①。汝作司徒，敬敷五教，在宽^②。"

【注释】

①亲：亲善。五品：指君臣、父子、夫妇、长幼、朋友。

逊：和顺。

②汝：你。司徒：掌管教化。敷：布，传播。五教：即上文的五典。

【译文】

舜帝说："契，百姓之间不亲善，父母兄弟子女都不和顺。你做司徒吧，谨慎地推行父义、母慈、兄友、弟恭、子孝五种教育，凡事要注重宽厚，不可待人严苛。"

【原文】

帝曰："皋陶，蛮夷猾夏，寇贼奸宄①。汝作士，五刑有服，五服三就②。五流有宅，五宅三居③。惟明克允④！"

【注释】

①蛮夷：南方少数民族。猾：扰乱，侵犯。夏：中国。寇：抢劫。贼：杀人。奸宄（guǐ）：犯法作乱。乱在外叫作奸，乱在内叫作宄。

②汝：你。士：狱官之长。五刑：墨、劓、刖、宫、大辟五种刑罚。服：用，实施。三就：即指原野、市、朝三个行刑之地。

③宅：居，处所。三居：远近不同的三种地方。

④惟：表示希望。明：明察。允：信服。

【译文】

舜帝说："皋陶，外族侵扰我们中国，抢劫杀人，为非作歹。你作狱官之长吧，根据不同的罪行，施以相应的五种刑罚，罪大的便带到原野上行刑，罪轻的可分别带到市、朝内行刑。流放也要根据罪行分为五种，分别在三个远近不同的地方。只有明察案情，定罪公允，才能使人信服！"

【原文】

帝曰:"畴若予工①?"佥曰:"垂哉②!"帝曰:"俞,咨!垂,汝共工③。"垂拜稽首,让于殳斨暨伯与④。帝曰:"俞,往哉!汝谐⑤。"

【注释】

①畴:谁。若:善。工:官名,为百工之长,掌管百工之事。

②佥:都。垂:同"锤",尧时巧匠。

③俞:文言叹词。犹言"然"。咨:叹词。汝:你。共:供职,奉职。

④稽首:古代一种跪拜礼。殳斨(shū qiāng)、伯与:二臣名。暨:与,和。

⑤谐:合适。

【译文】

舜帝说:"谁能当好掌管我们百工的官?"都说:"垂啊!"舜帝说:"好啊!垂,你来担任掌管百工的官吧!"垂跪拜叩头,让给殳斨和伯与。舜帝说:"好啦,去吧!你最合适了。"

【原文】

帝曰:"畴若予上下草木鸟兽①?"佥曰:"益哉②!"帝曰:"俞,咨!益,汝作朕虞③。"益拜稽首,让于朱虎、熊罴④。帝曰:"俞,往哉!汝谐⑤。"

【注释】

①畴:谁。若:善。上下:上指山,下指泽。

②佥:都。益:伯益。

③俞：文言叹词。犹言"然"。咨：叹词。汝：你。虞：掌管山林的官。

④稽首：古代一种跪拜礼。朱虎、熊罴：二臣名。

⑤谐：合适。

【译文】

舜帝说："谁能掌管我们的山林草泽的草木鸟兽呢？"都说："益啊！"舜帝说："好啊！益，你担任我的虞官吧。"益跪拜叩头，让给朱虎和熊罴。舜帝说："好啦，去吧！你最合适了。"

【原文】

帝曰："咨！四岳，有能典朕三礼①？"佥曰："伯夷！"帝曰："俞，咨！伯，汝作秩宗②。夙夜惟寅，直哉惟清③。"伯拜稽首，让于夔、龙④。帝曰："俞，往，钦哉⑤！"

【注释】

①咨：叹词。四岳：四方氏族部落首领。典：主持，掌管。三礼：天、地、人礼，泛指礼法。

②佥：都。俞：文言叹词。犹言"然"。咨：叹词。秩宗：主掌宗庙祭祀的礼官。

③夙夜：早晚。惟：只。寅：敬。直：正直。惟：又。清：清明。

④稽首：古代一种跪拜礼。夔、龙：二臣名。

⑤钦：敬。

【译文】

舜帝说："啊！四方诸侯的官长，有谁能做礼官呢？"都说："伯夷！"舜帝说："好啊！伯夷，你做掌管祭祀的礼官吧。早晚都要恭敬地去祭祀神明，祭祀时的陈词要正直、清明。"伯夷跪拜叩头，让给夔和龙。舜帝说："好啦，去吧！祭祀一定要恭敬啊！"

【原文】

帝曰："夔！命汝典乐，教胄子，直而温，宽而栗，刚而无虐，简而无傲①。诗言志，歌永言，声依永，律和声②。八音克谐，无相夺伦，神人以和③。"

【注释】

①汝：你。典：主持，掌管。乐：乐官。胄子：贵族子弟。直而温：正直而温和。宽而栗：宽和而恭谨。刚而无虐：刚正而不凌人。简而无傲：简约而不傲慢。

②永：咏，吟唱。

③八音：泛指一切的音乐演奏。克：能够。夺伦：乱了次序。和：高兴。

【译文】

舜帝说："夔！我现在任命你为乐官，负责教导学生，让他们正直而温和，宽厚而恭谨，刚正而不凌人，简约而不傲慢。诗是用来表达思想感情的，歌则借助语言的力量把这种思想感情咏唱出来，歌唱的声音要合乎吟唱的音律，音律要能与五声相和。八类乐器演奏出的音调能够相互调和，不使它们乱了次序，如此，神人听了都会感到和谐、快乐。"

【原文】

夔曰："於！予击石拊石，百兽率舞①。"

【注释】

①於：感叹词。予：我们。石：石磬。拊：轻轻叩击。率舞：相率而舞。

【译文】

夔说："啊！让我们敲着石磬，奏起乐来，使各种扮演兽类的舞队都随着音乐舞蹈起来！"

【原文】

帝曰："龙，朕塈谗说殄行，震惊朕师①。命汝作纳言，夙夜出纳朕命，惟允②！"

【注释】

①塈（jí）：通"疾"，憎恶。谗说殄行：谗言、恶行。师：众。朕：我。师：众。

②汝：你。纳言：官名，负责上命下传，下情上达。夙夜：早晚。出：传命。纳：入。引申为吸纳百姓意见。惟：表示希望。允：真实。

【译文】

舜帝说："龙！我厌恶一切的谗言和恶行，这些行为只会使我们的民众感到恐慌。我任命你做纳言的官，早晚传达我的命令，反映百姓的心声，保证真实没有丝毫偏差！"

【原文】

帝曰："咨！汝二十有二人，钦哉！惟时亮天功①。"

【注释】

①咨：叹词。汝：你们。二十有二人：十二牧与禹、垂、

益、伯夷、夔、龙、殳斨、伯与、朱虎、熊罴共二十二人。有，通“又”。钦：敬。惟：表示希望。时：善。亮：辅佐。天功：天下大事。

【译文】

舜帝说："啊！你们二十二人，要恭敬地履行职责啊！要好好辅佐天下大事啊！"

【原文】

三载考绩，三考，黜陟幽明，庶绩咸熙，分北三苗①。舜生三十，征庸三十，在位五十载，陟方乃死②。

【注释】

①考绩：按一定标准考核官吏的成绩。黜：罢免。陟：提拔。幽：昏庸。明：贤明。庶绩：各种事业。咸：都。熙：兴起，兴盛。分北：北，通"背"，分离。

②征庸：召用，任用。三十：实为二十八载。陟：升，登。方：方岳，这里指南岳衡山。乃：才。

【译文】

舜帝三年考察一次政绩，考察三次后，罢免昏庸的官员，提拔贤明的官员，于是，各种事业都兴盛起来，分别把三苗流放到三个不同的地方。舜三十岁时被征用，摄位二十八年，在帝位五十年，巡狩南方时才逝世。

大禹谟

【原文】

皋陶矢厥谟，禹成厥功，帝舜申之^①。作《大禹》《皋陶谟》《益稷》。

【注释】

①矢：陈述。厥：其。谟：谋略。申：再次。

【译文】

皋陶陈述他的谋略，禹成就他治水的功绩，舜帝再次表彰他们的功劳。史官根据他们的议论写作了《大禹》《皋陶谟》和《益稷》。

⋯⋯⋯⋯⋯⋯⋯⋯⋯⋯⋯⋯⋯⋯⋯⋯⋯⋯

【原文】

曰若稽古，大禹曰文命，敷于四海，祗承于帝^①。曰："后克艰厥后，臣克艰厥臣，政乃乂，黎民敏德^②。"

【注释】

①曰若：句首发语词，无义。稽古：考察往事。文命：大禹名。敷：布。祗承：敬承。

②后：君主。克：能够。艰：艰难。厥：其。乂：治理。敏德：勉力修德。

【译文】

考察往事，大禹名叫文命，在外功德广布于四海，在内谦顺恭承于帝舜。他曾经说："为君的能知道为君的艰难，为臣的能认识到为臣的不易，因而勤于政事，政事就能治理好，民众也就急于修德，勉力为善。"

【原文】

帝曰："俞！允若兹，嘉言罔攸伏，野无遗贤，万邦咸宁①。稽于众，舍己从人，不虐无告，不废困穷，惟帝时克②。"

【注释】

①俞：文言叹词。犹言"然"。允：确实。若兹：如此。嘉言：善言，好的言论。罔：无。攸：所。伏：藏。野：民间。遗贤：弃置未用的贤才。万邦：天下。咸：都。

②稽：询问。舍己从人：舍己之非，从人之是。无告：有疾苦而无处诉说的人。困穷：有抱负而无处伸展的人。惟：只。时：通"是"，这。克：能够。

【译文】

帝舜说："是的。确实像这样，若使人人都能发表意见，贤才就不会得不到任用，国家也会长久太平安宁。凡事倾听人民的呼声，抛弃自我错误的言论，采纳大家正确的意见，不虐待孤苦无告的穷人，不废弃有抱负而不能施展的人，只有帝尧能够做到这一点。"

【原文】

益曰："都！帝德广运，乃圣乃神，乃武乃文①。皇天眷命，奄有四海，为天下君②。"

【注释】

①都：表示赞叹的语气词。广运：广大深远。乃圣乃神：乃，助词。圣，圣明。神，神妙。乃武乃文：武，克定祸乱。文，善治天下。

②眷：眷顾，垂爱。命：赋予重任。奄：拥有。

【译文】

伯益说："是啊！帝尧的德行广大而深远，圣哲神明，能武能文，所以上天垂爱，赋予重命，使他拥有四海，成为天下的君主。"

【原文】

禹曰："惠迪吉，从逆凶，惟影响①。"

【注释】

①惠：顺从。迪：道。吉：善。逆：为恶。惟：如同。影：影子。响：回声。意指为善者终有善报，为恶者必得恶报。

【译文】

禹说："凡是顺道从善的就得福，悖逆从恶的就得祸，这就像是影子与形体、回声与声音一样！"

【原文】

益曰："吁！戒哉！儆戒无虞，罔失法度①。罔游于逸，罔淫于乐②。任贤勿贰，去邪勿疑③。疑谋勿成，百志惟熙④。罔违道以干百姓之誉，罔咈百姓以从己之欲⑤。无怠无荒，四夷来王⑥。"

【注释】

①吁：语气词，表示惊讶。儆戒：警惕，戒备。虞：忧患。
罔：无，不要。

②逸：放纵。淫：过分。

③贰：怀疑，不信任。

④疑：犹豫不决。百志：各种志意。熙：光大。

⑤干：求。咈：违背。

⑥怠：懈怠。荒：荒废。四夷：四方的少数民族。王：宾服。

【译文】

益说："咦！可得警戒这一点啊！时刻警戒才能免于后患，不失法度。不要游荡放纵，不要过度玩乐。任用贤才不要三心二意，祛除邪恶不要犹豫不决。拿不定的主意不要勉强推行，集合众人智慧才能光大事业。不要一味迎合而违反正道去求取百姓的称誉，也不要不顾民意去满足自己的私欲。思想不怠惰，政事不荒废，那么，四方民众自然都会归顺臣服。"

【原文】

禹曰："於！帝念哉！德惟善政，政在养民①。水、火、金、木、土、谷，惟修；正德、利用、厚生，惟和②。九功惟叙，九叙惟歌③。戒之用休，董之用威，劝之以九歌，俾勿坏④。"

【注释】

①於：感叹词。念：考虑。惟：在于。

②惟：表示希望。修：治理。正德：端正德行。利用：各尽其用。厚生：生活丰足。和：和顺。

③九功：参考下文，水、火、金、木、土、谷为六府，正德、

利用、厚生为三事。惟：助词。叙：恰当，合理。歌：赞美，歌颂。

④休：恩。董：督。威：刑罚。俾：使。

【译文】

禹说："啊！您要记住啊！最好的为政方式在于推行仁政，仁政的核心在于养育百姓。水、火、金、木、土、谷这六府要治理妥当，正德、利用、厚生这三件事要互相配合施行。如果这九个方面的事情都能安排恰当，人民就会歌颂君王的德政。为善的要用恩德加以劝勉，为恶的要用刑罚加以惩处，然后，用九歌劝勉他们，确保这九件事不致被破坏。"

【原文】

帝曰："俞！地平天成，六府三事允治，万世永赖，时乃功①。"

【注释】

①俞：文言叹词。犹言"然"。地平：水土得到治理。天成：万物得以滋长。允：的确。时：通"是"。乃：你的。

【译文】

帝舜道："讲得对！现在水土治平，万物得以成长，六府三事确实治理得很好，这造福千秋万代的功业，都是你的啊！"

【原文】

帝曰："格，汝禹！朕宅帝位三十有三载，耄期倦于勤①。汝惟不息，总朕师②。"

【注释】

①格：来。朕：我。宅：居。耄期（mào jī）：年老。八十九十曰耄，百年曰期。倦勤：本指厌倦于勤劳的事。后引申为天子厌倦于政事的辛劳。

②汝：你。惟：表示希望。总：统领。师：众。

【译文】

帝舜道："禹，你来！我居帝位已经三十三年了，如今年纪大了难以应对各种琐事。希望你永不懈怠，接替我统管天下百姓啊！"

———— ◆ ————

【原文】

禹曰："朕德罔克，民不依①。皋陶迈种德，德乃降，黎民怀之②。帝念哉！念兹在兹，释兹在兹，名言兹在兹，允出兹在兹，惟帝念功③。"

【注释】

①朕：我。罔克：不能胜任。

②迈：勉力。种德：布德，施恩德于人。乃：于是。降：下及于民。怀：归附。

③念：考虑。兹：此，前一个代指德政，后一个代指皋陶。释：通"怿"，喜悦。名言：称说。允：诚心。出：推行。惟：表示希望。

【译文】

禹连忙答道："我德行浅薄难以胜任，人民不会依附我的。不如皋陶广施仁德，下及于民，民众都归附他。您可要好好考虑啊！专注于德行的是皋陶，醉心于德行的是皋陶，传播仁德的是皋陶，真诚实践仁德的也是皋陶。您可得顾念他的大功啊！"

【原文】

帝曰："皋陶！惟兹臣庶，罔或干予正①。汝作士，明于五刑，以弼五教②。期于予治，刑期于无刑，民协于中，时乃功，懋哉③！"

【注释】

①惟：用于句首，无实义。兹：此。臣庶：臣民。罔：无，没有。或：有人。干：触犯、冒犯。予：我。正：通"政"。

②汝：你。士：狱官之长。五刑：墨、劓、剕、宫、大辟。弼：辅助，辅佐。五教：父义、母慈、兄友、弟恭、子孝。

③期：相合。予：我。刑：用刑。协：符合。中：中正之道。时：通"是"。乃：你的。懋：努力。

【译文】

帝舜于是转向皋陶说："皋陶！现在没有人敢触犯法纪。这是由于你掌管刑狱，懂得运用刑罚来推行治教。你的做法就是我想要的，以用刑来达到无刑的目的，从而使人民都走上正道，这是你的功劳，继续努力吧！"

【原文】

皋陶曰："帝德罔愆，临下以简，御众以宽①。罚弗及嗣，赏延于世②。宥过无大，刑故无小；罪疑惟轻，功疑惟重；与其杀不辜，宁失不经；好生之德，洽于民心，兹用不犯于有司③。"

【注释】

①罔：无，没有。愆：过失，失误。简：简易，不烦琐。御：统治，治理。宽：宽厚。

②嗣：后代。延：延续。世：后代。

③宥：宽容，饶恕。过：过失。无大：无论有多大。刑：惩罚，处罚。故：明知故犯的过失。罪疑惟轻：定罪可轻可重，就从轻发落。功疑惟重：论功可轻可重，就从重加赏。惟，表示顺承关系，相当于"则"。不辜：无罪。不经：不按常法。好生：爱惜生灵，不嗜杀。洽：协和。这里指深得民心。有司：官府，官吏。古代设官分职，各有专司，故称。

【译文】

皋陶回答道："您仁德圣明，没有过失，对待臣下简易不烦，统治百姓宽厚不严。刑罚不牵连子女，而奖赏却延及后世。对无心的过失，无论多大都予以宽宥，对明知故犯的罪恶，无论多小也处以刑罚；罪行处罚可轻可重时，就从轻量刑，功绩奖赏可轻可重时，就从重奖赏；与其杀害无辜的人，宁可不按常法来定罪；您的这种对人命的爱惜，得到了百姓的认可，因此，他们也都能守规矩，不触犯国家的法律。"

【原文】

帝曰："俾予从欲以治，四方风动，惟乃之休①。"

【注释】

①俾：使。予：我。从欲以治：与上文"期于予治"相同。民不犯法，官不用刑，以德治国。风动：君子的德行好比是风，风吹在草上，草就必定会跟着倒。惟：是。乃：你。休：美德。

【译文】

帝舜道:"你使我如愿地治理人民,四方民众如风一样纷纷响应,这都是你做的好事啊!"

【原文】

帝曰:"来,禹!降水儆予,成允成功,惟汝贤①。克勤于邦,克俭于家,不自满假,惟汝贤②。汝惟不矜,天下莫与汝争能。汝惟不伐,天下莫与汝争功③。予懋乃德,嘉乃丕绩,天之历数在汝躬,汝终陟元后④。人心惟危,道心惟微,惟精惟一,允执厥中⑤。无稽之言勿听,弗询之谋勿庸⑥。可爱非君?可畏非民?众非元后,何戴?后非众,罔与守邦⑦?钦哉!慎乃有位,敬修其可愿,四海困穷,天禄永终⑧。惟口出好兴戎,朕言不再⑨。"

【注释】

①降水:当作"洚水",洪水。儆:警诫。予:我们。成允:说话守信用,说到做到。成功:完成治水的事业。惟:只有。汝:你。

②克勤于邦:在国能够勤劳政事。克俭于家:在家能够生活节俭。满假:自满自大。假,大。

③矜:与"伐"互文互义,夸耀。

④懋:勉励,引申为褒扬,赞美。乃:你的。嘉:嘉奖,赞美。丕:大。绩:功绩。历数:帝王相继的次序。躬:自身。陟:登上。元后:大位。

⑤惟:是。危:人心易私而难公,故危。微:道心难明而易隐,故微。惟:只有。精:精诚,精心。一:专一。允:诚实。执:实行。厥:其。中:中正、中庸之道。

⑥稽：考证，验证。庸：用。

⑦爱：爱戴，拥戴。畏：敬畏。元后：君王。罔：无。

⑧钦：敬。慎：慎重。有位：所有之位，指天子位。可愿：百姓所想要的。困穷：百姓困苦遭难。天禄：上天所赐的福禄。终：终止，完结。

⑨出好：说出善言。兴戎：引起战争。再：第二次。

【译文】

然后，舜对禹说："来，禹！当年天降洪水来警诫我们，你说到做到，完成治水的事业，在这一点上数你最贤；既能勤劳为国，又能节俭持家，不自满自大，这也数你最贤。正因为你不自逞能，所以天下没有一个人敢与你争能。正因为你不自居功，所以天下没有一个人敢与你争功。我真诚赞美你的品德，嘉许你的大功，天命已经降落到你的身上，你登上这天子的大位吧。人心危险难安，道心幽昧难明，唯有精诚专一，诚实地坚守正道。没有考证的言论不要轻信，没有征询众臣的谋略不可轻用。百姓所爱戴的不是君王吗？君王所畏惧的不是百姓吗？百姓若无君王还去拥戴谁呢？君王若无百姓，谁来守卫国家呢？一定要谨慎啊！认真对待你所居的大位，切实做好百姓所想要做的每件事，若是四海百姓都穷困不堪，那你做大君的福命也就永远终结了。口能赞扬美言善行，也能引起战争祸患，讲话可得慎重啊！我不再说第二遍了。"

◆

【原文】

禹曰："枚卜功臣，惟吉之从①。"

【注释】

①枚卜：历卜，逐个占卜。惟：只。

【译文】

禹还是谦让地说："那么，就一个个功臣来占卜，看谁的卜兆最吉就由谁来接位。"

【原文】

帝曰："禹！官占惟先蔽志，昆命于元龟①。朕志先定，询谋佥同，鬼神其依，龟筮协从，卜不习吉②。"禹拜稽首，固辞③。

【注释】

①官占：卜官的占断。惟：用在句中，起调整音节的作用。蔽志：定志。蔽，断，定。昆：后。元龟：大龟。

②询：询问。佥：都。其：表示祈使，应当。依：依顺。龟：龟甲。筮：蓍草。都是古代用来占卜吉凶的东西。习吉：重复出现吉兆。

③稽首：古代一种跪拜礼。固辞：坚决推辞。

【译文】

帝舜道："禹！我们官占的办法，是先定志向，而后告命于大龟。现在我传位给你的意志早已定了，询问众人意见也都一致赞同，相信鬼神必定依从，龟筮也必定是吉了。占卜是不会重复出现吉兆的，用不着再卜了。"尽管如此，禹还是跪拜叩首，坚决推辞。

【原文】

帝曰："毋！惟汝谐①。"

【注释】

①毋：不。惟：只。谐：合适。

【译文】

帝舜最后断然地说："不！只有你合适。"

──────────◆──────────

【原文】

正月朔旦，受命于神宗，率百官若帝之初①。

【注释】

①朔旦：正月初一的早晨。神宗：尧帝宗庙。若：像，如同。

【译文】

正月初一的早晨，禹在尧庙里接受了摄政的委命，率领百官行礼，像当年舜受命摄政时一样。

──────────◆──────────

【原文】

帝曰："咨，禹！惟时有苗弗率，汝徂征①。"

【注释】

①咨：叹词。惟：只。时：通"是"，这。有苗：三苗，南方一个部落。弗率：不遵从。徂：往。

【译文】

舜对禹说道："禹！现在只有三苗不遵从我们的教令了，你去征伐他们吧。"

【原文】

禹乃会群后，誓于师曰："济济有众，咸听朕命①。蠢兹有苗，昏迷不恭，侮慢自贤，反道败德，君子在野，小人在位，民弃不保，天降之咎，肆予以尔众士，奉辞伐罪②。尔尚一乃心力，其克有勋③。"

【注释】

①乃：于是，就。会：集合。群后：四方诸侯。师：众。济济：众多的样子。有众：众人。咸：都。朕：我。

②蠢：骚动，动乱。兹：这。有苗：三苗，南方一个部落。昏迷：愚昧，糊涂。侮慢：轻慢，怠慢。自贤：妄自尊大。反：违背。败：败坏。弃：抛弃。保：安。咎：灾祸，灾殃。肆：故，因此。予：我。尔：你们。

③尚：庶几，表示希望。乃：你们。其：表示希望。克：能够。勋：功劳。

【译文】

禹于是会集各族部落首领，告诫众人说："众位将士，都听我的命令。蠢蠢欲动的苗民，执迷不悟，傲慢自大，违反正道，败坏常德，遗弃贤能，重用小人，对民众的疾苦不管不顾，导致上天降下灾难，因此我今天率领你们，奉天命去讨伐他们。希望你们齐心合力，才能共同成就功勋。"

【原文】

三旬，苗民逆命①。益赞于禹曰："惟德动天，无远弗届②。满招损，谦受益，时乃天道③。帝初于历山，往于田，日号泣于旻天，于父母，负罪引慝④。祗载见瞽瞍，夔夔斋栗，瞽亦允若⑤。至诚感神，矧兹有苗⑥。"

【注释】

①三旬：三十天。逆命：抗命。

②赞：辅佐，辅助，引申为建议。惟：只。届：至，到达。

③时：通"是"，这。乃：是。

④历山：在今山西永济市。旻天：上天。负罪：承担罪过。愆：过错。

⑤祗：恭敬。载：侍奉。夔夔（kuí）：戒惧谨慎的样子。斋栗：庄敬恐惧的样子。允若：顺从。

⑥矧（shěn）：何况。兹：此。

【译文】

战事进行了三十天，苗民仍然负隅顽抗，不肯听命。伯益就向禹建议道："只有仁德至诚才能感动上天，再远的地方也能感受得到。骄傲自满会招致损失，谦虚谨慎最终才能获益，这就是天道。帝舜早年受父母虐待，一个人在历山耕田，日夜向苍天哭诉，愿意自己承担过错来为父母赎罪。每次去见瞽瞍都是恭恭敬敬，诚惶诚恐，瞽瞍也受其感化不再固执了。常言至诚感神，更何况是这些苗民呢？"

【原文】

禹拜昌言曰："俞！"班师振旅①。帝乃诞敷文德，舞干羽于两阶，七旬有苗格②。

【注释】

①昌言：正确的言论。俞：文言叹词。犹言"然"。班师：还师。振旅：整顿士卒。

②乃：于是。诞：大。敷：布，推行。干：盾牌。羽：用羽毛做的舞具。格：来。

【译文】

禹连忙下拜，欣然接受了这个宝贵的建议，说："讲得对！"于是整顿军队，班师而归。帝舜也接受了益和禹的建议，于是大力推行德政文教于天下，在朝堂两阶之间举行大规模的舞蹈，表示偃武修文，七十天之后，三苗主动前来归顺。

皋陶谟

【原文】

曰若稽古，皋陶曰："允迪厥德，谟明弼谐①。"禹曰："俞，如何？"皋陶曰："都！慎厥身，修思永②。惇叙九族，庶明励翼，迩可远，在兹③。"禹拜昌言曰："俞④！"

【注释】

①曰若：句首发语词，无义。稽古：考察往事。允：信，忠实。迪：引导、遵循。厥：其，指古代圣贤帝王，这里指尧帝。德：道德。谟：谋，指治国方略。弼：辅助、辅佐，指大臣。谐：和谐，这里指同心协力。

②俞：文言叹词。犹言"然"。都：表示赞叹的语气词。慎：谨慎。厥：其，指自身。修：修身。思：斯，这。永：长久，持之以恒。

③惇：敦厚。叙：按次第、按次序。庶：众。明：贤明的人。励：勉励。翼：辅佐。迩：近。

④昌言：正确的言论。

【译文】

考察往事，皋陶说："忠实地遵循尧帝的德行，君主就能做到决策英明，群臣也能够团结一致、同心协力。"禹曰："是啊！要怎么才能做到呢？"皋陶说："啊！要随时保持谨慎的态度，努力地提升自身的修养，多从长远考虑。以深厚的德行团结各个部族，使他们也都贤明起来，辅佐你治理国家，从而由近及远，治道就在于此。"禹听了这番精当的言论，拜谢说："对呀！"

【原文】

皋陶曰："都！在知人，在安民①。"禹曰："吁！咸若时，惟帝其难之②。知人则哲，能官人③。安民则惠，黎民怀之④。能哲而惠，何忧乎驩兜？何迁乎有苗？何畏乎巧言令色孔壬⑤？"

【注释】

①都：表示赞叹的语气词。人：指官吏。

②吁：语气词，表示惊讶。咸：都。若：像。时：通"是"，这样。惟：用于句首，无实义。其：极，甚。之：代词，代指治人，安民。

③哲：明智。官人：任人为官。

④惠：仁爱。怀：思念。

⑤巧言：表面上好听而实际上虚伪的话。令色：伪善、谄媚的脸色。孔：很。壬：奸佞。

【译文】

皋陶说："啊，最重要的还是要知人善任，安定民心。"禹说："哎呀！完全做到这些，只怕连先王都会觉得困难。知人善任，才能称得上有智慧，有智慧方能用人得当。能够安定民心，才能称得上仁爱，仁爱的人方能得臣民爱戴。既有智慧又有仁爱之心，还怕驩兜那样的人作乱吗？还需要流放三苗那样的恶人吗？又何必担忧那些花言巧语、献媚取宠的奸邪小人呢？"

【原文】

皋陶曰:"都! 亦行有九德^①。亦言其人有德,乃言曰,载采采^②。"禹曰:"何? "

【注释】

①都:表示赞叹的语气词。亦:通"迹",检验。

②乃:表转折,然而。载:语气助词。采采:前一个"采"作动词,从事。后一个"采"作名词,事情。

【译文】

皋陶说:"啊! 检验一个人要看他是否具备九种美德。检验他的言论,如果确实有德,然而还是要说,再考察考察他所做的事情。"禹问:"什么叫九德呢? "

【原文】

皋陶曰:"宽而栗,柔而立,愿而恭,乱而敬,扰而毅,直而温,简而廉,刚而塞,强而义^①。彰厥有常,吉哉^②! "

【注释】

①宽:宽宏。栗:刚强。柔:温和。立:有主见。愿:厚道。恭:严肃庄重。乱:治,治理政务的才能。敬:办事严谨。扰:驯服、柔顺,指能听取别人意见。毅:刚毅果断。直:正直,刚直。温:温和。简:简易率性。廉:品行端正。刚:刚正。塞:平实。强:不屈不挠。义:能守道义。

②彰:明。厥:其。有常:经常保有九德之人。

【译文】

皋陶说:"宽宏大量而又坚定刚强,性情柔和而又卓立不移,忠厚老实而又严肃庄重,善于治事而又办事严谨,能听别人意见而又刚毅果断，为人正直而又待人温和，简易率性而又志行端正，刚正不阿而又内心笃实，坚强不屈而又坚守道义。帝王如果能够彰明显扬德行有常的人，这就是善政了。"

【原文】

"日宣三德，夙夜浚明有家；日严祗敬六德，亮采有邦①。翕受敷施，九德咸事，俊乂在官②。百僚师师，百工惟时，抚于五辰，庶绩其凝③。"

【注释】

①宣：显示，表现。三德：九德之中的三种。夙夜：早晚。浚：恭敬。明：通"勉"，努力。有家：家，卿大夫的封地，即可任以大夫之职。严：通"俨"，矜持庄重的样子。祗敬：虔诚，恭敬。六德：九德之中的六种。亮：辅佐。采：事。处理政务。有邦：邦，诸侯的封地，即可任以诸侯。

②翕受：合受；吸收。敷：普遍。施：用。咸：都。事：担任事务。俊乂：才德出众的人。

③百僚：众大夫。师师：互相效法。百工：百官。时：通"是"，意指遵行九德。抚：顺从。五辰：金木水火土，泛指天象。庶绩：各种事业。其：将。凝：成功。

【译文】

"每天都能表现出九德中的三德，并且早晚勤勉努力的人，即可任以大夫之职；每天都能表现出九德中的六德，辅佐君王治理国家，即可任以诸侯；如果能拥有九种德行并用于政教之中，凡有才德的人都任以职位，那么天下有才能的人都会相附而来在朝为官。众大夫互相效法，各司其职，百官也能遵循九德，顺从天象各尽其事，这样，各种事业都会取得成功。"

【原文】

"无教逸欲有邦，兢兢业业，一日二日万几①。无旷庶官，天工，人其代之②。天叙有典，敕我五典五惇哉③！天秩有礼，自我五礼有庸哉④！同寅协恭和衷哉⑤！天命有德，五服五章哉⑥！天讨有罪，五刑五用哉⑦！政事懋哉懋哉⑧！"

【注释】

①无：毋。逸欲：贪图安逸，嗜欲无节。有邦：指诸侯。一日二日：犹日日。万几：各种政务。

②旷：空。庶官：众官。天工：即"天功"，天事。

③叙：次序、伦序。典：常法。敕：告诫。五典：即"父义、母慈、兄友、弟恭、子孝"。惇：亲厚。

④秩：品级，等第，这里作动词，指规定人的尊卑等级。五礼：天子、诸侯、卿大夫、士、庶民五种等级的礼节制度。有庸：参考上下文，当作"五庸"。庸，用。

⑤同寅协恭：相互尊重，协同合作。和衷：和睦同心。

⑥五服：五种不同颜色的礼服。五章：以五种不同的色彩图案区别尊卑。

⑦五刑：指墨、劓、剕、宫、大辟五种刑罚。用：施行。

⑧懋：努力。

【译文】

"做诸侯的人不要贪图安逸和放纵私欲，要兢兢业业处理好各种政务。不要让不称职的人旷废官职，上天命定的工作，就应当由人代替完成。上天规定了人与人之间的伦理秩序，告诫我们要遵守父义、母慈、兄友、弟恭、子孝的常法，使父、母、兄、弟、子之间相互亲厚！上天规定了人的尊卑等级，推行天子、诸侯、卿大夫、士和庶人这五种礼制，就要大力推行这五种礼节啊！使君臣之间相互尊重，同心同德，共同处理政事啊！上天任命有德的人，规定了天子、诸侯、卿、大夫、士五等礼服，就要用它来作为奖励啊！上天惩罚有罪的人，制定了墨、劓、剕、宫、大辟五种等级不同的刑罚，就要用它来作为处罚啊！治理政务要努力啊！要努力啊！"

【原文】

"天聪明，自我民聪明①。天明畏，自我民明威②。达于上下，敬哉有土③！"

【注释】

①聪明：视听。

②明畏：犹赏罚。明威：赏善罚恶。

③达：通。上下：上天和下民。有土：享有土地，指保有王位。

【译文】

"上天听到的看到的都是从民众中间听到的看到的。上天的赏罚也是依据民众的意见来赏罚的。天意和民意是相通的，要谨慎啊，才能保有王位！"

【原文】

皋陶曰："朕言惠可厎行①。"禹曰："俞！乃言厎可绩。"皋陶曰："予未有知，思日赞赞襄哉②！"

【注释】

①朕：我。惠：顺从。底：终。

②俞：文言叹词。犹言"然"。乃：你。予：我。思：同"惟"。赞赞：赞助。襄：辅佐。

【译文】

皋陶说："我的话都是顺从天意的，最终一定能行的。"禹说："当然！你的话可行并且会成功。"皋陶说："我并不懂得什么，只是成天想着努力辅佐君王啊！"

益 稷

【原文】

帝曰："来，禹！汝亦昌言^①。"禹拜曰："都！帝，予何言？予思日孜孜^②。"皋陶曰："吁！如何？"禹曰："洪水滔天，浩浩怀山襄陵，下民昏垫^③。予乘四载，随山刊木，暨益奏庶鲜食^④。予决九川，距四海，浚畎浍距川；暨稷播，奏庶艰食鲜食^⑤。懋迁有无，化居^⑥。烝民乃粒，万邦作乂^⑦。"皋陶曰："俞！师汝昌言^⑧。"

【注释】

①昌言：（陈述）正当的言论。

②都：表示赞叹的语气词。孜孜：勤勉，不懈怠。

③吁：语气词，表示惊讶。滔：漫，遮蔽。怀：包围。襄：漫上。昏垫：昏，淹没。垫，陷，困于水灾。

④四载：古代的四种交通工具，即水路乘舟，陆路坐车，泥路用橇，山路用樏（鞋底有齿钉）。随：顺着。刊木：砍削树木作为标志。暨：与，和。益：伯益。奏：进，这里指供给。庶：众，指众民。鲜食：刚刚被杀的新鲜鸟兽肉食。

⑤予：我。决：疏通、疏浚。九川：泛指九州名川。距：至，到达。浚：疏通。畎浍：田间大小沟渠。艰食：百谷。

⑥懋迁：贸易。懋，通"贸"。化：通"货"。居：蓄积。

⑦烝民：众民。乃：于是，就。粒：定。万邦：指诸侯。乂：治理，安定。

⑧俞：文言叹词。犹言"然"。师：通"斯"，此。

【译文】

舜帝说："来吧，禹！你也发表你的意见吧。"禹拜谢说："啊！王啊，我该说什么呢？我只想每天勤勉地工作罢了。"皋陶说："啊！你到底是做些什么呢？"禹说："大水弥漫接天，浩浩荡荡地包围了山顶，漫没了丘陵，地上的人们都困于水灾之中。我乘坐四种交通工具，沿着山路砍削树木作为路标，同伯益一起把打猎得来的鸟兽分发给人们。我疏通了九州的河流，使它们流到四海，挖深疏通了田间的大小水沟，使它们流进大河。同后稷一起教百姓们播种粮食，为他们提供百谷、鸟兽。让他们互通有无，调剂余缺。百姓安定，天下太平。"皋陶说："对啊！你的这番话真好啊。"

------◆------

【原文】

禹曰："都！帝，慎乃在位①。"帝曰："俞！"禹曰："安汝止，惟几惟康②。其弼直，惟动丕应③。徯志以昭受上帝，天其申命用休④。"

【注释】

①都：表示赞叹的语气词。慎：谨慎。乃：你的。在位：所在职位。

②俞：文言叹词。犹言"然"。止：行为。惟：思。几：危。康：安。惟几惟康，即思危图安。

③弼：辅佐。直：正直。惟：只。丕：大。应：响应。

④徯（xī）：等待。志：德，这里指有德的人。昭：明白。其：将。申：重复，再三。休：美，善。

【译文】

禹说："啊！王啊，你身居帝位要特别谨慎小心啊。"舜

057

帝说："是啊！"禹说："你要行止稳重，方能思危图安。用正直的人做辅佐，只要你行动天下就会大力响应。依靠有德的人接受上天的命令，上天就会不断地将美好的福德赐予你。"

【原文】

帝曰："吁！臣哉邻哉！邻哉臣哉①！"禹曰："俞②！"

【注释】

①吁：语气词，表示惊讶。邻：最亲近的大臣。
②俞：文言叹词。犹言"然"。

【译文】

舜帝说："唉！正直的大臣，才是最可亲近的人！最可亲近的人，只有那正直的大臣啊！"禹说："对呀！"

【原文】

帝曰："臣作朕股肱耳目①。予欲左右有民，汝翼②。予欲宣力四方，汝为。予欲观古人之象，日、月、星辰、山、龙、华虫，作会；宗彝、藻、火、粉米、黼、黻缔绣，以五采彰施于五色，作服，汝明③。予欲闻六律五声八音，在治忽，以出纳五言，汝听④。予违，汝弼，汝无面从，退有后言⑤。钦四邻⑥！庶顽谗说，若不在时，侯以明之，挞以记之，书用识哉，欲并生哉⑦！工以纳言，时而扬之，格则承之庸之，否则威之⑧。"

【注释】

①股肱：左右辅佐大臣。

②予：我。左右：帮助。有民：民众。有，前缀词，无实义。汝：你。翼：辅助。

③宣力：致力，尽力。观：显示。象：衣服上的图饰。华虫：雉的别称。古代常用作冕服上的画饰。会：通"绘"，画。宗彝：天子祭服上所绣虎与蜼的图像。藻：水草。火："火"字形。粉米：白米。黼（fǔ）：黑白相间的斧形花纹。黻（fú）：青黑相间的像两个"己"字相背的花纹。缔（chī）绣：缝制刺绣。指缝制宗彝、藻、火、粉米、黼、黻六者，用于下裳。五采：五种颜料。彰：明显。五色：已刺绣成的五彩图案。作服：做成五个等级的礼服。

④六律：指黄钟、太簇、姑洗、蕤宾、夷则、无射六阳律与大吕、夹钟、仲吕、林钟、南吕、应钟六阴律。五声：宫、商、角、徵、羽。八音：金、石、丝、竹、匏、土、革、木。在：察。治忽：治乱。出纳：取舍，进退。五言：东西南北中五方的意见。

⑤违：犯错误。弼：匡正。面从：当面听从。后言：背后议论。

⑥钦：敬。四邻：泛指左右大臣。

⑦庶：众。顽：愚。谗说：谗言。时：通"是"，指股肱耳目。侯：射靶，指六艺之一的射礼。古代不贤之人不得射，故用射侯之礼来教育。挞：鞭挞、谴责。用：以。识（zhì）：记。生：上进。

⑧工：官。时：善。扬：表彰。格：改过。承：进。庸：用。威：惩罚。

【译文】

舜帝说："正直的大臣是我的左膀右臂和心腹耳目。我想帮助百姓，你要辅佐我。我想用力治理好四方，你要协助我。我打算观察古人的图饰，用日、月、星辰、山、龙、雉六种图形绘在上衣上；用虎、水草、火、白米、黑白相间的斧形花纹、青黑相间的像两个'己'字相背的花纹图案绣在下裳上，用五种颜料做成五种色彩不同的衣服，你要负责做好这件事。我要听六种乐律、五种声音、八类乐器的演奏，从声音的哀乐考察政治得失，并听取各地群众的反映，你要多听。我有过失，你们就匡正我，你不要当面顺从，背后又去议论。要敬重左右辅弼的近臣，把他们都团结起来！至于那些愚蠢而又喜欢谗毁、谄媚的人，如果不能明察做臣的道理，要用射侯之礼明确地教训他们，用鞭打警戒他们，用刑书记录他们的罪过，要让他们共同上进！他们进谏的言论，好的就称颂宣扬，改过的就推荐任用他们，还是依旧作恶就要惩罚他们。"

【原文】

禹曰："俞哉！帝光天之下，至于海隅苍生，万邦黎献，共惟帝臣①。惟帝时举，敷纳以言，明庶以功，车服以庸②。谁敢不让，敢不敬应？帝不时，敷同日奏，罔功③。"

【注释】

①俞：文言叹词。犹言"然"。光：普照。海隅：海边。万邦：指诸侯。黎献：众贤。惟：为，是。

②惟：表示假设，如果。时：通"是"，这，代指贤人。举：选拔任用。敷纳：陈奏，向君上报告。庶：众。庸：功劳。

③时：通"是"，这样。敷同：远近相同。即对贤愚善恶，不加区别对待。奏：进。罔：无。

【译文】

禹说:"好啊! 您的光辉普照天下, 至于海内百姓, 各国贤人, 都是您的臣子。如果您能选拔任用他们, 广泛地采纳他们的意见, 明确地考察他们的功绩, 并根据功劳的大小, 分别赏赐车马衣服表彰他们。这样, 谁敢不推贤让能, 谁敢不恭敬地接受您的命令? 如果您不这样做, 好的坏的混同不分, 虽然天天进用人, 也会劳而无功。"

【原文】

帝曰:"无若丹朱傲, 惟慢游是好, 傲虐是作①。罔昼夜额额, 罔水行舟②。朋淫于家, 用殄厥世, 予创若时③。"

【注释】

①无: 毋。若: 像。丹朱: 尧的儿子。惟: 只。慢游: 游逸无度。好: 喜好。傲虐: 遨游嬉戏, 残害百姓。作: 为。

②罔: 不。额额 (é é): 不休息。罔水行舟: 在浅水中使人推船行走。

③朋: 群。淫: 淫乱。用: 因此。殄: 灭绝。厥: 其。世: 父子相继。创: 伤。时: 通"是", 指丹朱的种种不法行为。

【译文】

舜帝说:"不要像丹朱那样傲慢, 只喜欢放纵淫逸, 残害百姓。他不论白天还是晚上都不停止, 在浅水中使人推船行走。在家里聚众淫乱, 因此不能继承尧的帝位, 我常常为他的这些行为感到悲伤。"

【原文】

"娶于涂山, 辛壬癸甲①。启呱呱而泣, 予弗子, 惟荒度土功②。弼成五服，至于五千③。州十有二师，外薄四海，咸建五长，各迪有功，苗顽弗即工，帝其念哉④！"帝曰："迪朕德，时乃功，惟叙⑤。皋陶方祗厥叙，方施象刑，惟明⑥。"

【注释】

①辛壬癸甲：古代以干支记日，辛壬癸甲共计四天。

②予：我。弗：没有。子：字，抚养。惟：只。荒度：大力治理；统盘筹划。土功：治理水土的事。

③弼：辅佐。五服：古代王畿外围，以五百里为一区划，由近及远分为侯服、甸服、绥服、要服、荒服。五千：服五百里，四方相距为方五千里。

④有：通"又"。师：统领一方的诸侯官长。薄：靠近。咸：皆，都。迪：领导。功：工作。苗：即三苗。顽：顽固。即工：接受工作。其：表示希望。

⑤迪：引导。时：依时。乃：你的。惟：表示希望。叙：顺从。

⑥象刑：在器物上刻画刑罚的图像以示警诫。惟：表示希望。明：通"勉"，努力。

【译文】

禹说："我娶了涂山氏的女儿，结婚四天就治水去了。后来，启生下来呱呱地啼哭，我也没有尽过抚养儿子的责任，只一心忙着治理水土的事情。经过苦心经营，我辅助天子重新划定了五服行政区域，使疆域一直达到五千里远的地方。然后把全国分为十二州，一直到四海边境，每五个州设立一个诸侯长，各诸侯长领导治水工作，只有三苗负隅顽抗，不肯接受工作任务，舜帝您要为这事忧虑啊！"舜帝说："你还是要用我的德教引导他们，按照时序给他们安排工作，他们应该会顺从的。皋陶正以人伦道德教化他们，以刑杀的图像警戒他们，他们早晚会醒悟的，你要继续努力。"

【原文】

　　夔曰："戛击鸣球、搏拊、琴瑟以咏①。"祖考来格，虞宾在位，群后德让②。下管鼗鼓，合止柷敔，笙镛以间③。鸟兽跄跄，箫韶九成，凤皇来仪④。夔曰："於！予击石拊石，百兽率舞，庶尹允谐⑤。"

【注释】

　　①戛（jiá）击：轻击。鸣球：击响玉磬。球，玉磬。搏拊（bó fǔ）：一种皮制乐器，形状如小鼓。琴瑟：两种乐器。咏：演唱诗歌。

　　②祖考：泛指祖先。格：至，降临。虞宾：前代帝王的后裔。群后：四方诸侯。德让：礼让。

　　③下管：堂下之乐以竹乐器为主，故称下管。鼗（táo）：长柄的小鼓，两旁有耳，摇动可自动击打。合止：合乐和止乐。柷敔（zhù yǔ）：乐器名。奏乐开始时击柷，终止时敲敔。笙：管状乐器。大笙十九簧，小笙十三簧。镛：大钟。间：即用笙和镛相互交替着演奏。

　　④鸟兽：由人装扮而成。跄跄：翩翩起舞的样子。箫韶：舜帝之时所创制的乐曲。九成：犹九阕，乐曲终止叫成。凤皇来仪：扮演凤凰的舞队成双成对地出来跳舞。仪，成双成对。

　　⑤於：感叹词。石：石磬。拊：轻轻地敲击。率舞：相率而舞。庶尹：百官。允：信实。谐：和谐融洽。

【译文】

　　夔说："敲起玉磬，打起搏拊，弹起琴瑟，唱起歌来。"

先祖的灵魂已经降临了，前代帝王的后裔作为舜帝的贵宾已经就座，各个诸侯国君登上了庙堂互相揖让着坐下来。庙堂下吹起管乐，打着小鼓，合乐敲着柷，止乐敲着敔，笙和大钟交替演奏，与堂上咏歌之声迭相起奏。扮演飞禽走兽的舞队踏着节奏跳舞，韶乐变换着演奏了九次以后，扮演凤凰的舞队出来表演了。夔说："唉！让我敲着石磬，你们一起跳起来吧，大家都和谐融洽！"

【原文】

帝庸作歌①。曰："敕天之命，惟时惟几②。"乃歌曰："股肱喜哉！元首起哉！百工熙哉③！"皋陶拜手稽首扬言曰："念哉！率作兴事，慎乃宪，钦哉！屡省乃成，钦哉④！"乃赓载歌曰："元首明哉，股肱良哉，庶事康哉⑤！"又歌曰："元首丛脞哉，股肱惰哉，万事堕哉⑥！"帝拜曰："俞，往钦哉⑦！"

【注释】

①庸：用，因此。

②敕：敬奉。惟：句中语气助词，无实义。几：几微，微小的事情。

③股肱：左右辅佐大臣。喜：兴奋。起：兴起，振奋。工：通"功"，事情。熙：兴盛。

④拜手：古代的一种跪拜礼。双膝下跪，两手相拱，俯首至手。稽首：古代的一种跪拜礼。双膝下跪，叩头至地。扬：继续。率：率领。乃：你的。宪：法令，法度。屡：多次。省：省察。乃：才。

⑤赓：继续。载：又。

⑥丛脞：细碎，烦琐。堕：败坏，荒废。

⑦俞：文言叹词。犹言"然"。钦：敬。

【译文】

帝因此作歌。说："奉天命管理民众，时时事事都要保持警觉。"于是唱道："大臣欢悦啊，君王奋发啊，百业兴旺啊！"皋陶跪拜叩头继续说："要把国君的教导记在心里啊！统率群臣治理国家，谨慎地持守法度，凡事都要反复考察自省方可成功，要认真啊！"于是继续作歌说："君王英明啊！大臣贤良啊！诸事安康啊！"又继续作歌说："君王琐碎啊！大臣懈怠啊！诸事荒废啊！"舜帝拜谢说："对啊！我们去认真干吧！"

夏书

禹 贡

【原文】

禹别九州，随山浚川，任土作贡①。

【注释】

①别：分别，这里指划定疆界。浚：疏通。任土作贡：依据土地的具体情况，制定贡赋的品种和数量。

【译文】

禹划分九州的疆界，顺着山势疏通河道，根据土地的肥瘠情况制定出贡赋的等级。

【原文】

禹敷土，随山刊木，奠高山大川①。

【注释】

①敷土：划分土地。随：顺着。刊木：砍削树木作为标志。奠：确定。

【译文】

禹为了划分九州土地的疆界，顺着山势行走高山并砍削树木作为标记，以此确定各州的高山大河。

【原文】

冀州：既载壶口，治梁及岐①。既修太原，至于岳阳；覃怀厎绩，至于衡漳②。厥土惟白壤，厥赋惟上上错，厥田惟中中③。恒、卫既从，大陆既作④。岛夷皮服，夹右碣石入于河⑤。

【注释】

①冀州：天子直接管理的王畿。即今山西和河北西部一带。既：已经。载：事，这里指施工。壶口：在今山西省吉县以西。梁：即梁山，在今陕西韩城西北一带。岐：即岐山，在今陕西岐山北。

②太原：在今山西太原一带。岳阳：太岳山以南。覃怀：在今河南武陟一带。厎：致，获得。绩：功绩。衡漳：衡，通"横"，漳水自山西高原一带，由西南向东流去，与黄河交汇在河北、河南之间的华北平原，水害相当严重。

③厥：其。惟：是。白壤：一种沙质含盐的土壤，因洪水流过，又因蒸发而致。即所谓的盐碱地，土地贫瘠，农作物收成低。赋：赋税。上上：即第一等。《禹贡》将赋税与土质分为上上、上中、上下、中上、中中、中下、下上、下中、下下。错：错杂、夹杂。指夹杂着第二等赋税。中中：第五等。

④恒卫：恒水和卫水。恒水，即今河北曲阳县境内。卫水，即今河北灵寿东北。从：顺着河道。大陆：即大陆泽，在今河北巨鹿县西北。作：完工。

⑤岛夷：冀州东方沿海的东夷人，以狩猎为生，兽皮做衣。皮服：皮衣。夹：沿着。

【译文】

冀州：从壶口开始施工，接着治理梁山和岐山。太原修治妥当了以后，又治理到太岳山的南面；覃怀一带的治理取得了成效，又到了横流入河的漳水。这一带的土质是含盐的白壤，赋税是第一等，也夹杂着第二等，这里的田地土质是第五等。恒水、卫水的河道疏通了，大陆泽也已治理完工。东方沿海的夷人进贡珍奇的鸟兽皮毛，他们循着海道入贡，沿着右边的碣石山驶入黄河。

【原文】

济、河惟兖州①。九河既道，雷夏既泽，灉、沮会同②。桑土既蚕，是降丘宅土③。厥土黑坟，厥草惟繇，厥木惟条④。厥田惟中下，厥赋贞，作十有三载乃同⑤。厥贡漆丝，厥筐织文⑥。浮于济、漯，达于河⑦。

【注释】

①济：济水。古代四渎（古代对长江、黄河、淮河、济水的合称）之一，源出河南济源市，汉代经河南武陟流入黄河，又向南流入山东，与黄河平行入海。河：黄河。惟：是。兖州：在今河南、河北、山东境内。

②九河：泛指古兖州境内黄河下游的诸多河道。既：已经。道：通"导"，疏导、开通。雷夏：大泽名，即今山东菏泽东北。灉（yōng）沮：都是黄河的支流。会同：会合之后一同注入雷夏泽。

③桑土：适宜种植桑树的土地。蚕：养蚕。降：下。丘：无石的小土山。宅：居。

④厥：其。坟：土地肥沃。繇（yáo）：发芽。条：小枝。

⑤中下：第六等。贞：第九等。作：耕作。乃同：才与其他八州相同。

⑥筐：圆形的盛物竹筐。织文：把丝织品染成各种花纹。

071

⑦浮：以船行水。漯（tà）：黄河支流。

【译文】

济水与黄河之间是兖州。黄河下游的众多支流已经疏通了，雷夏也已经形成湖泽，灉水和沮水会合流进了雷夏泽。这里的土地已经能够种植桑树，饲养家蚕，于是人们从山丘上搬下来住在平地上。这里的土质又黑又肥，这里的草已经冒出新芽，树木也已经长出小小的枝条。这里的田地是第六等，赋税是第九等，耕作了十三年赋税才与其他八个州相同。这里的贡物是漆和丝，还有用竹筐装着的彩色丝织品。进贡的船只经过济水、漯水到达黄河。

【原文】

海岱惟青州①。嵎夷既略，潍、淄其道②。厥土白坟，海滨广斥③。厥田惟上下，厥赋中上④。厥贡盐、绤，海物惟错⑤。岱畎丝、枲、铅、松、怪石⑥。莱夷作牧⑦。厥篚檿丝⑧。浮于汶，达于济⑨。

【注释】

①海：渤海。岱：泰山。青州：即今山东半岛、辽东半岛以及朝鲜西部一带，南至泰山、徐州。

②嵎夷：泛指古代东方的少数民族。这里指居住在辽东的一部分少数民族。既：已经。略：用功少。潍淄：潍河和淄河，在今山东。道：同"导"，疏导。

③厥：其。坟：土地肥沃。斥：碱卤地。

④上下：第三等。中上：第四等。

⑤绤：细葛布。海物：鱼蟹一类可以食用的海产品。错：错杂，指种类繁多。

⑥岱畎：泰山的沟谷。丝：蚕丝。枲（xǐ）：大麻的雄株，只开雄花，不结果实，纤维可作麻布的原料。铅：锡。怪石：形状怪异的玉石。

⑦莱夷：即今山东半岛的东夷人。作牧：从事放牧的农业劳动。

⑧篚：圆形的盛物竹筐。檿（yǎn）：山桑，叶子可供养蚕。

⑨浮：以船行水。汶：水名。今山东莱芜东北，由西南入济水。

【译文】

渤海和泰山之间是青州。嵎夷只花了较少的功夫就已经治理好了，潍水和淄水也已得到疏通。这里的土壤又白又肥，海边有一片广大的盐碱地。这里的田是第三等，赋税是第四等。这里进贡的物品是盐和细葛布，以及种类繁多的海产品。除此，还有泰山地区的丝、麻、锡、松和奇特的石头。莱夷一带可以开始放牧了。这里进贡的物品是用筐装的蚕食檿桑叶所吐的丝。进贡的船只从汶水通到济水。

———————◆ • ◆———————

【原文】

海、岱及淮惟徐州①。淮、沂其乂，蒙、羽其艺，大野既猪，东原底平②。厥土赤埴坟，草木渐包③。厥田惟上中，厥赋中中④。厥贡惟土五色，羽畎夏翟，峄阳孤桐，泗滨浮磬，淮夷蠙珠暨鱼，厥篚玄纤缟⑤。浮于淮、泗，达于河⑥。

【注释】

①海：黄海。岱：泰山。淮：淮河。徐州：其地东至海，北至岱，南及淮。今江苏、安徽北部及山东南部。

②沂（yí）：沂水，今山东沂水县北。乂：治理。蒙：山名，

在今山东蒙阴县西南。羽：山名，在今江苏赣榆区西南。艺：种植。大野：巨野泽，在今山东巨野县。既：已经。猪：同"潴"，水积聚。东原：在今山东东平县。底：致，得到。平：治理。

③埴：黏土。坟：土地肥沃。包：通"苞"，草木丛生。

④上中：第二等。中中：第五等。

⑤土五色：五色土，青、黄、赤、白、黑五种不同颜色的土。羽畎：羽山的山谷。夏翟：羽毛五色的野鸡。峄（yì）阳：峄山的南面。孤桐：特生的桐木。浮磬（qìng）：一种可以作磬的石头。蠙珠：蠙蚌所产珍珠。暨：与，和。篚：圆形的盛物竹筐。玄：黑色。纤：细缯，绸。缟：白缯，绢。

⑥浮：以船行水。

【译文】

黄海、泰山及淮河之间是徐州。淮河、沂水治理好以后，蒙山、羽山一带已经可以种植庄稼了，大野泽汇聚四方流水成为湖泽后，东原地方的水患也得到消除，可以耕种了。这里的土是红色的，又黏又肥，草木也逐渐地茂盛生长。这里的田是第二等，赋税是第五等。进贡的物品是五色土，羽山山谷的五色野鸡，峄山南面的特产制琴桐木，泗水边上的可以做磬的石头，淮夷一带的人们进贡蚌珠和鱼，还有用筐子装着的黑色的细绸和白色的绢。进贡的船只从淮河、泗水抵达黄河。

【原文】

淮海惟扬州①。彭蠡既猪，阳鸟攸居②。三江既入，震泽底定③。筱簜既敷，厥草惟夭，厥木惟乔④。厥土惟涂泥，厥田惟下下，厥赋下上上错⑤。厥贡惟金三品，瑶、琨、筱、簜、齿、革、羽、毛惟木，岛夷卉服，厥篚织贝，厥包橘柚，锡贡⑥。沿于江、海，达于淮、泗⑦。

【注释】

①扬州：即今淮水以南的江苏、安徽两省，江西、福建、浙江三省全境，以及湖南、湖北及广东东北部一带。

②彭蠡：古称彭蠡泽，长江北岸一个大湖泊或湖泊群，并非现今的鄱阳湖。既：已经。猪：同"潴"，水积聚。阳鸟：鸿雁一类的候鸟。

③三江：岷江、汉江与彭蠡。震泽：太湖。底定：获得安定。

④筱（xiǎo）：箭竹。簜（dàng）：大竹。敷：布。这里指生长。夭：通"枖"，茂盛。乔：高。

⑤涂泥：黏质湿土。下下：第九等。下上上：第七等。错：错杂、夹杂。指夹杂着第六等赋税。

⑥金三品：金、银、铜三种。瑶：美玉。琨：美石。齿：象牙。革：犀牛皮。羽：珍禽的羽毛。毛：旄牛尾。惟：与，和。木：楩楠、豫章之类。岛夷：沿海一带的少数民族。卉服：草制的衣帽鞋类。篚：圆形的盛物竹筐。织贝：织有贝纹的丝织品。包：包裹。锡：通"赐"，赐予。

⑦沿：循。

【译文】

淮河与黄海之间是扬州。彭蠡泽已经汇聚了许多水流，可以作为候鸟的栖息地。三条江水已经流入大海，太湖水域也治理成功。大大小小的竹子遍地生长，花草长得很茂盛，树木也长得很高。这里的土壤是黏质潮湿的泥土，田地是第九等，赋税是第七等，夹杂第六等。进贡的物品是金、银、铜、美玉、美石、小竹、大竹、象牙、犀牛皮、鸟的羽毛、旄牛尾和木材，海岛一带进贡草编的衣服，用圆形筐子装着丝织贝锦，还有妥善包装好的橘子、柚子作为贡品进献国君。这些贡品循着长江、黄海到达淮河、泗水。

【原文】

荆及衡阳惟荆州①。江、汉朝宗于海，九江孔殷，沱、潜既道，云土梦作乂②。厥土惟涂泥，厥田惟下中，厥赋上下③。厥贡羽、毛、齿、革惟金三品，杶、干、栝、柏，砺、砥、砮、丹惟箘簵、楛，三邦厎贡厥名④。包匦菁茅，厥篚玄纁玑组，九江纳锡大龟⑤。浮于江、沱、潜、汉，逾于洛，至于南河⑥。

【注释】

①荆：山名，在今湖北南漳县西。衡阳：衡山之南，衡山在湖南省衡阳市。荆州：即今湖北中南部、湖南中北部，及四川和贵州的一部分。

②朝宗：诸侯朝见天子。春天朝见曰朝，夏天朝见曰宗。这里喻指长江、汉水流向大海。九江：泛指众多支流。孔：甚，很。殷：盛。沱：长江的支流。潜：汉水的支流。既：已经。道：通"导"，疏浚。云土梦：云梦泽。乂：治理。

③涂泥：黏质湿土。下中：第八等。上下：第三等。

④羽：珍禽的羽毛。毛：旄牛尾。齿：象牙。革：犀牛皮。惟：与，和。杶（chūn）：椿树。干：柘木，可做弓。栝（guā）：桧树。柏：柏树。砺：粗磨刀石。砥：细磨刀石。砮（nǔ）：可以做箭镞的石头。丹：朱砂，一种水银与硫黄的天然化合物。箘簵（jùn lù）：美竹。楛（hù）：一种树，材质可以做箭杆。三邦：湖泽附近的三个诸侯国。厎贡厥名：进贡当地的名优特产。

⑤匦：匣子。菁茅：有毛刺的茅草，宗庙祭祀时洒酒其上，以供神饮，称为缩酒。筐：圆形的盛物竹筐。玄纁：指彩色丝绸。玄，赤黑色。纁，黄赤色。玑组：珍珠串。纳：入。锡：通"赐"，进献。龟：祭祀用的神龟。

⑥浮：以船行水。逾：越。指离船上岸陆行。南河：河南洛阳市、巩义市一带的黄河。

【译文】

荆山与衡山之间是荆州。长江、汉水像诸侯朝见天子一样奔赴大海，众多支流水势很盛，沱水、潜水疏通以后，云梦泽一带可以耕作了。这里的土质是潮湿的泥地，这里的田地是第八等，赋税是第三等。这里的贡物是羽毛、旄牛尾、象牙、犀牛皮和金、银、铜，椿树、柘树、桧树、柏树，粗磨石、细磨石、造箭镞的石头、丹砂和细长的竹子、楛木。州内诸地进贡当地的名优特产，有专供宗庙祭祀用的缩酒菁茅，有用筐子装起来的黑缯、赤缯，还有佩玉的绶带，以及沿江一带进献的用于祭祀的神龟。这些贡品从长江、沱水、潜水、汉水到达汉水上游，然后登岸由陆路到洛水，再由洛水进入黄河。

【原文】

荆、河惟豫州①。伊、洛、瀍、涧既入于河，荥波既猪②。导菏泽，被孟猪③。厥土惟壤，下土坟垆④。厥田惟中上，厥赋错上中⑤。厥贡漆、枲，絺、纻，厥筐纤、纩，锡贡磬错⑥。浮于洛，达于河⑦。

【注释】

①荆：山名，在今湖北南漳县西。河：黄河。豫州：在

今河南黄河以南，湖北省北部，山东省的西南隅以及安徽省的西北部一带。

②伊：伊水，源自今河南卢氏县东南闷顿岭。伊水流经嵩县、伊川、洛阳、偃师，注入洛水。洛：洛水，源自陕西洛南县的冢岭山，向东北流至河南巩义市注入渭水。瀍（chán）：瀍水，源自河南洛阳市西北的谷城山，向东流入洛水。涧：涧水，源自河南渑池县东北的白石山，东流经新安、洛阳西南注入洛水。既：已经。荥波：又称荥播，即荥泽，在今河南荥阳境内。猪：同"潴"，水积聚。

③导：疏通。菏泽：在今山东省菏泽市定陶区东北。被：覆被，溢漫。孟猪：即孟诸，在今河南省商丘市东北。

④壤：无块柔土。垆：黑色坚实的土壤。

⑤中上：第四等。上中：第二等。错：错杂、夹杂。指夹杂着第一等赋税。

⑥枲：大麻的雄株，只开雄花，不结果实，纤维可作麻布的原料。𫄨：细葛布。纻（zhù）：苎麻。篚：圆形的盛物竹筐。纤、纩：细绵。磬错：治玉磬的石头。

⑦浮：以船行水。

【译文】

荆山、黄河之间是豫州。伊水、瀍水和涧水疏浚开通之后都已注入黄河，荥泽地域已经汇聚了大量水源。疏通了菏泽，水大之时，漫溢之水可向南泻入孟猪泽。这里的土质是无块柔土，下一层的土是肥沃的黑色硬土。这里的田地是第四等，赋税是第二等，夹杂第一等。这里的贡物是漆、麻、细葛、纻麻，用篮子装着的丝绸和细绵，又进贡治玉磬的石头。进贡的船只从洛水到达黄河。

【原文】

华阳、黑水惟梁州①。岷、嶓既艺，沱、潜既道②。蔡、蒙旅平，和夷厎绩③。厥土青黎，厥田惟下上，厥赋下中，三错④。厥贡璆、铁、银、镂、砮、磬、熊、罴、狐、狸、织皮⑤。西倾因桓是来，浮于潜，逾于沔，入于渭，乱于河⑥。

【注释】

①华阳：华山的南面。在今陕西省华阴市南。黑水：众说不一，有澜沧江、金沙江、怒江等说法。梁州：即今四川省东部和陕西、甘肃省南部，大概因境内山势高、多山梁而得名。

②岷：岷山。在四川省松潘县境内，为岷江发源地。嶓（bō）：嶓冢山。即今陕西宁强县东北，为汉水发源地。既：已经。艺：种植。沱：长江的支流。潜：汉水的支流。道：通"导"，疏浚。

③蔡：峨眉山。蒙：蒙山。在今四川省雅安市北。旅：古时祭山的一种礼节，这里指两山治理好之后举行的祭礼，表示已经治理好了。和夷：古地名。一说在今四川省荥经县界；另一说在今湖北省武当山一带。厎：致，获得。绩：功绩。

④青黎：青黑色。下上：第七等。下中：第八等。错：错杂、夹杂。指夹杂着第七等和第九等赋税。

⑤璆（qiú）：美玉。镂：质地坚硬可用于刻镂的钢铁。砮：可以做箭镞的石头。罴：马熊。织皮：兽毛织成的粗布。

⑥西倾：山名。在青海省同德县北。桓：桓水。即今嘉陵江上游的白龙江。潜：即潜水，汉水的支流。沔：即沔水，汉江的上游。渭：即渭水，源自甘肃渭源县西鸟鼠山，向东流经陕西注入黄河，是黄河最大的支流。乱：横渡。

【译文】

华山南部与黑水之间是梁州。岷山、嶓冢山治理后已适宜种植庄稼，沱水、潜水也已经疏通了。蔡山、蒙山完工后，和夷一带也取得了治理成效。这里的土是疏松的黑土，这里的田地是第七等，赋税是第八等，还夹杂着第七等和第九等。这里的贡物是美玉、铁、银、镂、做箭镞的石头、磬、熊、马熊、狐狸、野猫等用以制作衣裘的兽皮。西倾山一带的贡物沿着桓水而来，进贡的船只经由潜水，然后离船上岸陆行，再进入沔水，最后横渡渭水到达黄河。

【原文】

黑水、西河惟雍州①。弱水既西，泾属渭汭，漆沮既从，沣水攸同②。荆、岐既旅，终南、惇物，至于鸟鼠③。原隰底绩，至于猪野④。三危既宅，三苗丕叙⑤。厥土惟黄壤，厥田惟上上，厥赋中下⑥。厥贡惟球、琳、琅玕⑦。浮于积石，至于龙门、西河，会于渭汭⑧。织皮昆仑、析支、渠搜，西戎即叙⑨。

【注释】

①黑水：众说不一，有澜沧江、金沙江、怒江等说法。西河：山西省和陕西省分界处的黄河。雍州：即今陕西中部、北部以及甘肃大部分地区。

②弱水：即今甘肃张掖河。泾：泾水，源出甘肃省平凉市西。属：入。渭汭：泾水流入渭水相交会合之处。漆：漆水。源出陕西铜川市东北境，向西南流至耀州区与沮水会合。沮：沮水。源出陕西耀州区，东南流入黄陵南，又东流会漆水。漆沮分流时为两条水系，合流之后为一条河。既从：指漆合

于沮，沮合于渭。沣水：发源于陕西西安鄠邑区终南山，北流注入渭水。攸：所。同：指沣水与漆水、沮水同样流入渭水。

③荆：荆山，在今陕西富平县西南。岐：岐山，在今陕西省岐山县东北。旅：古时祭山的一种礼节，这里指两山治理好之后举行的祭礼，表示已经治理好了。终南：即今秦岭山脉。惇物：太白山。鸟鼠：山名，在今甘肃省渭源县西南。

④原隰：广大平坦和低洼潮湿的地方。底：致，获得。绩：功绩。猪野：泽名，即今甘肃省民勤县东北。

⑤三危：山名，在今甘肃敦煌。宅：安定。三苗：苗民。丕：大。叙：顺。

⑥上上：第一等。中下：第六等。

⑦球：美玉。琳：美石。琅玕（láng gān）：像珠子的美石。

⑧浮：以船行水。积石：即今青海同仁、同德两县西南的阿尼玛卿山。龙门：今山西河津市西北黄河两岸。

⑨昆仑、析支、渠搜：均为山名。西戎：居住在西方的少数民族。叙：顺。

【译文】

黑水到西河之间是雍州。弱水疏通之后向西而流，泾河疏通之后流入渭水，漆水、沮水疏通之后，两水汇合一同流入渭水，沣水向北流去，同样流入渭水。荆山、岐山一带治理以后，终南山、惇物山一直到更西北的鸟鼠同穴山，都得到了妥善的治理。原隰的治理取得了成绩，至于猪野泽也得到了治理。三危山一带的百姓生活安定，迁移到此的三苗也顺从了。这里的土质是黄色的，这里的田地是第一等，赋税是第六等。这里的贡物是美玉、美石和珠宝。进贡的船只从积石山附近的黄河，到达龙门、西河，与从渭河逆流而上的船只在渭河北岸会合。昆仑、析支、渠搜进贡用以制作表衣的兽皮，西戎各族都安定顺从了。

【原文】

导𡺼及岐，至于荆山，逾于河①；壶口、雷首，至于太岳②；厎柱、析城，至于土屋③；太行、恒山，至于碣石，入于海④。

【注释】

①导：疏通。𡺼（qiān）：𡺼山，即今陕西陇县西南的吴山。岐：岐山，即今陕西岐山县东北。荆山：即今陕西富平县西南。逾：越。

②壶口：在今山西吉县。雷首：在今山西永济市。太岳：在今山西霍县东。

③厎柱：即三门山，在今山西平陆县。析城：在今山西阳城县。王屋：在今山西垣曲县。

④太行：在今山西、河北、河南三省交界处。恒山：在今山西省大同市浑源县南。碣石：在今河北昌黎县西北。

【译文】

疏通了𡺼山和岐山的道路，到达黄河西岸的北荆山，越过黄河。其间从壶口山，经雷首山，一直到太岳山都得到了疏通。从厎柱山，东过析城山，直到王屋山。东北自太行山、恒山，直至碣石山的区域均得到了有效的治理，使得黄河能够顺畅地流入大海。

【原文】

西倾、朱圉、鸟鼠至于太华①；熊耳、外方、桐柏，至于陪尾②。

【注释】

①西倾：在青海省同德县北。朱圉：在今甘肃甘谷县西南。鸟鼠：在今甘肃省渭源县西南。太华：华山。

②熊耳：在今河南省卢氏县。外方：今河南登封境内的嵩山，又称太室。桐柏：在今河南桐柏县。陪尾：在湖北安陆市。

【译文】

从西倾山，经朱圉山、鸟鼠山，直到华山；再由熊耳山、外方山、桐柏山，一直到陪尾山都得到了治理。

【原文】

导嶓冢，至于荆山①；内方，至于大别②。岷山之阳，至于衡山，过九江，至于敷浅原③。

【注释】

①导：疏通。嶓冢：今陕西宁强县东北，为汉水发源地。荆山：即南荆山，在湖北南漳县。

②内方：在今湖北钟祥市西南。大别：大别山。在湖北、安徽两省的交界处。

③岷山：在今四川松潘县。衡山：在今湖南衡山县。九江：泛指众多支流。敷浅原：江西庐山以南的平原。

【译文】

从嶓冢山，直到荆山；接着从内方山，到达大别山；从岷山的南面通达衡山，过九江到达庐山一带也都得到了治理。

【原文】

导弱水，至于合黎，余波入于流沙①。

【注释】

①导：疏通。弱水：即今甘肃张掖河。合黎：在今甘肃省张掖市、山丹县、高台县及酒泉市的北部。余波：黄河的下游。流沙：泛指西北广大沙漠地区。

【译文】

疏通弱水，西流到合黎山下，下游一直流到广大沙漠之中。

【原文】

导黑水，至于三危，入于南海①。

【注释】

①导：疏通。黑水：众说不一，有澜沧江、金沙江、怒江等说法。三危：山名，在今甘肃敦煌。南海：即今内陆海青海。

【译文】

疏通黑水，水流到三危山，最后注入南海。

【原文】

导河、积石，至于龙门①；南至于华阴，东至于底柱，又东至于孟津，东过洛汭，至于大伾②；北过降水，至于大陆③；又北，播为九河，同为逆河，入于海④。

【注释】

①导：疏通。积石：即今青海同仁、同德两县西南的阿尼玛卿山。龙门：今山西河津市西北黄河两岸。

②华阴：华山的北面。底柱：即三门山，在今山西平陆县。孟津：古代黄河渡口，在今河南省孟津县境内。洛汭：洛水注入黄河，在河南巩义市东北洛口。大伾（pī）：在今河南浚县。

③降水：指漳、泽合流的漳水，在今河北曲周、肥乡间进入黄河。大陆：即大陆泽。

④播：分散，分布。九河：指古兖州境内黄河下游的诸多河道。逆：迎而承受。

【译文】

疏导黄河，从积石山开始，一直到达龙门山；再向南流到华山的北面，然后向东流到底柱山，又向东到达孟津，东过洛水与黄河会合的地方，直达大伾山；再向北经过降水，往前流入大陆泽；又向北分散成众多的支流，共同承受着黄河的大水，把它顺利地导入大海。

【原文】

嶓冢导漾①，东流为汉；又东，为沧浪之水②；过三澨，至于大别，南入于江③。东，汇泽为彭蠡④；东，为北江，入于海⑤。

【注释】

①嶓冢：今陕西宁强县东北，为汉水发源地。漾：漾水，汉水上游。

②沧浪：汉水下游。

③三澨（shì）：源自湖北京山市潼关河，向东流至汉川市入汉水。大别：即大别山。在今湖北、河南、安徽三省交界处。

④汇：意谓汉水与长江会合，水势向东汇成彭蠡泽。

⑤北江：长江下游，在彭蠡以东的一段，并非指汉水。

【译文】

从嶓冢山开始疏导漾水，向东流则为汉水；又向东流，便是沧浪之水；往南经过三澨水，直到大别山，再向南流进长江。向东，汇集形成彭蠡泽；东出为北江，然后流进大海。

【原文】

岷山导江，东别为沱，又东至于澧①；过九江，至于东陵，东迤北会于汇②；东为中江，入于海③。

【注释】

①岷山：在四川省北部。导：疏通。沱：长江的支流。澧（lǐ）：有南北中三源头，三源会合之后，从湖南的桑植东南流去，经过大庸、慈利、石门、澧县注入洞庭湖。

②东陵：现今安徽安庆、枞阳、彭蠡以西，九江以东的地区。迤（yǐ）：斜行。汇：水势向东汇成彭蠡泽。

③中江：即长江，因北有汉水，南有彭蠡，故称长江为中江。

【译文】

从岷山开始疏导长江，向东分出一条支流统称为沱江，江水径自折而东流，直达澧水一带；其次经过九江，延伸至东陵；再由东斜行向北，与彭蠡泽会合；自泽中东出则为长江，直奔大海而去。

【原文】

导沇水，东流为济，入于河，溢为荥①；东出于陶丘北，又东至于菏，又东北，会于汶，又北，东入于海②。

【注释】

①导：疏通。沇（yǎn）水：济水上游。源自山西、河南交界的王屋山，至河南武陟县注入黄河。荥（xíng）：荥泽，在今河南荥阳，汉代之时已经淤平。

②陶丘：在今山东定陶区西南。菏：在今山东菏泽市一带，相传菏泽古代为一个大的湖泊。汶：今山东莱芜东北，由西南入济水。

【译文】

疏导沇水，向东流则称为济水，流入黄河，河水溢出成为荥泽；又从定陶的北面向东流，再向东会于菏泽；继而向东北，与汶水会合；再向北，转向东，流进大海。

【原文】

导淮自桐柏，东会于泗、沂，东入于海①。

【注释】

①导：疏通。淮：淮河。自：从。桐柏：桐柏山。在今河南省桐柏县境内。泗：泗水。沂：沂水。两河在江苏省邳州市一带会合，后经洪泽湖出淮阴与淮河相会，向东流至苏北出海。

【译文】

从桐柏山开始疏导淮河，向东与泗水、沂水会合，又向东流进大海。

【原文】

导渭自鸟鼠同穴，东会于沣，又东会于泾，又东过漆沮，入于河①。

【注释】

①导：疏通。鸟鼠同穴：山名，即鸟鼠山，渭水的发源地，在今甘肃省渭源县西南。沣：沣水，发源于陕西西安鄠邑区终南山，北流注入渭水。泾：泾水，源出甘肃省平凉市西。漆：漆水。源出陕西铜川市东北境，向西南流至耀州区与沮水会合。沮：沮水。源出陕西耀州区，东南流入黄陵南，又东流会漆水。

【译文】

从鸟鼠山开始疏导渭水，向东流与沣水会合，又向东与泾水会合，再往东流去与漆、沮二水会合，流入黄河。

* * *

【原文】

导洛自熊耳，东北，会于涧、瀍①；又东，会于伊，又东北，入于河②。

【注释】

①导：疏通。洛：洛水，源自陕西洛南的熊耳山。熊耳：在今陕西洛南西南。涧：涧水，源自河南渑池县东北的白石山，东流经新安、洛阳西南注入洛水。瀍：瀍水，源自河南洛阳市西北的谷城山，向东流入洛水。

②伊：伊水，源自今河南卢氏县东南闷顿岭。伊水流经嵩县、伊川、洛阳、偃师，注入洛水。

【译文】

从熊耳山开始疏导洛水，向东北流与涧水、瀍水会合；又向东，与伊水会合，又向东北，流入黄河。

【原文】

九州攸同，四隩既宅，九山刊旅，九川涤源，九泽既陂，四海会同①。六府孔修，庶土交正，厎慎财赋，咸则三壤，成赋中邦②。锡土姓，祗台德先，不距朕行③。

【注释】

①九州：即上文的冀、兖、青、徐、扬、荆、豫、梁、雍九州。攸：所。同：平。指水患全部平治。四隩（ào）：即"四墺"，四方。宅：居。四隩既宅，意指四方都可以成为居住的地方。九山：泛指九州的山川林泽。一、岍及岐至于荆山；二、壶口、雷首至于太岳；三、厎柱、析城至于王屋；四、太行、恒山至于碣石；五、西倾、朱圉、鸟鼠至于太华；六、熊耳、外方、桐柏至于陪尾；七、嶓冢至于荆山；八、内方至于大别；九、岷山之阳至于衡山。刊：辟除、削除。这里指辟除妨碍排洪的障碍。旅：古时祭山的一种礼节，这里指九州山川山治理好之后举行的祭礼，表示已经治理好了。九川：指弱水、黑水、黄河、漾水、长江、沇水、淮河、渭水、洛水。涤：清除，疏通畅达。九泽：上文所举的九个湖泽，即雷夏、大野、彭蠡、震泽、云梦、荥波、菏泽、孟猪、猪野。陂：堤坝，防止泽水决溢。会同：会同京师，指各地进贡的道路畅通无阻。

②六府：水、火、金、木、土、谷六个掌管贡赋税收的府库。孔：甚，很。修：治，备。引申为整备。庶土：

泛指九州众多的土地。交正：勘定各州土地质量的等级以供征税。交，俱。正，符合标准。底慎：采取慎重态度。底，致，获得。慎，谨慎。咸：皆。则：仿效，效法。三壤：土壤分为上中下的三品九等。成赋：交纳赋税。中邦：天子之邦。

③锡土姓：分封诸侯、分土赐姓，建立诸侯国。锡，通"赐"。祇：敬。台（yí）：我。距：通"拒"，违抗。朕：我。

【译文】

九州的水土疏导工程都顺利完工，四方的土地都已经可以居住了，九州的山脉都开辟了道路，九州的河流都疏通了水源，九州的湖泽都修筑了堤防，四海之内进贡的道路都畅通无阻了。掌管贡赋税收的六府都修备得很好，各州土地都勘定了质量等级，并且根据土地的上中下三等规定了不同的赋税标准，各地百姓都要根据土质优劣的三种规定交纳赋税。然后分封土地，赐予姓氏，并说："大家都要以遵循我的德教为先，不违背我的政令法则。"

【原文】

五百里甸服：百里赋纳总，二百里纳铚，三百里纳秸服，四百里粟，五百里米①。

【注释】

①甸服：在天子领地上服各种劳役。甸，王田，天子的领地。国都以外方圆五百里为第一等甸服。总：把庄稼连茎割下来束成一捆。铚（zhì）：农具、短镰。割下的庄稼要用短镰削下穗头，此处指用镰割下的禾穗。秸（jiē）服：带秸的谷。

【译文】

国都以外五百里是甸服：离国都最近的一百里范围的缴纳整捆的禾，二百里的缴纳禾穗，三百里的缴纳带秸的谷，四百里的缴纳粗米，五百里的缴纳精米。

【原文】

五百里侯服：百里采，二百里男邦，三百里诸侯①。

【注释】

①侯服：在甸服之外的五百里范围，是五服之中的第二等，距离国都一千里。采：卿大夫的食邑。男邦：比卿大夫的等级稍高，拥有土地和人民的小国。诸侯：比男更大的封国。

【译文】

甸服以外五百里是侯服：相距侯服百里范围内的为大夫采地，二百里范围内的为男爵小国，三百里范围内的为诸侯。

【原文】

五百里绥服：三百里揆文教，二百里奋武卫①。

【注释】

①绥服：侯服之外五百里，距离国都一千五百里。揆文教：根据文教来施行治理。揆，度。奋武卫：奋扬武威，保卫王者。

【译文】

侯服以外五百里是绥服：相距绥服三百里范围内的着力

推行文教，二百里范围内的奋扬武威保卫天子。

【原文】

五百里要服：三百里夷，二百里蔡①。

【注释】

①要服：绥服之外五百里，距王都二千里。夷：平，指平等的赋税。蔡：杀，减。这里指减免贡赋。

【译文】

绥服以外五百里是要服：相距要服三百里范围的赋税与其他地区相同，外二百里的则可以依次减轻其赋税。

【原文】

五百里荒服：三百里蛮，二百里流①。

【注释】

①荒服：要服以外五百里，距离国都二千五百里，是最远的一服。蛮：即按照蛮夷的习俗对待。意谓尊重其风俗，维系其隶属关系。流：流动、散乱。即游移不定、迁徙无常，没有固定的居所。

【译文】

要服以外五百里是荒服：相距荒服三百里范围内的尊重他们的风俗，减少礼节，外二百里的可以任他们自由迁徙。

【原文】

东渐于海，西被于流沙，朔南暨声教讫于四海①。禹锡玄圭，告厥成功②。

【注释】

①渐：入。被：及。流沙：西方极远的大漠。朔：北。暨：及。讫：通"迄"，到，至。

②锡：通"赐"。玄圭：即黑色的瑞玉。厥：其。

【译文】

东面直抵大海，西面到大漠地带，北方、南方的地方皆为天子的声教所化育。于是舜帝颁赐给大禹黑色的瑞玉，以昭告天下治水成功，天下大治。

甘 誓

【原文】

启与有扈战于甘之野，作《甘誓》①。

【注释】

①启：禹的儿子。有扈：禹之后，其国在陕西西安鄠邑区。

【译文】

启与有扈氏将在甘的郊野作战，启誓师告诫将士，史官记录下启的誓词，名为《甘誓》。

【原文】

大战于甘，乃召六卿①。

【注释】

①甘：地名，在有扈氏国都的南郊，今河南省洛阳市西南。乃：于是，就。六卿：夏商周时，天子有六军，六军的主将为六卿。

【译文】

启与有扈氏将在甘地大战，于是夏王启便召见了六军的将领。

【原文】

王曰："嗟！六事之人，予誓告汝：有扈氏威侮五行，怠弃三正，天用剿绝其命，今予惟恭行天之罚①。"

【注释】

①六事之人：六卿及下属军官和士兵。威侮：蔑侮，轻慢。五行：金、木、水、火、土。威侮五行即指背弃天道。怠弃：怠惰荒废。三正：正德、利用、厚生三大政事。正，通"政"。用：因此。剿绝：灭绝。其：代词，代指有扈氏。惟：将。恭：奉行。

【译文】

王说："啊！六军的将士们，我在此告诫你们：有扈氏背弃天命，荒废政事，上天因此要断绝他的福命，现在我奉行天命前去惩罚他们。"

【原文】

"左不攻于左，汝不恭命；右不攻于右，汝不恭命；御非其马之正，汝不恭命①。用命，赏于祖；弗用命，戮于社，予则孥戮汝②。"

【注释】

①左、右：古代战车共乘三人，左方主射，右方主刺，中间一人驾车。恭命：犹奉命。御：驾车的人。非：违反。正：规则，指驾车的技术。

②祖：祖庙。社：社神。孥戮：或做奴隶，或加杀戮。

【译文】

"兵车左边的兵士不用心射箭，就是不奉行我的命令；

车右的兵士不努力用戈矛刺杀敌人，也是不奉行我的命令；驾车的兵士违反驾驭战车的规则，同样是不奉行我的命令。执行命令的，我会在先祖的神位面前赏赐你们；不执行命令的，我会在社神的神位面前惩罚你们，把你们沦为奴隶，或者杀死你们。"

五子之歌

【原文】

太康失邦，昆弟五人须于洛汭，作《五子之歌》^①。

【注释】

①太康：夏启的儿子，沉湎于田猎游乐，不顾百姓疾苦，被羿驱逐，不能回国。昆弟：兄弟。须：等待。洛汭：河南省洛水入黄河处。

【译文】

太康失去了国家，他的兄弟五人在洛水之北等待了一百多天始终不见他回来，于是作了《五子之歌》。

【原文】

太康尸位，以逸豫灭厥德，黎民咸贰，乃盘游无度，畋于有洛之表，十旬弗反^①。有穷后羿因民弗忍，距于河，厥弟五人御其母以从，徯于洛之汭^②。五子咸怨，述大禹之戒以作歌^③。

【注释】

①尸位：占着职位却不做事。逸豫：贪图安逸享乐。厥：其。咸：都。贰：有二心。乃：竟然。盘游：游乐。度：节制。畋：打猎。有洛：洛水。有，前缀词，无实义。表：洛水的南面。夏都河北，而游猎于洛南，距离国都太远。

反：同"返"，返回。

②有穷：古国名。后：君主。弗：不。距：通"拒"，堵截，阻挡。御：侍奉。俟：等待。汭：水的弯曲处。

③咸：皆，都。

【译文】

太康虽居天子之位却不理天子之事，贪图安逸享乐，丧失了天子该有的品德，所以众民都怀有二心，面对此种情形，他竟然不知悔改，仍然沉迷玩乐不知节制，甚至跑到洛水的南面打猎，整整一百天都不返回国都。有穷国的君主羿利用百姓对太康的不满，据守在黄河北岸阻挡太康，不让他回国。太康的五个弟弟侍奉他们的母亲，在洛水的弯曲处等待着太康。五个弟弟都埋怨太康，追述大禹的教导而作《五子之歌》。

───────●───────

【原文】

其一曰："皇祖有训，民可近，不可下，民惟邦本，本固邦宁①。予视天下愚夫愚妇一能胜予，一人三失，怨岂在明，不见是图②。予临兆民，懔乎若朽索之驭六马，为人上者，奈何不敬③？"

【注释】

①皇祖：即大禹。训：训诫，教导。近：亲近。下：因轻视而疏远。民惟邦本，本固邦宁：百姓是国家的根本，根本牢固，国家才能安定。惟，是。

②予：我。一：都。三失：多次失误。怨：民众的不满情绪。图：考虑。

③临：治理。懔：恐惧。朽索：腐烂的绳索。

【译文】

其中一首说:"伟大的祖先曾有明训,百姓可以亲近而不可疏远,百姓是国家的根本,根本牢固,国家才能安定。我看天下的普通男女都能够胜过我,一个人多次犯错时,不要等到别人对他的怨恨明显表现出来才察觉,而应当在怨恨还未形成之时就要采取措施及时消除。我治理天下民众,恐惧得就像用腐朽的绳索驾着六匹马一样,做君主的人怎么能不保持恭敬呢?"

【原文】

其二曰:"训有之,内作色荒,外作禽荒①。甘酒嗜音,峻宇雕墙②。有一于此,未或不亡③。"

【注释】

①训:训诫,教导。色荒:沉迷女色。禽荒:沉迷畋猎。

②甘酒嗜音:甘与嗜同义,都是沉溺的意思。峻:高大。雕:彩饰。

③未或:没有人。

【译文】

其中第二首说:"先祖曾告诫我们,在内贪恋女色,在外沉迷畋猎。纵情酒食,沉湎声乐,修筑宫宇,奢华雕饰。只要有其中一种,没有人不灭亡的。"

【原文】

其三曰:"惟彼陶唐,有此冀方①。今失厥道,乱其纪纲,乃底灭亡②。"

【注释】

①惟:句首语气助词。陶唐:尧帝。冀方:古泛指中原地区。
②纪纲:法度。乃:竟。厎:招致。

【译文】

其中第三首说:"曾经的尧帝,苦心经营才拥有中原。后世子孙废弃他的治国之道,破坏了他所建立的法度,最终导致了国家的灭亡!"

【原文】

其四曰:"明明我祖,万邦之君①。有典有则,贻厥子孙②。关石和钧,王府则有③。荒坠厥绪,覆宗绝祀④!"

【注释】

①明明:明而又明,即指非常圣明。万邦:泛指天下的各个诸侯国。

②典:典章。则:法度。贻:遗留。

③关:重量名。石:容量名。关石:借指赋税。和钧:计量标准准确划一。有:富足。

④荒坠:荒废坠失。绪:先人所建立的功业。覆:覆灭。绝:断绝。

【译文】

其中第四首说:"我们那英明睿智的先祖大禹,统帅天下诸侯。他建立了典章和法度,留给了后代子孙。赋税征收标准统一,国家自然府库丰殷。现在却废弃前人事业,我们的国家恐怕要灭亡了吧!"

【原文】

其五曰:"呜呼曷归?予怀之悲①。万姓仇予,予将畴依②?郁陶乎予心,颜厚有忸怩③。弗慎厥德,虽悔可追④?"

【注释】

①曷:何。怀:心情。

②万姓:泛指天下百姓。予:我们。畴:谁。

③郁陶:忧愁。颜厚:面带羞愧。忸怩:内心惭愧。

④弗:不。虽:即使。追:补救。

【译文】

其中第五首说:"唉!我们现在可以去哪里呢?我的心情十分悲痛啊!天下百姓都仇恨我们,我们还能依靠谁呢?此时此刻,我的心里既郁闷又惭愧。平时不修德政,即使后悔,又有什么补救的方法呢?"

胤　征

【原文】

羲和湎淫，废时乱日，胤往征之，作《胤征》①。

【注释】

①羲和：羲氏与和氏，掌管天地四时的官。湎淫：沉迷于酒。废时：旷废记载时令的职事。乱日：日历混乱。胤：古国名。

【译文】

掌管日月运行的羲氏与和氏好酒贪杯，玩忽职守，天时节令淆乱不清，胤侯前往征讨他们，在大战之前作了《胤征》来鼓舞士气。

------◆------

【原文】

惟仲康肇位四海，胤侯命掌六师①。羲和废厥职，酒荒于厥邑，胤后承王命徂征②。

【注释】

①惟：句首语气助词。仲康：夏启之子，太康之弟。肇：开始。位：通"莅"，临事，视事。胤侯：胤国国君。六师：六军。泛指军队。

②羲和：羲氏与和氏，掌管天地四时的官。厥：其。酒荒：沉迷于酒。徂（cú）：往。

【译文】

仲康开始继位治理天下的时候，命令胤侯为大司马掌管六军。羲氏与和氏玩忽职守，沉湎于酒，胤侯奉王命前往征伐。

【原文】

告于众曰："嗟予有众，圣有谟训，明征定保①。先王克谨天戒，臣人克有常宪，百官修辅，厥后惟明明②。每岁孟春，遒人以木铎徇于路，官师相规，工执艺事以谏，其或不恭，邦有常刑③。"

【注释】

①嗟：感叹词。予：我。有众：众人。谟训：谋略和训诫。明征：明显的征验。定保：定国安邦。

②克：能够。谨：谨慎。天戒：上天给予的警示。常宪：常规法典。修辅：忠于职守，辅佐君主。后：君主。明明：明而又明，即指非常圣明。

③孟春：初春。遒（qiú）人：古代宣布政教法令的官员。木铎：一种铃铛，铃身是金属的，铃舌是木质的。古时宣布政教法令，巡行摇铃，以引起人们的注意。徇：通"巡"，巡行。官师：百官。规：规劝。工：各种工匠艺人。艺事：技能，技艺。或：有人。恭：奉行。常刑：一定的刑罚。

【译文】

胤侯对将士们说："啊！诸位将士们。圣人的那些谋略、训诫的话已经被历史证明了可以定国安邦。先王能谨慎对待上天的警示，臣下能够奉公守法，百官尽忠职守辅佐君主，君主就会十分贤明。在每年的初春时节，宣令官会手持木铎，在道路上宣读教令，官长互相规劝，百工依据他们从事的技艺进行谏说。他们有不忠于职守的，国家将按照法律给予惩罚。"

【原文】

"惟时羲和颠覆厥德，沈乱于酒，畔官离次，俶扰天纪，遐弃厥司，乃季秋月朔，辰弗集于房，瞽奏鼓，啬夫驰，庶人走，羲和尸厥官罔闻知，昏迷于天象，以干先王之诛①。《政典》曰：先时者杀无赦，不及时者杀无赦②。"

【注释】

①惟：句首语气助词。时：通"是"，这。羲和：羲氏与和氏，掌管天地四时的官。颠覆：败坏。沈：沉湎。乱：迷惑。畔：通"叛"，违背。次：职位。俶（chù）：开始。遐：远。弃：废弃、荒怠。司：司掌的职务。乃：于是。季秋：秋季的最后一个月，是阴历九月。朔：每月初一。辰：太阳与月亮相会。弗：不。集：会合。房：房宿，指太阳与月亮相会的地方。瞽：盲人，这里指乐官。啬夫：掌管布帛货币的官员。庶人：官府的吏役。走：疾趋，小跑。尸：主管。罔：无，不。干：犯。

②先时：早于时令节气。不及时：晚于时令节气。

【译文】

"这个羲氏与和氏败坏先王教令，好酒贪杯，玩忽职守，搞乱了天时历法，心思也没放在工作上。于是，在农历九月初一，太阳与月亮相会之地偏离房宿，出现日食，乐官击鼓，啬夫驱驰，吏役奔走，他们试图挽救这一局面。羲氏与和氏尸位素餐，却不知道发生了日食，对天象的变化昏迷无知，因此触犯了先王的律令。先王的《政典》规定：历法所定早于天时，其罪不得赦免；历法所定晚于天时，其罪不得赦免。"

【原文】

"今予以尔有众，奉将天罚①。尔众士同力王室，尚弼予钦承天子威命②。火炎昆冈，玉石俱焚；天吏逸德，烈于猛火③。歼厥渠魁，胁从罔治；旧染污俗，咸与维新④。呜呼！威克厥爱，允济；爱克厥威，允罔功⑤。其尔众士，懋戒哉⑥！"

【注释】

①予：我。尔：你们。有众：众人。奉将：奉行。天罚：上天的惩罚。

②尔：你们。尚：庶几，表示希望。弼：辅佐。钦承：恭敬奉行。威命：军令，政令。

③昆冈：昆山，古代盛产美玉的地方。天吏：掌管天文历法的官。逸德：失德。

④歼：消灭。渠魁：首领。胁从：被迫相从。旧染：往昔沾染的不良习气。俗：恶习，坏风气。与：允许。维：语气助词。新：更新。

⑤威：严明。克：战胜。爱：慈爱，这里有姑息纵容的意思。允：真的。济：成功。罔：无。

⑥其：表示希望。懋：努力。戒：谨慎。

【译文】

"现在我率领诸位将士，奉行上天的惩罚。你们众将士要同心协力，辅助我恭敬奉行天子的命令！当熊熊烈火吞噬昆仑山之际，美玉和顽石将一同被焚毁；掌管天文历法的官吏行为不端，其造成的危害将远甚于烈火。我们要诛杀的是他们的首恶羲氏与和氏，对于其他从犯可以不予追究；对于之前沾染恶习的人，也都允许他们弃恶从善、改过自新。啊！如果威严胜过纵容，就一定能成功；如果纵容胜过威严，那就一定不能成功。诸位将士，一定要努力、谨慎啊！"

商 书

汤　誓

【原文】

伊尹相汤伐桀，升自陑，遂与桀战于鸣条之野，作《汤誓》①。

【注释】

①相：辅佐。陑（ér）：古地名，在今中国山西省永济市南。遂：于是，就。鸣条：在今山西省夏县的鸣条冈，为成汤败桀的地方。

【译文】

伊尹辅佐商汤讨伐夏桀，军队行进至山西永济一带，于是与夏桀在鸣条的郊外展开大战。战前作动员令，即为《汤誓》。

【原文】

王曰："格尔众庶，悉听朕言，非台小子，敢行称乱①！有夏多罪，天命殛之②。今尔有众，汝曰：'我后不恤我众，舍我穑事而割正夏③？'予惟闻汝众言，夏氏有罪，予畏上帝，不敢不正④。今汝其曰：'夏罪其如台⑤？'夏王率遏众力，率割夏邑⑥。有众率怠弗协，曰：'时日曷丧？予及汝皆亡⑦。'夏德若兹，今朕必往⑧。"

【注释】

①格：来。尔：你们。众庶：诸位，众位。悉：都。朕：我。台：我。小子：对自己的谦称。称乱：发动战乱。

②有夏：夏国。有，前缀词，无实义。殛：诛杀。

③有众：众人。后：国君。恤：体谅。舍：废弃。穑事：农事。割正：犹虐政。

④惟：句中语气助词。上帝：上天。

⑤其：表示推测，大概，可能。其：表示反诘，究竟。如台：如何。

⑥率：带头。遏：竭，绝。众力：民力。割：剥削。

⑦率：大都。怠：懈怠。协：和。时：通"是"，这。曷：何，什么时候。予：我。汝：你。丧：灭亡。皆：俱，都。

⑧若兹：如此。

【译文】

王说："来吧！你们诸位，都听我说。不是我小子敢发动战乱！实在是因为夏王罪孽深重，上天命令我去讨伐它。现在你们当中可能有人会说：'我们的国君为什么不体恤我们众人，让我们荒废农事而去征伐夏王？'这样的言论我早就听说过，只是夏桀有罪，我敬畏上天，不敢不去征讨！现在你们会问：'夏桀的罪行究竟怎么样呢？'夏王带头征收重税，耗尽民力，剥削压迫夏国百姓。人们心怀不满，大都怠慢不恭，与夏王不和，并诅咒夏王说：'这个太阳什么时候消亡呢？我们宁愿和你一起灭亡。'夏桀的德行败坏到这种程度，现在我一定要去讨伐他。"

【原文】

"尔尚辅予一人，致天之罚，予其大赉汝①！尔无不信，朕不食言。尔不从誓言，予则孥戮汝，罔有攸赦②。"

【注释】

①尚：庶几，表示希望。致：施行，完成。其：将。赉（lài）：赏赐。

②孥戮：或做奴隶，或加杀戮。罔：无，不。攸：所。

【译文】

"希望你们能够真心辅助我，奉行上天对夏桀的惩罚，我将重重地赏赐你们！你们不要不相信，我是决不会失信的。如果你们不听从我的话，我就会把你们沦为奴隶，或者杀死你们，绝不赦免。"

仲虺之诰

【原文】

汤归自夏，至于大坰，仲虺作诰①。

【注释】

①自：从。大坰（jiōng）：地名。仲虺（huī）：商代成汤的左相，奚仲的后代。诰：古代一种训诫勉励的文告。

【译文】

汤讨伐夏桀回来，到达大坰的时候，仲虺作了一篇诰誓。

------◆------

【原文】

成汤放桀于南巢，惟有惭德①。曰："予恐来世以台为口实②。"

【注释】

①放：流放，放逐。南巢：地名，在今安徽巢湖市。惟：思。惭德：心中有愧。

②予：我。来世：后世。台：我。口实：借口，话柄。

【译文】

成汤把夏桀流放到南巢，心里有些惭愧。他说："我担心后世拿我作为话柄。"

【原文】

仲虺乃作诰，曰：“呜呼！惟天生民有欲，无主乃乱，惟天生聪明时乂①。有夏昏德，民坠涂炭，天乃锡王勇智，表正万邦，缵禹旧服②。兹率厥典，奉若天命③。”

【注释】

①仲虺：商代成汤的左相，奚仲的后代。乃：于是，就。惟：句首语气助词。欲：贪欲，情欲。主：君主。乃：于是，就。时：通“是”，这。惟：因此。聪明：明哲的君主。乂：治理。

②有夏：夏国。有，前缀词，无实义。昏德：昏乱而无仁德。坠：陷入。涂炭：本义指泥淖和炭火，比喻极困苦的境遇。锡：通“赐”。表正：以身为表率而正之。缵（zuǎn）：继承。旧服：旧有的属地。

③率：遵循。典：典章、法则。奉：遵奉、依从。若：顺。

【译文】

仲虺说：“啊！上天生下万民每个人都有欲望，倘若没有贤明的君主来统师治理，社会就会动乱不安，因此上天生出明哲的人来治理民众。夏桀昏乱无德，致使生灵涂炭，上天赐勇武与智慧予大王，让您做万国的表率，继承大禹昔日的事业。您现在要遵循大禹的常法，顺从上天的大命！”

【原文】

“夏王有罪，矫诬上天，以布命于下①。帝用不臧，式商受命，用爽厥师②。简贤附势，实繁有徒③。肇我邦于有夏，若苗之有莠，若粟之有秕④。小大战战，罔不惧于非辜⑤。矧予之德，言足听闻⑥。”

【注释】

①矫：假托。诬：欺骗。布命：发布命令。

②用：因此。不臧：不善。式：用，以。爽：丧失。师：众。

③简贤附势：轻视贤良，依附权势。简：轻慢。繁：多。
徒：人。

④肇：开始。莠（yǒu）：杂草。秕（bǐ）：空壳的谷物。

⑤战战：战栗恐惧的样子。罔不：无不。非辜：无罪。

⑥矧：况，何况。

【译文】

"夏桀犯下罪行，他假托上天的旨意，发号施令，欺骗
百姓。上天因此认为他是不义之人，以我商家承受天命，夏
朝渐渐地丧失了民心。无道之世，轻慢贤明，依附权势，这
种人实在是太多了。从我们国家在夏朝立国开始，夏桀就把
我们看成禾苗中的杂草，视如谷粒中的秕谷。全国上下无不
战战兢兢，生怕自己无罪受罚。何况大王的德行，说话总是
能够让人相信。"

- - - - - - - ◆ - - - - - - -

【原文】

"惟王不迩声色，不殖货利①。德懋懋官，功懋懋赏②。
用人惟己，改过不吝③。克宽克仁，彰信兆民④。乃葛伯仇饷，
初征自葛⑤。东征，西夷怨；南征，北狄怨，曰：'奚独后予⑥？'
攸徂之民，室家相庆，曰：'徯予后，后来其苏⑦。'民之戴商，
厥惟旧哉⑧！"

【注释】

①惟：只。迩：近。声色：淫靡的音乐与美色，泛指荒
嬉娱乐之事。殖：聚敛。货利：货物财利。

②懋：前一个是盛大的意思，后一个是勉励的意思。

③用人惟己：任用别人就像任用自己一样深信不疑。吝：吝惜。

④克：能够。彰：昭明。

⑤乃：那。葛伯仇饷：相传，成汤与葛伯为邻，葛伯借口没有牛羊作祭品，汤赠其牛羊，葛伯把牛羊吃了。汤又遣百姓帮助葛伯耕种，老弱儿童送饭田间，葛伯抢夺饭食而杀人。

⑥夷：古代东部的少数民族。狄：古代北方的少数民族。奚：何，怎么。

⑦攸：所。徂：往。指成汤征讨所到之处。室家：家家，家家户户。徯：等待。予：我。后：君。苏：死而复生。

⑧戴：拥戴、爱戴。惟：句中语气助词。旧：久。

【译文】

“只有大王不近声色，不聚货财。有德的人就赐予官职，功大的人就加以奖赏；任用别人深信不疑，改正自己的过错毫不吝惜；宽厚仁爱，德行昭著，取信于民。那葛国国君恩将仇报，杀掉我们前往葛国救灾的人，我们的征伐便从葛国开始。大王东征，西方的人们就埋怨我们；大王南征，北方的人就埋怨我们。他们说：‘为什么最后讨伐我们的国君呢？’但凡被我们征伐的国家，百姓都在家互相庆贺，他们说：‘等到我们的君王来了，我们就能获得重生了！’天下人民对于商的爱戴，已经很久了！”

【原文】

“佑贤辅德，显忠遂良，兼弱攻昧，取乱侮亡，推亡固存，邦乃其昌①。德日新，万邦惟怀；志自满，九族乃离②。王懋昭大德，建中于民，以义制事，以礼制心，垂裕后昆③。予闻曰：'能自得师者王，谓人莫己若者亡④。好问则裕，自用则小⑤'。呜呼！慎厥终，惟其始。殖有礼，覆昏暴⑥。钦崇天道，永保天命⑦。"

【注释】

①佑：帮助。显：显扬。遂良：荐举贤良之士。兼：兼并。弱：势力稍弱的诸侯国。昧：愚昧，昏乱。乱：动乱。侮：侵侮。推亡固存：推翻无道之国，帮助仁义之邦。乃：才。其：将。昌：昌盛。

②万邦：泛指天下的各个诸侯国。惟：句中语气助词。怀：归向。乃：就。

③懋：勉力。昭：昭明，彰显。中：中道，中庸之道。制：裁夺，控制。垂裕：为后人留下业绩或名声。后昆：后世子孙。

④王：称王。若：如。

⑤裕：充足，充裕。自用：自以为是。小：渺小。

⑥惟：思。殖：培植，培养。覆：覆没，灭亡。

⑦钦崇：崇敬。天道：大道。天命：上天的使命。

【译文】

"贤能的人我们就要加以帮助，仁德的人我们就要加以辅佐，忠贞的人我们就要加以表彰，善良的人我们就要加以提拔，弱小的国家我们就要加以兼并，昏庸的诸侯我们就要加以讨伐，动乱的政权我们就要取而代之，行将灭亡的君主终将受到凌辱。岌岌可危的国家就加速其灭亡，坚如磐石的诸侯就巩固其政权，如此国家才能昌盛。德行日日更新，天下万国就会前来归顺；志气自满自大，亲近的九族也会离散。大王要努力显扬大德，在民众之中建立中和之道，用义裁决事务，用礼制约思想，才能为后代子孙留下美好的业绩。我听说：'能够虚心听取别人意见的人就会为王，以为别人不如自己的人就会灭亡。勤学好问就会使自己广博充裕，自以为是就会使自己变得狭隘无知。'啊！谨慎地对待事情的结尾，就像谨慎地对待事情的开始那样。扶植守礼的国家，灭亡昏暴的国家，这就是天道。唯有敬重天道，方能长久保有天命。"

汤 诰

【原文】

汤既黜夏命，复归于亳，作《汤诰》^①。

【注释】

①黜：废除。夏命：夏朝的王命。复：再。亳：商朝的都邑、国都。

【译文】

商汤流放夏桀以后，率部队回到亳都，然后作《汤诰》训诫诸侯。

【原文】

王归自克夏，至于亳，诞告万方^①。王曰："嗟！尔万方有众，明听予一人诰。惟皇上帝，降衷于下民^②。若有恒性，克绥厥猷惟后^③。夏王灭德作威，以敷虐于尔万方百姓^④。尔万方百姓，罹其凶害，弗忍荼毒，并告无辜于上下神祇^⑤。天道福善祸淫，降灾于夏，以彰厥罪^⑥。"

【注释】

①自：从。克：战胜。诞：大。万方：万国，各方诸侯。有众：众人。

②惟：句首语气助词。皇：大。衷：善，福。

③若：顺从。恒性：常性，常道。克：能够。绥：安定。

118

厥：其。猷：道，法则。惟：只。后：君王。

④敷：布，施行。

⑤罹：遭受。荼毒：残害。神祇：天神和地神，泛指神明。

⑥福善祸淫：赐福给为善的人，降祸给作恶的人。彰：明。

【译文】

商汤在战胜夏桀后回来，到了亳邑，大告各方诸侯。汤王说："啊！你们四方诸侯，请仔细听着我的训诰。伟大的上天降福于下界人民。只有君王能够顺应民众的本性，让民众长久地保持这种美好的品德。夏王丧失道德滥用刑罚，对百姓施行虐政。所有的百姓都遭受他的残酷迫害，你们无法忍受这种灾难，于是你们向上天祈求援助。天道福佑善人，惩罚坏人，在夏国降下灾难，以彰显其罪行。"

——————◆　◆——————

【原文】

"肆台小子，将天命明威，不敢赦①。敢用玄牡，敢昭告于上天神后，请罪有夏②。聿求元圣，与之戮力，以与尔有众请命③。上天孚佑下民，罪人黜伏，天命弗僭，贲若草木，兆民允殖④。俾予一人辑宁尔邦家，兹朕未知获戾于上下，栗栗危惧，若将陨于深渊⑤。"

【注释】

①肆：故，因此。台：我。将：奉行。天命：上天的使命。明威：圣明威严的旨意。

②敢：表敬副词。玄牡：黑色的公牛。神后：后土，指地神。罪：降罪，惩罚。

③聿：用在句首或句中，起顺承作用。元圣：大圣贤。指伊尹。戮力：勉力，并力。尔：你们。

④孚佑：庇佑，保佑。黜伏：降服。僭（jiàn）：差错。
贲（bì）：文饰。允殖：生息繁衍。

⑤俾：使。辑宁：安抚，安定。邦家：国家。戾：罪。上下：
天地。栗栗：畏惧的样子。若：好像。陨：坠落。

【译文】

"因此我奉行上天旨意，不敢有丝毫的宽赦。我冒昧地
用黑色公牛向天神后土祷告，请求惩治夏桀。于是求得大圣
贤伊尹，和我们同心协力，一起向上天请命。上天庇佑天下
百姓，罪人遭到应有的惩罚，上帝的命令没有任何差错，一
切焕然一新，世间草木丰茂，百姓生息繁衍。上天使我安定
国家，这回讨伐夏桀我不知道有没有得罪天地，战战兢兢，
心怀畏惧，就像要坠落到深渊里一样。"

【原文】

"凡我造邦，无从匪彝，无即慆淫，各守尔典，以承天
休①。尔有善，朕弗敢蔽；罪当朕躬，弗敢自赦，惟简在上
帝之心②。其尔万方有罪，在予一人；予一人有罪，无以尔
万方③。呜呼！尚克时忱，乃亦有终④。"

【注释】

①造邦：建立的诸侯国。无：通"毋"。匪：通"非"。彝：
常法，常道。即：接近。慆淫：享乐过度，怠慢放纵。典：
常法。天休：上帝的福佑。

②蔽：隐蔽。躬：自身。赦：赦免，宽宥。简：明白，辨别。

③其：做假设，如果。以：连及。

④尚：庶几，表示希望。克：能够。时：通"是"，这。

忱：真诚，诚信。乃：才。终：好的结局。

【译文】

　　"凡是归顺我商朝的诸侯方国，不要不遵从常法，不要追求安逸享乐，要各自遵守常法，这样便可以得到上天的福佑。你们有善行，我不敢隐蔽；我自己有罪过，也绝不敢私自宽恕，因为这一切上天都看得明明白白。你们诸侯有过失，罪都在于我一人；我一人有过失，也绝不会牵连你们。哎！如果能够诚心诚意地做到这些，才会获得好的结局。"

伊 训

【原文】

成汤既没，太甲元年，伊尹作《伊训》《肆命》《徂后》①。

【注释】

①没：死亡。肆命：篇名，已亡佚。徂后：篇名，已亡佚。

【译文】

成汤去世后，太甲即位第一年，伊尹作《伊训》《肆命》《徂后》。

◆

【原文】

惟元祀十有二月乙丑，伊尹祠于先王①。奉嗣王祗见厥祖，侯甸群后咸在，百官总己以听冢宰②。伊尹乃明言烈祖之成德，以训于王③。

【注释】

①惟：句首语气助词。元祀：元年，太甲即位第一年。祀，年。夏代叫岁，商代叫祀，周代叫年。祠：祭祀。先王：商王成汤。

②奉：侍奉。嗣王：指太甲。祗：恭敬。厥：其。侯甸：侯服和甸服。群后：四方诸侯。咸：都。总己：总摄己职。冢宰：周官名，为六卿之首。这里指伊尹。

③乃：就。烈祖：建立了功业的祖先，这里指开创帝业

的帝王成汤。成德：盛德。训：教诲，教导。

【译文】

　　太甲元年十二月乙丑日，伊尹在祖庙祭祀先王成汤。他侍奉继任的商王太甲恭敬地拜见祖先的神位，各国诸侯也都陪同参加了这次祭祀大典，百官皆统领自己的官员，听从太宰伊尹的命令。伊尹公开地宣扬成汤的丰功伟绩，以此来教导太甲。

【原文】

　　曰："呜呼！古有夏先后，方懋厥德，罔有天灾①。山川鬼神，亦莫不宁，暨鸟兽鱼鳖咸若②。于其子孙弗率，皇天降灾，假手于我有命，造攻自鸣条，朕哉自亳③。惟我商王，布昭圣武，代虐以宽，兆民允怀④。今王嗣厥德，罔不在初，立爱惟亲，立敬惟长，始于家邦，终于四海⑤。"

【注释】

　　①有夏：夏国。有，前缀词，无实义。先后：先君。懋：勤勉。罔：无。

　　②暨：与，和。咸：都。若：这样。

　　③率：遵循，遵守。假手：借他人之手来达到自己的目的。有命：即指上帝授予成汤天命，使之吊民伐罪。造：开始。攻：讨伐。自：从。鸣条：在今山西省夏县的鸣条冈，为成汤败桀的地方。哉：开始。亳：商朝的都邑、国都。

　　④惟：句首语气助词。布昭：宣明，宣扬。圣武：武德。兆民：万民。允怀：归顺。

　　⑤嗣：继承。亲：亲人。长：长辈。家邦：家国。

【译文】

伊尹说："啊！从前夏代的先君，当他勉力施行德政的时候，没有发生天灾，山川鬼神也没有不安宁的，连同鸟兽鱼鳖各种动物也都各得其所。到了他的子孙，不遵循先人的德政，上天降下灾祸，借我们先王之手以讨伐夏桀。我们从鸣条开始征伐，在亳都开始创建大业。我们的商王成汤，宣明德威，用仁政代替暴政，所以天下百姓全都归附于他。现在我王要继承先王的美德，不能不在即位之初，行爱于亲人，行敬于长辈，先从家国开始，最终推广到天下。"

【原文】

"呜呼！先王肇修人纪，从谏弗咈，先民时若①。居上克明，为下克忠，与人不求备，检身若不及，以至于有万邦，兹惟艰哉②！敷求哲人，俾辅于尔后嗣，制官刑，儆于有位③。曰：敢有恒舞于宫，酣歌于室，时谓巫风④。敢有殉于货色，恒于游畋，时谓淫风⑤。敢有侮圣言，逆忠直，远耆德，比顽童，时谓乱风⑥。惟兹三风十愆，卿士有一于身，家必丧；邦君有一于身，国必亡⑦。臣下不匡，其刑墨，具训于蒙士⑧。"

【注释】

①肇：开始。人纪：人伦纲纪，指立身处世的道德规范。咈：乖戾，违背。先民时若：先民，前代的有德之人。时，通"是"，这。若，顺从。意指顺从前辈贤人的教诲。

②居上：为君的。克：能够。明：明察。为下：做臣子的。忠：忠心，尽心竭力。与人：用人。备：完备。检身：检点自身。兹：此。惟：极，很。

③敷：布，广。哲人：才德超常的人。俾：使。后嗣：

后代子孙。官刑：对官吏的惩罚条例。儆：告诫，警告。有位：身居官位的人。

④恒：经常。酣歌：沉湎于饮酒歌舞。时：通"是"，这。巫风：歌舞作乐的风俗，巫觋以歌舞事神，故称。

⑤殉：贪求。货色：财货女色。游畋：游乐打猎。淫风：过度逸乐的风气。

⑥侮：轻慢、轻视。逆：拒绝、排斥。耆德：年老有德的人。比：亲昵。顽童：愚昧顽劣不知德义的人。乱风：坏风气。

⑦惟：句首语气助词。兹：此。三风十愆："三风"指巫风、淫风、乱风。"十愆"指舞、歌、货、色、游、畋、侮圣言、逆忠直、远耆德、比顽童。愆，过错。

⑧匡：匡正。这里指臣子纠正国君的错误。其：将。刑墨：古代五刑之一，在脸上刺字而后染成墨色。具：详细。蒙士：下士，浅学无知之士。

【译文】

"啊！先王成汤开始潜修人伦纲纪，听从谏言而不违反，能够顺从前辈贤人的教诲。为君的能够明察下情，为臣的能够尽忠竭虑，与人为善而不求全责备，检点自身唯恐赶不上别人，以至于拥有天下万国，这是很艰难的呀！接着又广泛地寻求贤明之人，使他们辅助你们这些后辈子孙，制订对官吏的惩罚条例，让在位的官员有所警惕。警告他们说：敢于在官室中纵情饮酒、歌舞狂欢的，这叫作巫风。敢于贪求财货、沉湎女色，经常外出游猎的，这叫作淫风。敢于侮慢圣贤言论，排斥忠直谏言，疏远年老德高，亲近顽愚无知的，这叫作乱风。这三种风气，十种过失，做官吏的只要沾染上其中的一种，他的家一定会破亡；做国君的只要沾染上其中的一种，他的国一定会灭亡。臣下如若不能匡正君主的过错，就将会受到墨刑，这些道理要详细教导到每一个人。"

【原文】

"呜呼！嗣王祗厥身，念哉！圣谟洋洋，嘉言孔彰①。惟上帝不常，作善降之百祥，作不善降之百殃②。尔惟德罔小，万邦惟庆；尔惟不德罔大，坠厥宗③。"

【注释】

①嗣王：指太甲。祗：敬。圣谟：圣人的谋略。洋洋：广大，无所不包。嘉言：美好的言论。孔：甚。彰：清楚明白。

②惟：句首语气助词。不常：不固定。祥：善，吉利。殃：祸患，灾难。

③尔：你。惟：为，是。罔：无，没有。坠：丧失。宗：宗庙，代指王位、国家。

【译文】

"啊！继任的君王努力提升自身修养，始终放在心上呀！圣人的谋略无所不包，说的都很通透明白！上帝福善祸淫，本无定法，为善的就赐予各种吉祥；作恶的就降给各种灾祸。你为善不论多小，天下的人都会感到庆幸；你作恶即使不大，也会丧失宗庙国家。"

太　甲（上）

【原文】

太甲既立，不明，伊尹放诸桐①。三年复归于亳，思庸，伊尹作《太甲》三篇②。

【注释】

①不明：不明居丧之礼。放：放逐，远离国都。诸：之于。复：再，又。桐：古地名，汤的葬地。

②庸：功。

【译文】

太甲继承帝位以后，不明居丧之礼，放纵恣肆，伊尹便把他放逐到桐宫。三年后又将太甲迎归亳，有心建立功业，伊尹作《太甲》三篇。

【原文】

惟嗣王不惠于阿衡，伊尹作书曰："先王顾諟天之明命，以承上下神祇、社稷宗庙，罔不祇肃①。天监厥德，用集大命，抚绥万方②。惟尹躬克左右厥辟，宅师，肆嗣王丕承基绪③。惟尹躬先见于西邑夏，自周有终，相亦惟终④；其后嗣王罔克有终，相亦罔终，嗣王戒哉⑤！祇尔厥辟，辟不辟，忝厥祖⑥。"

【注释】

①惟：句首语气助词。嗣王：指太甲。惠：恭顺，顺从。阿衡：指宰相伊尹。顾：顾念，重视。诶(shì)：同"是"，此。明命：天命，大命。神祇：指天神地祇，泛指天地神灵。罔不：无不。祇肃：恭谨而严肃。

②监：明察。用：以，因此。集：降下。大命：天命。抚绥：安抚，安定。

③惟：句首语气助词。躬：亲身。左右：辅佐、辅助。厥：其。辟：君主。宅师：使民众安定。肆：故，因此。丕：大。基绪：基业。

④西邑：夏代都城安邑的别称。自：用。周：忠信。相：辅佐。惟：有。

⑤嗣王：这里指夏桀。罔：无，没有。克：能。

⑥祗：敬。辟：君主，这里指为君之道。辟不辟：为君却不尽君道。忝：辱没。

【译文】

继承王位的太甲不听从伊尹的劝诫，伊尹便上书说："先王成汤敬畏天命，因此承奉天地神灵、宗庙社稷无不恭敬肃穆。上天明察到他的德行，因此将大命降在他的身上，使他治理天下，安定四方。我伊尹能亲身辅助君王，使天下百姓安居乐业，现在的你才能继承先王的伟大基业。我伊尹亲眼看到夏朝的君王，自始至终讲求忠信，辅佐的大臣也能讲求忠信因而善终；他们后继的君王夏桀不能讲求忠信，辅佐的大臣也不能讲求忠信最终不得善终。你可要警惕呀！恭敬地恪守为君之道，做君王而不尽君道，将会使自己的祖先蒙羞。"

【原文】

王惟庸罔念闻①。伊尹乃言曰："先王昧爽丕显，坐以待旦②。旁求俊彦，启迪后人，无越厥命以自覆③。慎乃俭德，惟怀永图④。若虞机张，往省括于度则释⑤。钦厥止，率乃祖攸行，惟朕以怿，万世有辞⑥。"

【注释】

①惟：还是。庸：常，平时。罔：不。念闻：顾念，听闻。

②乃：就。昧爽：天将亮未亮的时候。丕显：光大德业。丕，大。显，明。旦：早晨，清晨。

③旁求：广泛地搜求。俊彦：才智出众的贤人。启迪：开导，启发。越：坠失。覆：倾覆，灭亡。

④乃：你的。俭德：勤俭节约的美德。惟：表示希望。怀：思考。永图：长久之计。

⑤若：如同。虞：虞人，古代指掌管山泽苑囿畋猎的官员。机：古代弩上发箭的装置。张：把弩拉开。省：察看。括：通"栝"，箭末端扣弦的地方。度：适度。释：放，发射。

⑥止：行止。率：遵循。乃：你的。攸：所。朕：我。怿：喜悦。辞：赞美的言辞。

【译文】

太甲还是像往常一样不听这些话，也不把这些话放在心上。伊尹就说："先王在天还未亮的时候就思考国事，坐在那里一直等待天亮。广泛地搜求贤人，教育开导后人，不要丧失天命而自取灭亡。您要谨慎地保持勤俭的美德，多为国家做长远考虑。就像虞人张开了弩，还要去察看箭尾符合规范以后，然后才放手发射一样。您要端正自己的态度，遵行先祖的为政法则！这样我就高兴了，千秋万世都会有人赞美您的功绩。"

【原文】

王未克变①。伊尹曰："兹乃不义，习与性成②。予弗狎于弗顺，营于桐宫，密迩先王其训，无俾世迷③。"王徂桐宫居忧，克终允德④。

【注释】

①克：能够。

②兹：此，这，指太甲的所作所为。乃：是。习与性成：坏习惯一旦养成，就难以改变。

③弗：不。狎：亲近。桐宫：在汤的墓地建造的行宫。密迩：贴近，靠近。俾：使。世：一辈子。

④徂：往。允：相信。

【译文】

太甲仍然不思悔改。伊尹对群臣说："这样做就是不遵德义，坏习惯一旦养成，就很难改变。我不愿意和听不进道理的人在一起，赶紧在桐营造宫室，使他亲近先王的教训，不能让他终身迷误。"于是太甲前往桐宫居丧，最终能够听信先王的德教。

太　甲 (中)

【原文】

惟三祀十有二月朔，伊尹以冕服奉嗣王归于亳^①。作书曰："民非后，罔克胥匡以生；后非民，罔以辟四方^②。皇天眷佑有商，俾嗣王克终厥德，实万世无疆之休^③。"

【注释】

①惟：句首语气助词。三祀：即指太甲继任王位的第三年。祀，年。夏代叫岁，商代叫祀，周代叫年。朔：阴历每月初一。冕服：天子所穿的礼服。奉：奉迎。嗣王：指太甲。亳：商朝的都邑、国都。

②后：君主。罔：不。克：能够。胥：相互。匡：匡救，扶持。辟：做君主，这里指治理。

③眷佑：眷顾，护佑。有商：商代。有，前缀词，无实义。俾：使。休：美善，喜庆。

【译文】

太甲继位第三年，十二月初一，伊尹手捧天子的礼服迎接嗣王太甲回到亳都。伊尹作书告王说："百姓没有君主，就不能互相扶助而生存下去；君主没有百姓，也无法治理四方。上天顾念保佑我们殷商，使嗣王最终能成就君德，实在是千秋万代的美事。"

【原文】

王拜手稽首曰："予小子不明于德，自厎不类①。欲败度，纵败礼，以速戾于厥躬②。天作孽，犹可违；自作孽，不可逭③。既往背师保之训，弗克于厥初，尚赖匡救之德，图惟厥终④。"

【注释】

①拜手：古代的一种跪拜礼。双膝下跪，两手相拱，俯首至手。稽首：古代的一种跪拜礼。双膝下跪，叩头至地。小子：太甲的谦称。厎：致，获得。不类：不善，不肖。

②欲：贪欲，欲望。败：败坏，损害。度：法度。纵：放荡、放纵。礼：礼仪。速：招致。戾：罪过。躬：自身。

③孽：灾祸。违：避免。逭（huàn）：逃避。

④既往：以往。背：违背，违反。师保：古代辅弼帝王和教导王室子弟的官职，这里指伊尹。弗克：不能。尚：还，犹。图：谋。惟：思。

【译文】

太甲跪拜叩头，说："我昏庸糊涂，不修德行，自己招致不善。放纵情欲，败坏法度，从而给自身招来了罪过。上天造成的灾祸，尚且还可以避免；自己造成的灾祸，就不可逃避了。以前我违背老师您的教导，没能在继位之初开个好头，全靠您的帮助，我才有了一个好的结局。"

【原文】

伊尹拜手稽首曰："修厥身，允德协于下，惟明后①。先王子惠困穷，民服厥命，罔有不悦②。并其有邦厥邻，乃曰：徯我后，后来无罚③。王懋乃德，视乃厥祖，无时豫怠④。奉先思孝，接下思恭⑤。视远惟明，听德惟聪⑥。

朕承王之休无致⑦。"

【注释】

①拜手：古代的一种跪拜礼。双膝下跪，两手相拱，俯首至手。稽首：古代的一种跪拜礼。双膝下跪，叩头至地。厥：其。允德：实在的美德。协：和洽。惟：是。明后：明君。

②子惠：像对待子女一样施以仁惠。困穷：贫穷困苦的人。罔有：无有。

③有邦：指诸侯。乃：竟然。徯：等待。后：君主，指成汤。

④懋：努力。乃：你的。视：效法。豫怠：安逸怠惰。

⑤奉先：尊奉祖先。接下：对待臣子。

⑥视远：看得长远。惟：是。听德：能听善言。

⑦朕：我。休：美善。无致（yì）：犹无终，无尽。

【译文】

伊尹跪拜叩头，说："注重自身的修养，拥有真正的美德，从而协和臣民，就是明君。先王成汤像对待自己的子女一样爱护贫穷困苦的人，所以百姓都服从他的教导，没有不喜悦的。甚至连他的友邦和邻国，竟然也这样说：等待我们的君主吧，我们的君主来了，就没有祸患了。大王要增进您的德行，效法您的先祖，任何时候都不要安逸怠惰。侍奉先人，应怀孝心；对待臣子，应持敬意。能看得长远，才是明智；能听从善言，才是聪慧。如此我才能永无止境地享受王的福泽。"

太 甲（下）

【原文】

伊尹申诰于王曰："呜呼！惟天无亲，克敬惟亲①。民罔常怀，怀于有仁②。鬼神无常享，享于克诚③。天位艰哉！德惟治，否德乱④。与治同道，罔不兴；与乱同事，罔不亡⑤。终始慎厥与，惟明明后⑥。"

【注释】

①申：重复，再三。惟：句首语气助词。无亲：没有亲疏远近之别。克：能。敬：恭敬。惟：表示顺承，相当于"则"。

②罔：无。常怀：固定不变的归向。有仁：有仁德的人。

③享：享用祭品，引申为保佑的意思。诚：真诚。

④德惟治：推行德政则治。否德乱：不推行德政则乱。

⑤同道：指上文的"德惟治"。同事：指"否德乱"之事。

⑥与：共事的人。明明：明而又明，即指非常圣明。后：君主。

【译文】

伊尹再三告诫商王太甲说："呀！上天没有亲疏远近之别，能敬顺天道的上天就亲近他。百姓没有永久归附的君主，他们只归附仁爱的君主。鬼神不会一直固定地保佑着谁，只保佑能讲诚信的人。处在天子的位置很不容易呀！只有推行德政天下才能大治，不推行德政天下就会大乱。与治世之君走相同的道路，没有不兴盛的；与乱世之君行事相同，没有不灭亡的。能够慎重选择与自己共事的人，只有英明的君主才能做到。”

【原文】

“先王惟时懋敬厥德，克配上帝①。今王嗣有令绪，尚监兹哉②。若升高，必自下，若陟遐，必自迩③。无轻民事，惟难；无安厥位，惟危④。慎终于始。有言逆于汝心，必求诸道；有言逊于汝志，必求诸非道⑤。”

【注释】

①惟：思。时：通“是”，这，代指上文“天位艰哉”。懋：勉励。克：能够。配：匹配，相配。

②嗣：继承。令绪：美好的基业。尚：庶几，表示希望。监：通“鉴”，借鉴。兹：此，指先王懋敬厥德之事。

③升：登。陟：本也是登的意思，这里指行。遐：远。迩：近。

④无：通“毋”，不要。民事：劳役之事。惟：思，考虑。惟危：考虑到它的危险。

⑤逆：违背，不合。汝：你的。诸：之于。逊：顺。

【译文】

“先王念及于此就会砥砺自己的德行，所以能够符合上帝的旨意。现在您继承了这份美好的基业，希望您能够效法先王而行事。譬如登高，一定要从下面开始；譬如行远，一定要从近处开始。不要轻视百姓的事务，要想到治理百姓是艰难的；不要安于君位，要随时想到它的危险。始终都要保持谨慎！对于那些违背您意愿的言论，务必审慎考量其是否符合正道；对于那些迎合您心意的言论，也务必审慎考量其是否偏离正道。"

　　·　

【原文】

　　"呜呼！弗虑胡获？弗为胡成^①？一人元良，万邦以贞^②。君罔以辩言乱旧政，臣罔以宠利居成功，邦其永孚于休^③。"

【注释】

　　①弗：不。胡：怎么。

　　②一人：指天子。元良：大善，大贤。万邦：天下四方。贞：正。

　　③罔：无。辩言：巧言。旧政：指先王成汤的治国理念。宠利：恩宠和利禄。孚：保，安。休：美好。

【译文】

　　"啊！不思考怎么会有收获？不做事怎么能够成功？若天子贤明，天下自然清明。君主不要以巧辩扰乱旧政，臣下不要凭着君主的宠信而自得其乐，这样，国家将永远保有美好的局面。"

咸有一德

【原文】

伊尹既复政厥辟，将告归，乃陈戒于德①。曰："呜呼！天难谌，命靡常②。常厥德，保厥位。厥德匪常，九有以亡③。夏王弗克庸德，慢神虐民④。皇天弗保，监于万方，启迪有命，眷求一德，俾作神主⑤。惟尹躬暨汤，咸有一德，克享天心，受天明命，以有九有之师，爰革夏正⑥。非天私我有商，惟天佑于一德；非商求于下民，惟民归于一德⑦。德惟一，动罔不吉；德二三，动罔不凶⑧。惟吉凶不僭在人，惟天降灾祥在德⑨。"

【注释】

①复政：还政。厥：其。辟：国君。告归：旧时官吏告老回乡。乃：于是。陈：陈述。戒：告诫。于：以。

②谌（chén）：相信。靡：无，没有。常：固定不变的。

③匪：通"非"。九有：九州，代指国家。

④弗：不。克：能够。庸：用。慢：轻慢，轻侮。

⑤监：视，明察。万方：天下四方。启迪：开导。有命：可以承受天命的人。眷求：殷切地访求。俾：使。神主：祭祀天地神灵的主祭者，意指百姓的君主。

⑥惟：只有。尹躬：即伊尹自己。暨：与，和。咸：都。克：能够。享：符合。天心：上天的心意。明命：天命，大命。师：众。惟：只是。爰：于是。夏正：夏历，代指夏朝的统治。

⑦私：偏爱。

⑧二三：反复不定，不专一。

⑨惟：句首语气助词。僭：差错。灾祥：犹祸福。

【译文】

伊尹已经把政权归还给太甲，将要告老回到自己的封地，于是陈述德的重要，来告诫太甲。伊尹说："唉！上天难信，天命无常。经常修德，可以保有君位。不经常修德，国家就会灭亡。夏桀不能经常修德，轻慢神明，虐待百姓。上天不再护佑他，观察天下四方，寻找可以承受天命的人，殷切地寻求具有纯正美德的人，使他做百姓的君主。只有我和成汤都具有这种美德，符合上天的心意，承受天命，拥有九州的百姓，于是取代了夏朝的统治。这不是上天偏爱我们商家，而是上天佑助具有纯正美德的人；不是商家要求天下百姓服从，而是天下百姓自愿归向具有纯正美德的人。只要德行纯正，行动起来无不吉利；德行反复无常，行动起来无不凶险。是吉是凶，全在于人；降灾降福，全在于德。"

【原文】

"今嗣王新服厥命，惟新厥德①。终始惟一，时乃日新②。任官惟贤材，左右惟其人③。臣为上为德，为下为民④。其难其慎，惟和惟一⑤。德无常师，主善为师⑥；善无常主，协于克一⑦。俾万姓咸曰：大哉王言⑧。又曰：一哉王心。克绥先王之禄，永底烝民之生⑨。"

【注释】

①今：现在。嗣王：指太甲。服：事。这里有接受、承担的意思。惟：表示希望。新：更新。

②时：通"是"，这。指厥德。乃：才。

③惟：只。左右：君王身边的辅佐大臣。

④为上为德，为下为民：辅佐君王，使君王施行德政，治理百姓，使百姓安居乐业。

⑤其：代词，代指任人。难：难于任用。慎：慎重考察。惟：又。和：和衷共济，同心同德。一：始终如一。

⑥主善：以善为准则。

⑦主：准则。协：合。一：纯粹专一。

⑧俾：使。万姓：万民。大：善。

⑨绥：保，安。禄：天禄，这里指上天赐予的大命。厎：致，获得。烝民：民众，百姓。

【译文】

"现在大王您新受天命，应当更新自己的德行。只有始终如一，方能日有长进。任用官吏当用贤才，左右大臣当尽为忠良。做臣子的，对上要辅佐君王，使君王施行德政，对下要爱护百姓，使百姓安居乐业。这样的人选择起来是非常困难的，一定要慎重考察，所选之人既要能够同心同德又要能够始终如一。修德没有一定的准则，坚持为善便是准则；为善也没有一定的准则，能够纯粹专一就是准则。使天下百姓都感叹说：好啊！大王说的话。又说：纯正呀！君王的心。这样，就能长久地保有先王的基业，永远使百姓安居乐业。"

【原文】

"呜呼！七世之庙，可以观德①。万夫之长，可以观政②。后非民罔使，民非后罔事③。无自广以狭人，匹夫匹妇，不获自尽，民主罔与成厥功④。"

【注释】

①七世之庙，可以观德：七世之庙，古代帝王为了实行宗法统治，立七庙以供奉七代的祖先。可以观德，帝王立七庙，对于世次疏远的先祖则依照制度迁去神主，供奉在祭祀远祖、始祖的神庙。倘若是七庙之中有德的帝王，则不予迁移。因此，七世之庙，宗亲移尽，而神庙不毁的，就证明为有德之主。

②万夫之长：这里指君主。观政：犹从政。

③后：君主。使：役使。事：尽力。

④无：通"毋"，不要。自广：自大。狭：轻视，小看。匹夫匹妇：指普通民众。不获：不得。自尽：尽自己的心力。民主：指君主。罔与：无以。

【译文】

"啊！从供奉七世祖先的宗庙，可以看到功绩的大小。从君王的作为上，可以察知政治的得失。君主不依靠百姓就无人任用，百姓没有君主就无处尽力。不可自高自大而轻视百姓，百姓如果不得各尽其力，人君就无以成就功业。"

盘 庚（上）

【原文】

盘庚五迁，将治亳殷，民咨胥怨，作《盘庚》三篇①。

【注释】

①盘庚：商朝第二十位君主。迁：迁徙，移都。亳殷：即今河南安阳的殷墟。咨：嗟叹。胥：相互。

【译文】

盘庚第五次迁都，将要定居于殷，人们都相互嗟叹埋怨，于是作《盘庚》三篇以做解说。

【原文】

盘庚迁于殷，民不适有居，率吁众戚出矢言①。曰："我王来，即爰宅于兹，重我民，无尽刘②。不能胥匡以生，卜稽，曰其如台③？先王有服，恪谨天命，兹犹不常宁；不常厥邑，于今五邦④。今不承于古，罔知天之断命，矧曰其克从先王之烈⑤？若颠木之有由蘖，天其永我命于兹新邑，绍复先王之大业，底绥四方⑥。"

【注释】

①适：往。有：前缀词，无实义。居：所居之地，指殷。率：用，因此。吁：呼。戚：贵戚。矢：陈述，告谕。

②我王：盘庚。来：迁至新的都邑。爰：易，改。宅：

居住。兹：代词，这，指新都邑。刘：杀害，这里指民众为水患所害，则是我害之。

③胥：相互。匡：匡救，救助。卜稽：求卜。其：将。如台（yí）：如何，怎样。

④服：事。恪谨：恭谨。犹：尚且。五邦：五次迁都。

⑤承：继承。断命：决意。矧：况且。其：代词，代指我们。克：能够。烈：事业。

⑥颠木：被砍倒的树。由蘖：树木枯槁或被砍伐后重发的枝条。绍复：继承复兴。厎：致，获得。绥：安定。

【译文】

盘庚将要把都城迁到殷地，许多臣民都不愿意搬迁，于是盘庚呼吁贵戚大臣，告谕百姓说："我之所以迁都定居于此，是为保全我们的生命，使我们免遭水患。倘若我们不能相互救助以求生存，即使占卜，又能怎么样呢？先王每每有事，无不恭谨地遵从天命，这样尚且还不能长久安宁。由于不能长久地居住在一个地方，到现在已经五次迁都了。现在不继承先王的遗志，不了解上天的意图，还谈什么继承先王的功业。譬如扑倒的枯木又生出了新枝一样，老天将使我们的国运在这个新都延续下去，要我们继续复兴先王的大业，安定天下四方。"

【原文】

盘庚敩于民，由乃在位，以常旧服，正法度①。曰："无或敢伏小人之攸箴②！"王命众，悉至于庭③。

【注释】

①敩（xiào）：觉悟。由：由于。乃：那些。在位：指

贵戚大臣。常：常法。旧服：先王的旧制。正：整饬，整顿。

②无：通"毋"，不要。或：有人，有的人。伏：凭借。攸：所。箴（zhēn）：规诫，规劝。

③悉：都。

【译文】

盘庚觉悟到臣民不愿迁移，是一些在位的贵戚大臣以浮言鼓动的原因，便打算用先王的常法旧制，整饬当时的法纪。他说："不允许有人凭借小民的谏诫来反对迁都！"于是，命令所有贵戚大臣都到朝廷里来。

【原文】

王若曰："格汝众，予告汝训汝，猷黜乃心，无傲从康①。古我先王，亦惟图任旧人共政②。王播告之修，不匿厥指，王用丕钦③。罔有逸言，民用丕变④。今汝聒聒，起信险肤，予弗知乃所讼⑤。非予自荒兹德，惟汝含德，不惕予一人⑥。予若观火，予亦拙谋，作乃逸⑦。"

【注释】

①若：这样。格：来。汝众：诸位民众。训：开导。猷（yóu）：为了。黜：除去。乃：你们。心：指私心。康：安逸。

②惟：思。图：考虑。任：任用。旧人：指世代为官的贵戚。共政：与君王共理朝政。

③播告之修：即修播告，发布政令。匿：隐匿，隐瞒。指：通"旨"，旨意。用：因此。丕：大。钦：敬重。

④罔：无。逸言：错谬的言论。用：因此。丕：大。

⑤聒聒：大嚷大叫。起：编造谎话。信：通"伸"，申说，申诉。险：邪恶之语。肤：浮夸之言。乃：你们。讼：争辩。

⑥荒：废弃。兹德：此种美德，即任用旧人的美德。惟：只是。含：怀，藏。德：政令教化。惕：畏惧。

⑦观火：比喻见事明察。拙谋：不采取措施。作：成。乃：你们。逸：放纵。

【译文】

盘庚这样说："来吧，诸位臣民，我要告诫你们，开导你们，为的是除去你们的私心，使你们不致倨傲放肆而追求安逸。从前我们的先王，也总是考虑任用世家旧臣，和他们共同管理朝政大事。先王向群臣发布政令，在位的旧臣绝不敢隐瞒或更改布告的旨意，因此先王非常敬重他们。他们从来都没有错谬的言论，因而百姓有了很大的变化。现在你们大嚷大叫，编造说些邪恶肤浅的言论，蛊惑人心，我真不知道你们争辩的目的是什么。并不是我自己放弃了任用旧人的美德，而是你们故意隐匿我的政令教化，不把我的政令教化晓谕天下百姓，对我没有畏惧之心。你们的举动我都清楚明白，我再不采取措施，你们就会更加放肆。"

【原文】

"若网在纲，有条而不紊；若农服田力穑，乃亦有秋①。汝克黜乃心，施实德于民，至于婚友，丕乃敢大言汝有积德②。乃不畏戎毒于远迩，惰农自安，不昏作劳，不服田亩，越其罔有黍稷③。"

【注释】

①纲：网的总绳。以纲比君，以网比臣，若网在纲，比喻臣民要听从君主的命令。紊：乱。服田：种田。力穑：勤勉耕种。乃：代指农夫。秋：收成。

②克：能够。黜：除去。乃：你们。心：指私心。婚：姻亲，指亲戚。丕乃：于是。

③乃：表假设，如果。戎毒：大水的灾害。戎，大。毒，毒害。远迩：远近臣民。昏：通"暋"，勤勉，勉力。作劳：劳作。服：治。越其：于是就。黍稷：粮食作物。这里指粮食收成。

【译文】

"就像把网结在纲上，才能有条理而不紊乱；就像农夫从事田间劳作，只有努力耕种才会有好的收成。倘若你们能够去除私心，把实际的好处施给百姓，以至于你们的亲戚朋友，然后才能说自己是有德于民的。倘若你们不担心将来或者眼前会有大的灾祸，像怠惰的农夫一样贪图安乐，不勤勉劳作，不耕种庄稼，就不会有任何收获。"

---◆---

【原文】

"汝不和吉言于百姓，惟汝自生毒，乃败祸奸宄，以自灾于厥身①。乃既先恶于民，乃奉其恫，汝悔身何及②！相时憸民，犹胥顾于箴言，其发有逸口，矧予制乃短长之命③！汝曷弗告朕，而胥动以浮言，恐沈于众④？若火之燎于原，不可向迩，其犹可扑灭⑤？则惟汝众自作弗靖，非予有咎⑥。"

【注释】

①和：宣布，宣告。吉言：善言，指迁都时的话。惟：是。毒：祸害。乃：你们。奸宄：在外作恶为奸，在内行恶为宄。意指罪恶形迹败露而遭受祸害。

②乃：你们。先：引导，倡导。奉：承受。恫：痛苦。

③相：视，看。时：通"是"，这。憸（xiān）民：小民。

犹：尚，还。胥：相互。顾：看。于：以。箴言：盘庚对人民规诫的话。逸口：错误言论。矧：况且，何况。制：掌握，控制。乃：你们。短长之命：生死之命。

④曷：何，为什么。弗：不。朕：我。胥：相互。动：煽动。浮言：没有根据的言论。沈：深，指深刻的影响。

⑤向迩：接近。犹：还。

⑥惟：是。靖：善。咎：过失。

【译文】

"你们不向民众传达我的善意之言，这是你们自取祸害，你们做出奸恶邪行的事情，罪行败露，只会害了自己。你们既然引导百姓陷入罪恶，痛苦当然也应有你们自己来承受，那时你们即使悔恨也来不及了！看看这些小民吧，他们尚且顾及我的规劝，害怕自己说错了话，何况我掌握着你们的生死！你们有话为什么不事先来告诉我，竟然用些无稽之谈恐吓煽动民众呢？人心是容易蛊惑的，就好像大火在原野上燃烧，无法靠近，又怎么还能够把它扑灭呢？这都是你们自作不善，并不是我的过错。"

【原文】

"迟任有言曰：人惟求旧，器非求旧，惟新①。古我先王暨乃祖乃父胥及逸勤，予敢动用非罚②？世选尔劳，予不掩尔善③。兹予大享于先王，尔祖其从与享之④。作福作灾，予亦不敢动用非德⑤。"

【注释】

①迟任：古代的贤人。惟：只。

②暨：与，和。乃：你们的。胥：相。及：共同，一起。

逸：安乐。勤：勤劳。非罚：不合乎法度的惩罚。

③选：记住。尔：你们的祖先。劳：劳绩，功绩。掩：掩盖。

④兹：现在。享：祭祀。

⑤非德：不合乎法度的惩罚或赏赐。

【译文】

"古贤人迟任曾经说过：用人就只应该用贵戚老臣，用器物就不要用旧的，而要用新的。从前我的先王和你们的先祖、先父，同甘共苦，休戚与共。我怎么敢对你们随意地动用刑罚呢？我们世世代代都会记着你们祖父的功劳，我不会掩盖你们祖父的美德。现在我要祭祀我们的先王，你们的祖先也一同跟着受祭。不管赐福还是降灾，都有先王和你们的祖先来处置，我也不敢随意地对你们进行赏赐或者惩罚。"

【原文】

"予告汝于难，若射之有志①。汝无侮老成人，无弱孤有幼②。各长于厥居，勉出乃力，听予一人之作猷③。无有远迩，用罪伐厥死，用德彰厥善④。邦之臧，惟汝众；邦之不臧，惟予一人有佚罚⑤。凡尔众，其惟致告：自今至于后日，各恭尔事，齐乃位，度乃口⑥。罚及尔身，弗可悔⑦。"

【注释】

①于：以。志：古作"识"，指射箭的标志，即箭靶。

②无：通"毋"，不要。侮：欺侮。老：老人。成人：成年人。弱孤：欺凌，侵犯。有幼：年幼的人。有，前缀词，无实义。

③长：久。乃：你们的。猷：谋划。

④无有：不管，无论。远迩：亲疏远近。罪：刑罚。伐：

讨伐，惩治。死：恶。德：恩德，奖赏。

⑤邦：国家。臧：善。惟：是。佚罚：罪过。

⑥惟：句中音节助词。将：致告：转达我所告诫的话。恭：通"供"，奉持。尔：你们的。齐：敬。乃：你们的。度：通"杜"，杜绝，闭塞。

⑦尔：你。弗：不。

【译文】

"我把行事的困难告诉你们，就像射箭必须要射中，才算恰到好处。你们不要欺侮年迈的人，也不要凌辱年幼的人。带着你们的人长久地定居下来，贡献你们的力量，听从我一人的谋划。不论亲疏远近，我都会用刑罚惩治你们的罪恶，用奖赏表彰你们的善行。国家治理的好，是你们臣民百姓的功劳；国家治理的不好，是我一个人的罪责。你们大家要相互转告我说的话：从今以往，你们各自做好自己分内的事情，履行好你们的职责，少说一些浮夸的言论。否则惩罚到你们身上，到时后悔也来不及了。"

盘 庚（中）

【原文】

盘庚作，惟涉河以民迁①。乃话民之弗率，诞告用亶②。其有众咸造，勿亵在王庭③。盘庚乃登进厥民④。曰："明听朕言，无荒失朕命！呜呼！古我前后，罔不惟民之承保⑤。后胥戚鲜，以不浮于天时⑥。殷降大虐，先王不怀厥攸作，视民利用迁⑦。汝曷弗念我古后之闻⑧？承汝俾汝，惟喜康共，非汝有咎比于罚⑨。予若吁怀兹新邑，亦惟汝故，以丕从厥志⑩。"

【注释】

①作：作渡河的工具。惟：思考、谋划。涉：渡。奄地在黄河南岸，殷地在黄河北岸，所以要渡河。

②乃：才。话：会合。弗：不。率：遵循，顺从。诞：大。用：以。亶：诚。

③其：那些。有众：代指不愿服从命令的人。有，前缀词，无实义。惟：考虑。咸：都。造：到。亵：轻慢。

④乃：于是。登进：使上前。

⑤明：勉力。荒：废弃。失：通"佚"，轻忽。前后：即先王。罔不：无不。承保：太平。保，安。

⑥后：君主。胥：古"谞"字，清楚。戚：贵戚大臣。鲜：明白。浮：罚。

⑦虐：灾难。这里指殷商屡遭水患。怀：安。厥：其，代指先王。攸：所。作：为。用：以，而。

⑧曷：何。念：思。闻：传闻。

⑨承：承顺。俾：顺从。惟：表示希望。康：安康。咎：罪过。比：类，等同。

⑩若：这样。吁：呼吁。怀：安。兹：此，这。惟：因为。丕：大。厥：代指先王。志：心愿、心意。

【译文】

盘庚精心制造了一些渡河的工具，谋划着把百姓迁移到黄河对岸。于是，会合了那些不愿意迁都的臣民，诚心实意地来劝告他们。那些臣民都来了，他们都毕恭毕敬地站在宫殿里，盘庚召唤他们走进前来。说道："你们要努力听我的话，不要轻忽我的命令！啊！从前我们的先王，无不想着使百姓安定。当时的君王和大臣们都很清楚这一点，因此没有遭到上天的惩罚。从前我们殷商多次遭遇水患，先王也不安居于他们所建造的都邑，而是出于对臣民福祉的考虑而迁徙。你们为什么不想想我们先王的这些传闻事迹呢？现在我也像先王那样顺从你们，希望和你们一起过上安乐的生活，并不是因为你们有罪，便像惩罚有罪之人那样来惩罚你们。我这样呼吁你们到新的国都中去安居，也正是为了你们的缘故，遵从先王保民的志愿。"

---◆---

【原文】

"今予将试以汝迁，安定厥邦①。汝不忧朕心之攸困，乃咸大不宣乃心，钦念以忧动予一人②。尔惟自鞠自苦，若乘舟，汝弗济，臭厥载③。尔忱不属，惟胥以沈，不其或稽，自怒曷瘳④？汝不谋长，以思乃灾，汝诞劝忧⑤。今其有今罔后，汝何生在上⑥？"

【注释】

①今：现在。试：打算。厥：其。

②攸：所。困：困苦。乃：你们。咸：都。钦：敬。忱：真诚，诚恳。动：感动、震撼。

③尔：你们。惟：只。鞠：穷困。若：如同。臭：朽。

④尔：你们。忱：通"沉"。属：独。惟：句中音节助词。胥：都。沈：通"沉"，沉没。其：代指原因。稽：考察。曷：何，怎么。瘳（chōu）：本义指病愈，这里引申为好处、助益。

⑤乃：其。诞：大。劝忧：乐祸。劝，乐，安于。

⑥其：句中音节助词。罔后：没有以后。

【译文】

"现在我打算把你们迁移过去，使我们的国家安定。你们不体谅我的苦衷，不袒露你们的心迹，也不为我的诚心所打动。你们这是自讨苦吃，就好像乘坐在舟上一样，你们不渡过河，舟早晚要坏。这样不独你们要沉没，大家也都要跟着你们一起沉没，你们不去反省沉没的原因，却一味地自己怨恨恼怒，这样做又有什么益处呢？你们不为将来做打算，不想办法除去水患，却安于祸患当中。这样下去，虽然现在还能过得去，往后便没有了活路，你们还怎么在这片土地上继续生活？"

【原文】

"今予命汝一，无起秽以自臭，恐人倚乃身，迂乃心①。予迓续乃命于天，予岂汝威，用畜汝众②。"

【注释】

①今：现在。一：同心一志。起秽：扬起污秽，比喻传

播谣言。倚：偏斜。乃：你们。迁：歪斜。

②迓（yà）：迎。威：胁迫、威胁。用：以。蓄：养。

【译文】

"现在我命令你们同心同德，不要散播谣言以自毁声誉，恐怕有人会使你们的身子歪斜，使你们的心地不正。我顺承天命延续你们的生命，怎么会胁迫你们呢？我是为了帮助你们，养育你们百姓啊！"

【原文】

"予念我先神后之劳尔先，予丕克羞尔，用怀尔①。然失于政，陈于兹，高后丕乃崇降罪疾，曰：'曷虐朕民？'汝万民乃不生生，暨予一人猷同心，先后丕降与汝罪疾，曰：'曷不暨朕幼孙有比？'故有爽德，自上其罚汝，汝罔能迪②。"

【注释】

①先神后：即指先王。劳：役使、劳烦。尔先：你们的先祖。丕：大。克：能够。羞：进献。

②陈：久。兹：此，这，这里代指旧都。高后：前代的君王。丕乃：于是。崇：重。曷：何，怎么。乃：表假设，如果。生生：营生。暨：与，和。猷：谋划。幼孙：盘庚自指。比：亲近，同心同德。爽：差错。其：将。迪：逃。

【译文】

"我想到我神圣的先王曾经烦劳你们的先祖，我才对你们说了那么多话，完全是出于对你们祖先的敬意。然而如果耽误了事，长久地居住于此，先王便会责问我们，说：'为何要虐待我的臣民？'你们倘若不主动谋求出路，不跟我同心同德，先王也会责问你们，说：'你们为什么不同我的幼孙同心同德？'所以，一旦有了过错，上帝便要重重地惩罚你们，你们是无法逃脱的。"

【原文】

"古我先后既劳乃祖乃父，汝共作我畜民，汝有戕则在乃心！我先后绥乃祖乃父，乃祖乃父乃断弃汝，不救乃死①。兹予有乱政同位，具乃贝玉②。乃祖乃父丕乃告我高后曰：'作丕刑于朕孙③！'迪高后丕乃崇降弗祥④。"

【注释】

①先后：先王。劳：役使、劳烦。乃：你们。作：为。畜民：臣民。戕：贼害，这里指恶毒的念头。绥：安。断弃：弃绝。

②兹：现在。乱政：即扰乱政事的大臣。同位：即一同执掌朝政。具：准备。贝玉：泛指古代钱物。

③丕乃：于是。高后：前代的君王。丕刑：大刑。

④迪：开导。崇：重。弗祥：不祥。

【译文】

"从前我的先王已经烦劳过你们的先祖先父，你们都是我的臣民，倘若你们的内心藏着恶毒的念头，我的先王就会告诉你们的先祖先父，你们的先祖先父就会抛弃你们，不会拯救你们。现在有扰乱国家政事的臣子，大肆聚敛财货。你们的先祖先父告诉我的先王说：'给我的子孙们用大刑吧！'于是先王便重重地降下灾祸来惩罚你们。"

【原文】

"呜呼！今予告汝：不易①！永敬大恤，无胥绝远②！汝分猷念以相从，各设中于乃心③。乃有不吉不迪，颠越不恭，暂遇奸宄，我乃劓殄灭之，无遗育，无俾易种于兹新邑④。往哉，生生！今予将试以汝迁，永建乃家⑤。"

【注释】

①易：改变。

②临：忧患。胥：相。绝远：隔绝疏远。

③分：当。猷：谋。设：舍。中：中正之道。乃：你们。

④乃有：若有。吉：善。迪：通"道"，正路。颠越：狂悖。暂：读作"渐"，欺诈。遇：读作"隅"，奸邪。奸宄：在外作恶曰奸，在内作恶曰宄。劓（yì）：割掉鼻子的刑罚。乃：就。殄：灭绝。遗育：后代。俾：使。易种：生息繁衍。

⑤生生：营生。试：打算。乃：你们的。

【译文】

"啊！现在我明确告诉你们迁都的计划是不会改变的！你们应当体谅我的忧患，不要相互疏远。你们应当同心同德按照我的意见行事，把正道放在你们心里。倘若有人心怀不轨，不行正道，狂悖不恭，欺诈奸邪，为非作歹，我就把你们杀掉，灭绝你们的后代，不让你们的种族后代在这个新邑里生息繁衍下去。去吧，好好的谋生去吧！现在我要带着你们前往新的地方，重建你们永久的家园。"

盘 庚（下）

【原文】

盘庚既迁，奠厥攸居，乃正厥位，绥爰有众曰："无戏怠，懋建大命！今予其敷心腹肾肠，历告尔百姓于朕志①。罔罪尔众，尔无共怒，协比谗言予一人②。"

【注释】

①既：已经。奠：定。攸：所。乃：于是，就。正：辨正方位。绥：安抚。爰：于。有众：众人。戏：嬉戏。怠：懈怠，怠惰。懋：努力。大命：天命，这里指重建家园。其：将。敷：布，开诚布公。心腹肾肠：内心真诚的话。历告：尽情相告。历，数说。尔：你们。百姓：百官。朕：我。

②罔罪：不罪。协比：串通，勾结。谗言：说坏话，诽谤。

【译文】

盘庚迁都之后，安顿好臣民百姓住的地方，选定宗庙和王官的方位，然后安抚大家说："不要贪图享乐，不要懈怠，要努力完成重建家园的使命！现在我把我内心的想法都尽情地告诉给你们。我不会惩罚你们，你们也不要心怀怨恨，互相串通说我的坏话。"

【原文】

"古我先王将多于前功，适于山①。用降我凶，德嘉绩于朕邦②。今我民用荡析离居，罔有定极，尔谓朕曷震动万民以迁③！肆上帝将复我高祖之德，乱越我家④。朕及笃敬，恭承民命，用永地于新邑⑤。肆予冲人，非废厥谋，吊由灵各；非敢违卜，用宏兹贲⑥。"

【注释】

①先王：指成汤。多：通"侈"，大。前功：前人的功业。适：往。

②用：因此。降：减少。凶：灾祸。德：有益。嘉绩：美业。

③今：现在。用：因。荡析：离散。极：止、至。曷：何，怎么。震动：惊动。

④肆：现在。高祖：指成汤。乱：治理。越：于。

⑤及：汲，急迫。笃敬：敦厚恭敬。永地：永久居住。

⑥肆：故，因此。冲人：年幼之人，这里是盘庚自指。厥：代指大家。谋：意见。吊：善，借喻迁都之事。灵各：即灵格，指专门负责占卜的人。宏：弘扬。贲：殷周之间的大宝龟，用以占卜。

【译文】

"以前我的先王成汤想光大前人的功业，他引领百姓迁往山地。因此减少了洪水带来的灾祸，为我们的国家立下了不朽的功绩。现在我们的臣民由于洪水而流离失所，没有固定的住处，你们反而问我为什么要兴师动众地带着无数臣民迁移到别处去？现在上天要恢复我高祖成汤的大业，治理好我们的国家。我当然要急迫地、恭谨地遵从上天的旨意拯救臣民，以便长久地安居于新的国都。因此，我这个年轻人并不是不采纳你们的意见，这实在是上天通过灵格传下来的天命；这不仅不违背卜兆，反而是要将这一伟大的事业发扬光大。"

【原文】

"呜呼！邦伯师长百执事之人，尚皆隐哉①！予其懋简相尔，念敬我众②。朕不肩好货，敢恭生生③。鞠人谋人之保居，叙钦④。今我既羞告尔于朕志若否，罔有弗钦⑤！无总于货宝，生生自庸⑥！式敷民德，永肩一心⑦！"

【注释】

①邦伯：四方诸侯。师长：公卿大臣。百执事：负责处理具体事务的众位官员。尚：庶几，表示希望。隐：忖度，考虑。

②懋：勉力。简相：视察。简，阅。相，视。尔：你们。念：顾念。敬：怜恤。

③肩：任用。好货：贪图财物、聚敛财货之人。恭：举用。生生：营生。

④鞠：养育，抚养。保：安。叙：次序。钦：敬。

⑤羞：进。志：心愿。若：顺，赞成。否：反对。钦：顺从。

⑥总：聚敛。庸：功劳。

⑦式：用。敷：布，施。肩：克，能够。

【译文】

"啊！各位诸侯、大臣以及全体官员，你们都要好的考虑考虑呀。我将会考察你们的工作，看你们是否顾念、体恤百姓。我不会任用那些贪财好货的人，只会任用那些致力于帮助百姓谋生的人。凡是能养育百姓，并能使他们安居乐业的人，我都会根据他们的贡献大小依次给予奖赏，使他们受到该有的敬重。现在我已经把我心里赞成什么和反对什么都告诉了你们，不要做出违背我意愿的事情。不要贪婪地聚敛财货，要经营民生建立功业。要把恩德施于民众，永远与民众同心同德。"

说 命（上）

【原文】

高宗梦得说，使百工营求诸野，得诸傅岩，作《说命》三篇①。

【注释】

①高宗：武丁。百工：百官。营求：寻访，寻求。诸：之于。傅岩：古地名。

【译文】

高宗做梦梦见了傅说，令百官到民间求访此人，最后在傅岩找到了他，作《说命》三篇。

❖━━━━━━━━━◆━━━━━━━━━

【原文】

王宅忧，亮阴三祀①。既免丧，其惟弗言，群臣咸谏于王曰："呜呼！知之曰明哲，明哲实作则②。天子惟君万邦，百官承式③。王言，惟作命，不言，臣下罔攸禀令④。"

【注释】

①宅忧：即居忧，指为父母守丧。这里指武丁居父亲小乙的丧。亮阴：又作"谅阴"，帝王居丧。三祀：三年。

②免丧：守丧期满。其：指武丁。惟：句中音节助词。弗言：不言说，即不亲理朝政大事。咸：都。谏：规劝。明哲：圣明睿智，通晓事理。作则：制定法则。

③君：君临，统治。万邦：天下四方。承：遵奉。式：法令法规。

④惟：是。罔：无。攸：所。禀令：受命。

【译文】

高宗为父亲守丧，三年不理朝政。守丧期满后，他仍然不论政事，诸位大臣都进谏说："啊！通达事理叫作圣明睿哲，圣明睿哲则能制定法则。天子统治天下诸侯，百官都尊奉您的法令。大王的话便是命令，如果您不说话，臣下就无所从命了。"

———— ◆ ————

【原文】

王庸作书以诰曰："以台正于四方，台恐德弗类，兹故弗言①。恭默思道，梦帝赉予良弼，其代予言②。"乃审厥象，俾以形旁求于天下③。说筑傅岩之野，惟肖④。爰立作相，王置诸其左右⑤。

【注释】

①庸：用，因此。台：我。正：表正。作为仪表、法式。弗类：不似，不似先王德行高尚。兹：此，这。故：所以。

②恭默：恭敬而沉默寡言。赉：赐予，赏赐。良弼：贤良的辅弼。其：代指傅说。

③乃：于是，就。审：详究，仔细回忆。俾：使。旁求：广泛地搜求。

④说：即傅说（yuè）。筑：捣泥土使之坚实。傅岩：地名。在今山西平陆县东。惟：极，很。肖：相似，相像。

⑤爰：于是。诸：之于。

【译文】

武丁因此作书告喻群臣说:"以我作为天下臣民的表率,恐怕我的德行尚未达到先王的高度,所以不敢轻易发言。我恭敬沉默地思考治国之道,梦见上天赐给我一位贤良的辅佐大臣,他将代我发言。"于是仔细地回忆画出他的形象,派人按照画像在全国各地广为寻求。傅说在傅岩郊外构筑城墙,和画上的人很像。于是任命他为宰相,把他安置在了自己身边。

【原文】

命之曰:"朝夕纳诲,以辅台德①!若金,用汝作砺②;若济巨川,用汝作舟楫③;若岁大旱,用汝作霖雨④。启乃心,沃朕心⑤!若药弗瞑眩,厥疾弗瘳⑥;若跣弗视地,厥足用伤⑦。惟暨乃僚,罔不同心以匡乃辟,俾率先王,迪我高后,以康兆民⑧。呜呼!钦予时命,其惟有终⑨!"

【注释】

①朝夕:早晚。纳诲:进谏。台:我。

②若:如果。金:这里指铜。砺:磨刀石。

③济:渡过。巨川:大河。舟楫:船和桨。

④霖雨:连绵不断的大雨。

⑤启:敞开。乃:你的。沃:灌溉,滋润。朕:我。

⑥瞑眩:用药之后产生头晕目眩的反应。瘳:病愈。

⑦跣(xiǎn):赤脚。用:因此。

⑧惟:表示希望。暨:与,和。乃:你的。罔不:无不。匡:辅佐。辟:君主。俾:使。率:遵循。迪:蹈行,追随。高后:指成汤。康:安乐,安居乐业。兆民:亿万百姓。

⑨钦：敬。时：通"是"，这。惟：表示希望。

【译文】

武丁对傅说说："无论何时何地都要多给我提意见，帮助我进修品德。如若打制铜器，要用您做磨刀石；如若渡过大河，要用您做船和桨；如若年岁大旱，要用您做甘霖。敞开您的心扉，灌溉我的心田！如果药物不猛烈，疾病就不会痊愈；如果赤脚行走而不顾脚下，脚会因此受伤。希望您和您的同僚同心同德，全力辅佐我，使我遵循先王的道路，踏着先王的旧迹前进，使天下民众都得以安居乐业。啊！恭敬地遵守我的这个命令，希望我们能迎来美好的结局。"

【原文】

说复于王曰："惟木从绳则正，后从谏则圣①。后克圣，臣不命其承，畴敢不祗若王之休命②？"

【注释】

①说：傅说自指。复：回答，答复。惟：句首语气助词。绳：绳墨，指木工打直线的墨线。后：君主。圣：圣明。

②克：能够。不命：不用命令。畴：谁。祗：恭敬。若：顺从。休命：美善的命令。

【译文】

傅说答复商王说："木料用墨线拉过才能取正，君王听从劝谏才能圣明。倘若君王能够圣明，臣下不用等待君王下命令就会主动进言，谁敢不恭敬地顺从君王英明的教令呢？"

说 命 (中)

【原文】

惟说命总百官，乃进于王曰："呜呼！明王奉若天道，建邦设都，树后王君公，承以大夫师长，不惟逸豫，惟以乱民①。惟天聪明，惟圣时宪，惟臣钦若，惟民从乂②。惟口起羞，惟甲胄起戎，惟衣裳在笥，惟干戈省厥躬③。王惟戒兹，允兹克明，乃罔不休④。"

【注释】

①惟：句首语气助词。说：傅说，殷商宰辅。命：受命。总：总领，统管。乃：于是，就。进：进言，进谏。奉若：遵从。建邦：建立邦国。设都：设置都城。树：设立。后王：君主。君公：诸侯国国君。承：通"丞"，辅佐。大夫：卿大夫。师长：众位官员。师，众。惟：是。逸豫：安逸享乐。乱：治理。

②惟：思。聪明：明察事理。时：通"是"，这。宪：效法。钦若：恭敬地遵从。乂：治理。

③口：这里指随意发号施令。起：引起，导致。羞：耻辱。甲胄：铠甲和头盔，这里代指军队。戎：战争。衣裳：这里指官服，代指任用、赏赐官员。笥：盛放衣物的方形竹器。干戈：兵器。省（xǐng）：察看。

④惟：表示希望。兹：此，这，代指上面所言口、甲胄、衣裳、干戈。允：确实，果真。克：能。明：圣明，贤明。乃：就。罔：无。休：美好。

【译文】

傅说受命统领百官，于是向武丁进言说："啊！圣明的君王遵从天道，建立国家，设置都城，确立邦君，分封诸侯，又任命大夫师长以为辅佐，不是为了安逸享乐，而是用来治理天下百姓。多想想上天是否明察事理，多想想君王是否效法天道，多想想臣下是否敬顺君王，多想想民众是否顺从治理。对于君王而言，常想着轻易发号施令就会招致羞辱，轻率地动用武力就可能引起战争，官服放于竹箱里要省察自身是否及时赏赐给了称职的人，兵器放在府库里要省察自身是否惩罚得当。王应该以此为戒，如果真能明白这些道理便能称之为圣明，也就没有什么不好的了。"

【原文】

"惟治乱在庶官①。官不及私昵，惟其能；爵罔及恶德，惟其贤②。虑善以动，动惟厥时③。有其善，丧厥善；矜其能，丧厥功④。惟事事，乃其有备，有备无患⑤。无启宠纳侮，无耻过作非⑥。惟厥攸居，政事惟醇⑦。黩于祭祀，时谓弗钦⑧。礼烦则乱，事神则难。"

【注释】

①惟：句首语气助词。治：治理。乱：混乱。庶官：众官。②及：授予。私昵：亲近、宠爱的人。惟：只。爵：爵位、爵禄。恶德：品德不好的人。

③虑：考虑。善：妥善。惟：考虑。时：适时。

④有：自恃。其：代指自恃有优点的人。厥：其。矜：自夸。

⑤惟：为。事事：做事情。第一个事是动词，从事。第二个事是名词，事情。乃：助词。

⑥启：开。宠：宠幸。纳：受。侮：侮辱。耻过：以过错为耻。

⑦惟：思。攸：所。居：职位，职事。惟：表示顺承，相当于"则"。醇：通"纯"，纯粹，完美。

⑧黩：轻慢，亵渎。时：通"是"，这。弗钦：不敬。

【译文】

"一个国家的治乱在于百官的好坏。官职不要授予自己亲近的人，应当授予贤能的人；爵位不可赏赐给品德不好的人，应该赏赐给贤德的人。措施一定要考虑妥善而后行动，行动就要考虑是否适时。自恃自己的优点，反而会丧失了这些优点；自夸自己能干，反而会无所作为。做任何一件事情，都要事先做好准备，有了准备才没有后患。不要宠幸小人而自取其辱，不要羞于认错而铸成大错。这样思考自己的职事，政事就会处理得很完美。轻慢对待祭祀，就是不敬；祭祀礼仪过于烦琐就会紊乱，这样祭祀神灵就难以达到目的了。"

【原文】

王曰："旨哉，说，乃言惟服，乃不良于言，予罔闻于行①"。说拜稽首曰："非知之艰，行之惟艰②。王忱不艰，允协于先王成德③。惟说不言，有厥咎④。"

【注释】

①旨：美好。乃：你。惟：应当。服：遵从，实行。良：善。罔：无。闻：听。

②知：明白这些道理。惟：为，是。行：身体力行。

③忱：诚，真的。允：确实，的确。协：协同，合乎。成德：

盛德。

④惟：表示假设，如果。咎：过错。

【译文】

武丁说："好呀，傅说，您的话应当实行，倘若您不把这些好话说出来，我也就无法听到并付诸实践了。"傅说叩头跪拜说："明白这些道理并不难，付诸实施才叫难。君王您真的能诚心去做也就没什么困难可言了，这样也能合乎先王的盛德。倘若我傅说不这样劝谏，就有罪过了。"

说 命（下）

【原文】

王曰："来！汝说。台小子旧学于甘盘，既乃遁于荒野，入宅于河①。自河徂亳，暨厥终罔显②。尔惟训于朕志，若作酒醴，尔惟曲蘖；若作和羹，尔惟盐梅③。尔交修予，罔予弃，予惟克迈乃训④。"

【注释】

①台：我。旧：以往，以前。甘盘：武丁时的贤臣。既：不久。乃：就。遁：逃避。宅：居住。河：河洲。

②徂：往。亳：亳都，殷商的国都。暨：至，到。罔：无，不。显：明显，这里指品德、学业没有明显的进展。

③惟：表示希望。训：通"顺"，顺从，遵循。志：心意。酒醴（lǐ）：泛指各种酒。醴，甜酒。惟：为，是。曲蘖（niè）：酒曲，酿酒时所用的发酵物。和羹：配以不同调味品而制成的汤。盐梅：制作羹汤的调料。盐，味咸。梅，味酸。

④交修：多方面培养。修，培养。罔：不。克：能够。惟：愿。迈：行，做。乃：你的。训：教导。

【译文】

商王武丁说："来吧！傅说。我过去曾经跟着甘盘学习过，但不久我就退居到荒郊野外，定居于河洲。后来，又从河洲迁往亳都，几经迁徙，以致最终在品德、学业上没有明显的进展。您应当遵从我的心愿，倘若我要做甜酒，您就是那酒曲；倘若我要做羹汤，您就是那盐和梅。您要多方面培养我，不要厌弃我，我愿按照您的教导去行事。"

<hr />

【原文】

说曰："王！人求多闻，时惟建事①。学于古训，乃有获；事不师古，以克永世，匪说攸闻②。惟学逊志，务时敏，厥修乃来③。允怀于兹，道积于厥躬④。惟教学半，念终始典于学，厥德修罔觉⑤。监于先王成宪，其永无愆⑥。惟说式克钦承，旁招俊义，列于庶位⑦。"

【注释】

①多闻：增加学问。时：通"是"，这。惟：表示希望。建事：成就事业。

②古训：古代留下来的典籍或可以作为准绳的话。乃：才。师古：学习古训。克：能。永世：长久。匪：同"非"。攸：所。

③惟：只是。逊志：虚心。时敏：时时努力。敏，努力。

④允：确实。怀：放在心上。兹：此，这。躬：自身。

⑤惟：句首语气助词。敦：教。典：从事。罔觉：不知不觉。

⑥监：通"鉴"，借鉴。成宪：已有的法度。愆：过错。

⑦式：用，因此。克：能。钦：敬。承：承奉。旁：广泛。招：招揽。俊义：才德出众的人。庶：众。位：职位，官位。

【译文】

傅说说："君王啊！一个人想要增加学问，这是希望自己能够成就一番事业。只有学习古代贤人的遗训，才会有所收获；想要成就事业而不学习古训，却能够长久的，我傅说闻所未闻。只是学习要保持虚心态度，务必时时努力，道德学业才能有所进步。确实能够做到这一点，道德学问才能日益增多。教人是学习的一半，自始至终都专注于学习，道德就会不知不觉地臻于完美。借鉴先王已有的法度，就会永远不会有过失。我傅说因此能敬奉您的旨意，广泛地招纳贤才，把他们安排到各种职位上去。"

【原文】

王曰："呜呼！说。四海之内，咸仰朕德，时乃风①。股肱惟人，良臣惟圣②。昔先正保衡作我先王，乃曰：'予弗克俾厥后惟尧舜，其心愧耻，若挞于市③。'一夫不获，则曰：'时予之辜④'。佑我烈祖，格于皇天⑤。尔尚明保予，罔俾阿衡，专美有商⑥。惟后非贤不乂，惟贤非后不食⑦。其尔克绍乃辟于先王，永绥民⑧。"

【注释】

①咸：都。仰：敬仰。时：通"是"，这。乃：你。风：教化，风教。

②股肱：大腿和手臂。惟：为，是。

③先正：先祖父。保衡：这里指伊尹。作：兴起。乃：其，指伊尹。弗克：不能。俾：使。厥：其，指伊尹。后：君主，这里指成汤。惟：为，是。愧耻：羞耻。挞：鞭打。市：闹市。

④一夫：一人。不获：不得其所。时：通"是"，这。辜：罪过。

⑤佑：佑助，辅佐。烈祖：有功业的先祖，这里指成汤。格：至，及。

⑥尚：庶几，表示希望。明：通"勉"，努力。保：扶持，辅助。罔：无。俾：使。专美：独享美名。

⑦惟：句首语气助词。后：君主。贤：贤臣。乂：治理。

食：食禄，引申为重用。

⑧其：表示希望。绍：继承。乃：你的。辟：君主，这里指武丁。绥：安抚。

【译文】

商王武丁说："啊，傅说！天下的人都敬仰我的德行，这都是您的教化所致。手足完备才能成人，良臣具备才能成圣。从前，先贤伊尹使我们的先王兴起，他曾说道：'我不能使我的君王像尧舜那样，我的心里就会感到羞耻，就如同有人拿着鞭子在闹市上抽打自己一样。'倘若有一个人没有得到妥善安置，他就说'这是我的罪过'。他辅佐先祖成汤建立功业，美好的德行上闻于天。希望您努力辅佐我，不要让伊尹在殷商独享美名。君主没有贤臣辅佐，就不能治理好天下；贤臣没有圣主赏识，就得不到重用。希望您能让您的君王继承先王的事业，使百姓长久安定。"

———————◆———————

【原文】

说拜稽首曰："敢对扬天子之休命①。"

【注释】

①稽首：古代一种跪拜礼。敢：表敬副词。对扬：报答。休：美。

【译文】

傅说叩头跪拜说："请让我用实际行动来回报您的教导。"

高宗肜日

【原文】

高宗祭成汤，有飞雉升鼎耳而雊，祖己训诸王，作《高宗肜日》《高宗之训》①。

【注释】

①雉：野鸡。升：登。鼎：古代一种三足两耳的金属器物。雊（gòu）：野鸡鸣叫。祖己：商代贤臣。

【译文】

高宗武丁祭祀成汤，有一只野鸡飞到祭祀用的鼎耳上鸣叫，祖己训导武丁，作《高宗肜日》《高宗之训》。

❖

【原文】

高宗肜日，越有雊雉①。祖己曰："惟先格王，正厥事②。"乃训于王，曰："惟天监下民，典厥义③。降年有永有不永，非天夭民，民中绝命④。民有不若德，不听罪⑤。天既孚命正厥德，乃曰：'其如台⑥？'呜呼！王司敬民，罔非天胤，典祀无丰于昵⑦！"

【注释】

①肜（róng）日：商朝时一种祭祀。肜：祭名，祭之明日又祭，殷曰肜，周曰绎。越：发语词。雊：雄性野鸡鸣叫。雉：野鸡。

②惟：句首语气助词。格王：端正王的心思。事：祭祀之事。

③乃：于是，就。惟：句首语气助词。监：视，考察。典：主。义：宜，按道义去做事。

④降年：上天所赐的寿命。永：长。夭：夭折。中：身，自身。

⑤若：顺。听罪：服罪。

⑥孚：罚。乃：竟然。如台：如何。

⑦王：泛指殷商的先王。司：职责。敬民：爱戴百姓。天胤：上天的后代，泛指殷商统治下的天下百姓。典：主。丰：厚。昵：近亲。

【译文】

在第二天祭祀高宗武丁的时候，有一只野鸡在鼎上鸣叫。祖己说："要首先端正王的心思，然后再修正他祭祀的不妥之处。"于是开导祖庚，说："上天考察下民，主要看他是否遵循义理行事。上帝赐予人的寿命有长有短，并不是上天有意使人夭折短命，而是人们不按义理办事，自己招致中途丧命。倘若有人不遵从义理，犯了错又不服罪。上天就会惩罚他们，以规范他们的德行，他们竟然说：'天能把我怎么样呢？'啊！君王的职责就是爱护百姓，天下臣民都是老天的后代，祭祀的时候，不要因为是自己的亲人就过于丰盛。"

西伯戡黎

【原文】

殷始咎周，周人乘黎。祖伊恐，奔告于受，作《西伯戡黎》①。

【注释】

①咎：过错，引申为憎恶。乘：胜。黎：殷商的属国。祖伊：祖己的后代，商纣王时的贤臣。受：商纣王。

【译文】

殷商开始憎恶周，周人战胜了黎。祖伊感到惊恐，跑着去禀告纣王，史官作了《西伯戡黎》。

- - - - - - - - ◆ - - - - - - - -

【原文】

西伯既戡黎，祖伊恐，奔告于王①。曰："天子！天既讫我殷命②。格人元龟，罔敢知吉③。非先王不相我后人，惟王淫戏用自绝④。故天弃我，不有康食⑤。不虞天性，不迪率典⑥。今我民罔弗欲丧，曰：'天曷不降威⑦？'大命不挚，今王其如台⑧？"

【注释】

①西伯：即周文王姬昌。既：已经。戡：战胜。王：这里指殷商末代暴君帝辛纣。

②既：恐怕、大概。讫：终止，终结。殷命：殷商的命运。

③格人：能知天地吉凶的人。元龟：大龟，供占卜用。
罔敢：不能。知：觉察。吉：占卜的吉凶。

④相：助，保佑。惟：只是。淫戏：淫荡嬉戏，指沉迷酒色。用：以。

⑤故：因此，所以。康食：安居生活。

⑥虞：揣度，晓知。迪：遵循。率典：常法。

⑦罔：无。弗：不。曷：何，怎么。降威：降下威罚。

⑧大命：天命。不挚：不再。其：将。如台：如何。

【译文】

周文王战胜了黎国之后，祖伊非常恐慌，急忙跑去将这件事告诉商纣王，说："王啊！上天恐怕要终绝我们殷商的命运了。那些能占卜吉凶的人和神龟，都不能觉察出任何吉兆。这并不是先祖不保佑我们这些后人，只是因为大王您沉湎于酒色而自绝天命。所以上天抛弃了我们，降下灾祸使我们不得安宁。这都是大王您不能揣度天命，不遵循常法导致的啊！现在我们的百姓没有谁不希望我们殷商快点灭亡呢，他们都说：'上天为何还不给予惩罚呢？'天命是无常的啊，你现在打算怎么办呢？"

【原文】

王曰："呜呼！我生不有命在天？"祖伊反曰："呜呼！乃罪多参在上，乃能责命于天①？殷之即丧，指乃功，不无戮于尔邦②！"

【注释】

①乃：你的。参：参列。上：指上天。责命：抗命。
②功：政事。戮：杀。尔邦：指周国。

【译文】

商纣王说:"咦!我不是生来就拥有天命的吗?"祖伊反驳道:"唉!你罪恶滔天,已经触怒了上天,你还能抗命不成吗?殷商行将灭亡,看看你做过的事情就知道,怎么能不被周邦消灭呢?"

微 子

【原文】

殷既错天命，微子作诰父师、少师①。

【注释】

①错：背离，违背。微子：名启，纣王的庶兄，封于微，为子爵，所以称微子。诰：告。父师：即太师，指箕子。少师：指比干，与箕子、微子称殷之三仁。

【译文】

殷商已经违背了天命，微子作言以告父师、少师。

【原文】

微子若曰："父师，少师！殷其弗或乱正四方①。我祖厎遂陈于上，我用沉酗于酒，用乱败厥德于下②。殷罔不小大，好草窃奸宄，卿士师师非度③。凡有辜罪，乃罔恒获，小民方兴，相为敌雠④。今殷其沦丧，若涉大水，其无津涯⑤。殷遂丧，越至于今⑥！"曰："父师、少师，我其发出狂⑦？吾家耄逊于荒⑧？今尔无指告予，颠隮，若之何其⑨？"

【注释】

①若：这样。其：恐怕，大概。弗或：不能。乱：治理。
②我祖：这里指成汤。厎：致，获得。遂：成就。陈：陈列。上：过去。我：指纣王。用：因为，由于。沉酗：沉醉。

乱：淫乱。厥：其，代指成汤。下：后世。

③小：小民。大：群臣。草窃：掠夺。奸宄：犯法作乱。卿士：泛指官吏。师师：互相效法。非度：不遵循法度。

④辜：罪。乃：竟然。恒：常。获：捕获，逮捕。方：并。兴：起来反抗。

⑤其：将。沦丧：灭绝，灭亡。涉：渡河。其：而。津：渡口。涯：水岸。

⑥遂：就。丧：亡。越：发语词。

⑦其：将。发：披头散发。

⑧耄：年老。逊：遁。荒：荒野。

⑨尔：你们。指：通"旨"，想法。颠隮(jī)：衰败覆灭。其：指示代词，代指国家灭亡。

【译文】

微子这样说道："太师、少师，我们殷商王朝恐怕是不能治理天下了。我们的先祖成汤过去成就了许多伟大的功业，可纣王却沉湎于酒色之中，淫乱败坏先祖的德政。殷商大小臣民无不为非作歹，犯法作乱。官员也都互相效法，不遵法度。凡是有罪的人竟然都不加以逮捕和惩治，百姓们受不了压迫也一并起来反抗，同我们结成了仇敌。现在殷商恐怕将要灭亡了，就像要渡过大河，却找不到渡口和河岸。殷商就要亡了，竟然到了这种地步！"接着又说："太师、少师，我是要披头散发佯狂出逃呢？还是遁于荒野在自己的国家度过余生？现在你们不告诉我，等到国家真的灭亡了，我们又该如何是好？"

【原文】

父师若曰："王子①！天毒降灾荒殷邦，方兴沉酗于酒，乃罔畏畏，咈其耇长，旧有位人②。今殷民乃攘窃神祇之牺牷牲，用以容，将食无灾③。降监殷民，用乂雠敛，召敌雠不怠④。罪合于一，多瘠罔诏⑤。商今其有灾，我兴受其败；商其沦丧，我罔为臣仆⑥。诏王子出迪，我旧云刻子⑦。王子弗出，我乃颠隮⑧。自靖，人自献于先王，我不顾行遁⑨。"

【注释】

①王子：指微子，微子本是帝乙之子，故曰王子。

②毒：厚，重。荒：亡。方：正。罔：不。畏畏：即畏威，畏惧天威。咈，违逆。耇（gǒu）：老年人。

③乃：竟然。攘：顺手拿取。窃：偷盗。神祇：天地神明。牺：毛色纯一的牲畜。牷：肢体完整的牲畜。牲：祭祀时所用的猪牛羊。用：这里指用刑、处置。容：宽容。将：拿。

④降：下。监：监视。乂：杀。雠敛：即稠敛，指极力搜刮百姓，苛捐重税。雠，通"稠"，多。敛，赋敛。召：招致。敌雠：仇敌。

⑤合：集。瘠：病，指受害的人。

⑥其：表假设，如果。兴：兴起。败：灾祸。沦丧：灭亡。臣仆：奴隶。

⑦诏：告诉。迪：行。旧：曾经。刻子：指箕子。

⑧我：指殷商。

⑨自靖：各自谋行其志。顾：顾念。遁：逃。

【译文】

父师语重心长地说道："王子啊！上天降下大祸要灭亡我们殷商，殷商君臣却沉湎于酒色之中，不畏惧天威，不听从年高德劭的元老旧臣的劝谏。现在我们殷商的百姓竟然偷盗祭祀天地神明的贡物，而且还能得到宽恕，就是吃了这些贡品也不惧怕灾祸。上天正在看着我们殷商的百姓，看到君王用杀戮和重刑横征暴敛，招致民怨却仍旧不思悔改。这些罪行都是国君一人造成的，百姓们有太多的疾苦却无处申诉。如果殷商有灾而不亡，我愿一起承受灾难；如果殷商灭亡了，我也不会成为敌国的奴隶。我曾经告诉过箕子，让他转告王子出逃，你不愿意逃走，我们殷商就要绝嗣了。遵从自己的选择吧，无论是逃走还是留下，都是献身于先王的事业，我是不想着走的。"

周　书

泰 誓（上）

【原文】

惟十有一年，武王伐殷。一月戊午，师渡孟津，作《泰誓》三篇①。

【注释】

①惟：句首语气助词。十有一年：周文王十一年。有，又。孟津：地名，在今河南孟津县。

【译文】

周文王十一年，周武王征伐殷国。一月戊午日，军队渡过孟津，史官写下了《泰誓》三篇。

【原文】

惟十有三年春，大会于孟津①。

【注释】

①惟：句首语气助词。十有三年：当为十一年。会：会师。

【译文】

十一年的春天，周武王在孟津大会诸侯。

【原文】

王曰："嗟！我友邦冢君越我御事庶士，明听誓①。惟天地万物父母，惟人万物之灵②。亶聪明作元后，元后作民父母③。今商王受，弗敬上天，降灾下民④。沉湎冒色，敢行暴虐，罪人以族，官人以世。惟宫室、台榭、陂池、侈服，以残害于尔万姓⑤。焚炙忠良，刳剔孕妇⑥。皇天震怒，命我文考，肃将天威，大勋未集⑦。肆予小子发，以尔友邦冢君，观政于商⑧。惟受罔有悛心，乃夷居，弗事上帝神祇，遗厥先宗庙弗祀⑨。牺牲粢盛，既于凶盗⑩。乃曰：'吾有民有命！'罔惩其侮⑪。"

【注释】

①友邦：友好的邦国，指诸侯国。冢君：大君，即随武王伐殷的诸侯国国君。越：与，和。御事庶士：泛指大大小小的各级官员。明：通"勉"，努力。

②惟：句首语气助词。天地万物父母：天地是万物的父母。人万物之灵：人是万物灵长。

③亶（dǎn）：诚信，真的。元后：大君。元，大。

④受：即指商王纣。弗：不。

⑤沉湎：沉溺于酒。冒色：贪恋女色。罪人：惩罚人。族：灭族。官人：授人以官职。世：世袭，父死子继。台榭（xiè）：泛指楼台等建筑物。陂（bēi）池：池塘。侈服：华丽的服饰。万姓：天下万民。

⑥焚炙：焚烧，指炮烙之类的酷刑。刳（kū）剔：剖杀。

⑦文考：指周文王。肃：敬。天威：天命。大勋：大功。未集：没有完成。集，成就，成功。

⑧肆：故，因此。发：姬发。观政：察知政情。

⑨惟：句首语气助词。悛（quān）：悔改。乃：竟然。夷居：傲慢无礼。神祇：天地神灵。遗：废弃。

⑩牺牲：供祭祀用的纯色全体牲畜。粢盛：盛在祭器内的黍稷。既：尽。凶盗：凶恶盗窃之人。

⑪乃：他。惩：警戒。侮：侮慢。

【译文】

周武王说："啊！各路诸侯和众位官员，请努力地听着我的誓词。天地是万物的父母，人类是万物的灵长。真正睿智的人才能作君主，君主就是百姓的父母。如今商王纣不敬上天，上天因此降灾于民。商王纣沉溺于酒，贪淫女色，施行暴虐，以灭族来惩罚罪人，以世袭的方式来任用人，大建宫室、台榭、池塘，追求华丽的服饰，以此残害黎民百姓。他残害忠良，剖杀孕妇。上天震怒，就命令我的先父文王，恭敬地奉行上天的惩罚，可惜大功未成，文王就去世了。因此我小子姬发和你们各路诸侯，观察商朝的政事。商纣王怙恶不悛，竟然傲慢不恭，不祭祀天地神灵，废弃先祖的宗庙不行祭祀。祭祀用的牲畜和黍稷等祭物，也都被人盗食了。他却说：'我有臣民百姓，有天命在身。'没有一点警戒之意。"

【原文】

"天佑下民，作之君，作之师，惟其克相上帝，宠绥四方①。有罪无罪，予曷敢有越厥志②？同力度德，同德度义③。受有臣亿万，惟亿万心；予有臣三千，惟一心。商罪贯盈，天命诛之④。予弗顺天，厥罪惟钧⑤。"

【注释】

①佑：助。作：设立。师：官长。惟：表示希望。其：他们。克：能够。相：辅助。宠：爱护，保护。绥：安定。

②曷：何。越：违背。厥：其，代指上天。志：意图。

③度（duó）：揣度，衡量。

④惟：是。贯：串。盈：满。贯盈，形容积累到了极限。

这里指商纣王罪大恶极。

⑤惟：句中音节助词。钧：通"均"，相等，相同。

【译文】

"上天佑助天下百姓，为百姓设立君主、官长，是希望他们能够辅佐上天，爱护百姓，安定天下。有罪的应该讨伐，无罪的应该赦免，我怎么敢违背上天的意旨呢？力量相同就衡量谁的德行高，德行相配就衡量谁最符合道义。商纣王虽有亿万臣民，却是亿万条心；我有臣民三千，却是一条心。商纣王恶贯满盈，上天命令我诛杀他。我若不顺从上天，我的罪行就和商纣王相同。"

【原文】

"予小子夙夜祗惧，受命文考，类于上帝，宜于冢土，以尔有众，厎天之罚①。天矜于民，民之所欲，天必从之②。尔尚弼予一人，永清四海，时哉弗可失③！"

【注释】

①夙夜：早晚。祗：敬。惧：畏惧。类：通"禷"，祭祀名。宜：祭社。冢土：大社。古代为百官万民所立的社，祭祀土神谷神。

②矜：怜悯。

③尚：庶几，表示希望。弼：辅佐。时：时机。

【译文】

"我早晚敬慎忧惧，在文王庙前接受灭商大命，祭告上天，祭祀大社，率领你们诸位，奉行上天的惩罚。上天怜悯民众，民众的愿望上天一定会依从。希望你们辅助我，使四海永远清明，这个时机千万不可丧失！"

泰 誓（中）

【原文】

惟戊午，王次于河朔，群后以师毕会①。王乃徇师而誓，曰："呜呼！西土有众，咸听朕言②。我闻吉人为善，惟日不足；凶人为不善，亦惟日不足③。今商王受，力行无度，播弃犁老，昵比罪人，淫酗肆虐④。臣下化之，朋家作仇，胁权相灭⑤。无辜吁天，秽德彰闻⑥。"

【注释】

①惟：句首语气助词。次：停留，驻扎。河朔：黄河北岸。群后：各路诸侯的国君。师：军队。毕：全，都。会：会集。

②乃：于是，就。徇：循行，巡视。西土有众：西方各诸侯将士。咸：都。

③吉人：善人。惟：只。凶人：恶人。

④力：尽力、竭力。无度：不合法度的事。播弃：舍弃。犁老：老人。昵比：亲近。淫：过度。酗：沉迷于酒。肆虐：任意残杀或迫害。

⑤化：受其影响，渐渐弃善从恶。胁：挟持。权：权柄，权命。

⑥无辜：无罪的人。吁：呼吁。秽德：丑行。彰：显著，显明。闻：传布。

【译文】

戊午日这一天，周武王在黄河北岸扎营，各路诸侯率领他们的军队都来会合。武王便巡视军队并告诫他们说："啊！西方诸侯的将士们，都来听我说。我听说善人做好事，整天做还觉得做不够；恶人做坏事，也是整天做还觉得做不够。如今纣王违法作恶，抛弃年高德劭的老臣，亲近为非作歹的罪人，沉溺于酒，残杀忠良。大臣们纷纷效法，各立朋党，互为仇敌，假用君上权命相互诛杀。无罪的人呼天喊冤，纣王的丑行昭著天下。"

【原文】

"惟天惠民，惟辟奉天①。有夏桀弗克若天，流毒下国②。天乃佑命成汤，降黜夏命③。惟受罪浮于桀，剥丧元良，贼虐谏辅④。谓己有天命，谓敬不足行，谓祭无益，谓暴无伤⑤。厥监惟不远，在彼夏王⑥。天其以予乂民，朕梦协朕卜，袭于休祥，戎商必克⑦。受有亿兆夷人，离心离德；予有乱臣十人，同心同德⑧。虽有周亲，不如仁人⑨。"

【注释】

①惟：句首语气助词。惠：爱。辟：君主。奉：承受。

②克：能。若：顺从。流毒：传布毒害，传播灾难。下国：泛指天下四方。

③乃：于是，就。降黜：废止。

④浮：超过。剥：伤害。丧：迫使离开国土。元良：大善大贤之人，指微子。贼虐：残酷杀害。谏辅：敢于谏正的大臣，指比干。

⑤足：值得。伤：妨碍。

⑥监："鉴"，借鉴。惟：句中音节助词。夏王：暴君桀。

⑦其：大概。以：用。乂：治理。协：合。袭：重复，多次。休祥：吉兆。戎：兵，代指征伐。克：战胜。

⑧亿兆：极言人数之多。夷人：平民。乱臣：治臣。

⑨虽：即使。周亲：至亲。周，至。仁人：仁爱有德之人。

【译文】

"上天惠爱百姓，君王恭奉天命。夏桀不能顺从天意，贻害天下四方。上天降福于成汤，终结了夏朝的统治。商纣王的罪行超过夏桀，他逼迫微子出走，残酷杀害比干。他扬言自己有天命护佑，声称上天不值得敬奉，说祭祀没有益处，说暴虐也不会对自己有什么妨碍。纣王的前车之鉴并不远，就在夏桀身上。上天或许要使我来治理天下百姓，我的梦境与我的卜兆相合，都显示着吉祥，这次讨伐纣王一定能取得胜利。纣王有亿兆的百姓，却都离心离德；我仅有治世的大臣十人，但都同心同德。纣王即使有至亲的臣子，不如我有仁义之士。"

【原文】

"天视自我民视，天听自我民听①。百姓有过，在予一人，今朕必往②。我武惟扬，侵于之疆，取彼凶残；我伐用张，于汤有光③！勖哉夫子！罔或无畏，宁执非敌④。百姓懔懔，若崩厥角⑤。呜呼！乃一德一心，立定厥功，惟克永世⑥。"

【注释】

①自：从。

②过：责备。

③惟：句中音节助词。扬：奋扬。侵：攻入。之：代指商朝。疆：界。取：擒拿。凶残：这里指殷商暴君纣王。用：因。张：光大。光：辉煌。

④勖：努力。夫子：将士。罔：不。或：有。无畏：就

187

是不足畏，轻敌。执：持。非敌：无敌，不是对手。

⑤懔懔：恐惧的样子。崩：像山崩一样。角：额头。

⑥乃：你们。一德一心：同德同心。立定：建立。永世：世世代代。

【译文】

"上天所见，来自臣民百姓所见，上天所闻，来自臣民百姓所闻。百姓有所责备，只因我没有讨伐纣王，现在我一定要去讨伐他。我们要奋扬武威，攻入到商的疆界，擒拿凶残的纣王；我们征讨的事业会更加光大，我们的功绩比商汤还要辉煌。努力吧！将士们！不能有轻敌的思想，宁可保持一种敌强我弱的思想。老百姓恐惧不安，叩头向我们求助，叩得额头就像山崩一样响亮。啊！你们要同心同德，建立功业，才能够使天下永久安定。"

泰　誓（下）

【原文】

时厥明，王乃大巡六师，明誓众士①。王曰："呜呼！我西土君子，天有显道，厥类惟彰②。今商王受，狎侮五常，荒怠弗敬，自绝于天，结怨于民③。斮朝涉之胫，剖贤人之心，作威杀戮，毒痡四海④。崇信奸回，放黜师保，屏弃典刑，囚奴正士⑤。郊社不修，宗庙不享，作奇技淫巧，以悦妇人⑥。上帝弗顺，祝降时丧⑦。尔其孜孜，奉予一人，恭行天罚⑧！"

【注释】

①时厥明：戊午日的第二天。乃：就。六师：泛指全军。

②君子：将士。显道：明确的道义准则。类：法则。惟：应当。彰：彰明，显扬。

③狎侮：轻忽，侮慢。五常：父义、母慈、兄友、弟恭、子孝五种伦理道德准则。荒怠：荒废懈怠。弗敬：不敬。

④斮（zhuó）：砍。朝：早上。涉：徒步涉水。胫（jìng）：小腿。纣王在冬天的早晨看到徒步涉水的人，以为他的小腿耐寒，就斩断了看。毒痡（pū）：毒害，残害。

⑤奸回：奸邪。放黜：放逐贬黜。师保：太师太保。屏（bǐng）弃：废弃。囚奴：囚禁奴役。正士：忠贞贤良的人。

⑥郊社：泛指祭祀。郊，祭祀天地。社，祭祀土地神。享：祭祀。奇技淫巧：过于奇巧的事物。妇人：指妲己。

⑦祝：断然。时，通"是"，这。丧：丧亡。

⑧尔：你们。其，表示希望。孜孜：勤勉不怠。奉：辅助。

【译文】

在戊午日的第二天，周武王大规模地巡视检阅西方诸侯的军队，与众将士盟誓。周武王说："啊！西方诸位将士，上天有明确的道义准则，这些法则应当得以宣扬。现在纣王轻忽侮慢五常，荒废懈怠无所敬畏，自绝于上天，结怨于百姓。他砍断冬月早上徒步涉水人的脚胫，剖开贤人的心脏，滥用刑罚，任意杀戮，毒害天下。他宠信奸佞，贬黜大臣，废弃常法，囚禁奴役直谏之士，不祭天地，不供祖庙，专门想着用一些奇异的事物来取悦妇人。上天也不能再纵容他的恶行，果断地降下这些灾祸。你们要努力辅助我，奉行上帝的惩罚！"

【原文】

"古人有言曰：'抚我则后，虐我则雠①。'独夫受洪惟作威，乃汝世雠②。树德务滋，除恶务本，肆予小子诞以尔众士，殄歼乃雠③。尔众士其尚迪果毅，以登乃辟④！功多有厚赏，不迪有显戮⑤。呜呼！惟我文考，若日月之照临，光于四方，显于西土，惟我有周，诞受多方⑥。予克受，非予武，惟朕文考无罪；受克予，非朕文考有罪，惟予小子无良⑦。"

【注释】

①抚：抚爱。后：君主。虐：虐待，残害。雠：仇敌。
②独夫：即纣王。洪：大。惟：句中音节助词。乃：是。世雠：大仇。③树：培养。务：力求。滋：滋长。除：除绝。本：根本。肆：故，因此。诞：大。殄（tiǎn）歼：消灭。乃：你们。
④其：表示希望。迪：遵行，遵命。果毅：果敢坚毅。登：

成就。乃：你们。辟：君主。

⑤厚赏：重赏。显戮：泛指处死。

⑥惟：句首语气助词。文考：周文王。光：光耀。显：显耀。诞：大。多方：归附于周的诸侯国。

⑦克：战胜。武：勇敢。惟：是。无良：不善。

【译文】

"古人曾说：'抚爱我们的就是我们的君王，虐待我们的就是我们的仇敌。'独夫纣大行威虐，就是你们的大仇人。培养美德，力求慢慢滋长；惩处邪恶，力求及时除根。因而我率领你们众位将士，去歼灭你们的仇敌。你们诸位将士要遵行果敢坚毅的作风，来成就你们的君主。立功多的有重赏，不遵命的有惩罚。啊，我的先父文王，就像日月照临一样，德行照耀天下四方，名声显耀于西方各诸侯国，所以各路诸侯归顺我们周国。倘若我战胜了商王受，并不是我勇武，而是因为我的先父没有罪过；倘若商王受战胜了我，不是我的父亲有罪过，只是因为我没有能力。"

牧 誓

【原文】

武王戎车三百两，虎贲三百人，与受战于牧野，作《牧誓》①。

【注释】

①戎车：战车。虎贲：勇士。受：即指商王纣。牧野：古地名。在朝歌南部。

【译文】

武王用战车三百辆，勇士三百人，与纣王受在牧野作战，史官写下了《牧誓》。

【原文】

时甲子昧爽，王朝至于商郊牧野，乃誓①。王左杖黄钺，右秉白旄以麾，曰："逖矣，西土之人②！"

【注释】

①昧爽：拂晓，黎明。朝：早晨。至于：到达。商郊：商朝的都城朝歌的郊外。牧野：古地名。在朝歌南部。乃：就。

②杖：拿着。黄钺（yuè）：黄金为饰的青铜斧子。白旄（máo）：一种军旗。竿头旄牛尾为饰，用来指挥军队。麾：指挥。逖（tì）：远。

【译文】

甲子日的黎明时分，周武王率领军队来到商朝都城的郊外牧野，就举行誓师大典。周武王左手拿着以金为饰的青铜大斧，右手拿着装饰有旄牛尾的军旗指挥军队，他说："你们远来辛苦了，西方的将士们。"

【原文】

王曰："嗟！我友邦冢君，御事，司徒、司马、司空，亚旅、师氏，千夫长、百夫长，及庸、蜀、羌、髳、微、卢、彭、濮人①。称尔戈，比尔干，立尔矛，予其誓②。"

【注释】

①友邦：友好的邦国，指诸侯国。冢君：大君，即随武王伐殷的诸侯国国君。御事：治事大臣。司徒：掌管民事。司马：掌管军事。司空：掌管工程。亚旅：上大夫。师氏：中大夫。千夫长：师帅，统帅一千个兵。百夫长：旅帅，统帅一百个兵。庸：在今湖北竹山县。蜀：在今四川省中西部地区。羌：在今甘肃省东南地区。髳（máo）：在今甘肃省与四川省的交界地区。微：在今陕西省眉县境内。卢：在今湖北南漳县境内。彭：在今湖北省房县境内。濮：在今湖北省与重庆市交界处。

②称：举。尔：你们。戈：刀刃横着装在头部，用于横击和钩侧的兵器。比：按次序排列。干：盾牌。矛：指头上装有利刃，便于击刺的武器。其：将。

【译文】

武王说："啊！各路诸侯及众位大臣，司徒、司马、司空，亚旅、师氏，千夫长、百夫长，以及庸、蜀、羌、髳、微、卢、彭、濮诸国的将士们。举起你们的戈，排列好你们的盾，竖起你们的矛，我要做动员宣誓了。"

【原文】

王曰："古人有言曰：'牝鸡无晨；牝鸡之晨，惟家之索。'今商王受，惟妇言是用，昏弃厥肆祀弗答，昏弃厥遗王父母弟不迪①。乃惟四方之多罪逋逃，是崇是长，是信是使，是以为大夫卿士②。俾暴虐于百姓，以奸宄于商邑③。今予发惟恭行天之罚④。今日之事，不愆于六步、七步，乃止齐焉⑤。勖哉夫子！不愆于四伐、五伐、六伐、七伐，乃止齐焉⑥。勖哉夫子！尚桓桓，如虎如貔，如熊如罴，于商郊⑦。弗迓克奔，以役西土⑧。勖哉夫子！尔所弗勖，其于尔躬有戮⑨！"

【注释】

①牝（pìn）鸡：母鸡。晨：在早晨鸣叫。惟：是。索：空，尽，此处指破落。惟：只。昏弃：蔑弃，弃绝。厥：其，代指商纣王。肆祀：祭名，以全牛全羊祭祀祖先。答：问。遗：余，仅存的。王父母弟：同父异母的兄弟和叔伯兄弟。迪：用。

②乃：却，竟然。惟：只。逋逃：逃亡的人。崇长：宠信。信：信任。使：使用。

③俾：使。暴虐：残害，虐待。奸宄：犯法作乱。商邑：商都朝歌。

④发：姬发。惟：只能。恭行：奉行。

⑤愆：超过。步：古代跨出一足为"跬"，再跨出一足为"步"。乃：就。止齐：整顿队伍，使行列整齐。

⑥勖：勉力，努力。夫子：将士。伐：一击一刺为一伐。

⑦桓桓：威武的样子。貔（pí）：一种猛兽。罴：熊的一种。

⑧迓：迎击。奔：奔来投降的人。役：助。西土：指周国。

⑨尔：你们，指从征将士。所：犹"若"，如果。躬：身体。
戮：杀。

【译文】

武王说："古人有句话说：'没有早晨打鸣的母鸡；如果
母鸡在早晨打鸣，就是这个家要破败了。'现在商纣王只听
从妇人的言语，对先祖的祭祀不闻不问，同父异母的兄弟和
叔伯兄弟弃置不用，却只使用那些从四方诸侯国逃窜而来的
罪人，宠信他们，任用他们，任命他们做国家的大夫卿士。
使他们残害百姓，在商朝都城胡作非为。现在我姬发只能奉
行上天的惩罚。今天这场战斗，进军时，不超过六步、七步，
就要停下来整顿队形。努力吧，将士们！刺击时，不超过四
次、五次、六次、七次，就停下来整顿队形。努力吧，将士
们！威武雄壮一点，像虎、貔、熊、罴一样勇猛，在商都的
郊外大战一场。不要迎击向我们投降的人，让他们来帮助我
们。努力吧，将士们！倘若你们不努力，我就会狠狠地惩罚
你们！"

武 成

【原文】

武王伐殷，往伐归兽，识其政事，作《武成》①。

【注释】

①归兽：把牛马放回山野，意指解除军备，恢复和平。识：记。

【译文】

武王征讨殷商，从前往讨伐到回来解除军备，史官都记了下来，作《武成》。

【原文】

惟一月壬辰，旁死魄①。越翼日癸巳，王朝步自周，于征伐商②。厥四月，哉生明，王来自商，至于丰③。乃偃武修文，归马于华山之阳，放牛于桃林之野，示天下弗服④。丁未，祀于周庙，邦甸、侯、卫骏奔走，执豆、笾⑤。越三日庚戌，柴望，大告武成⑥。

【注释】

①惟：句首语气助词。旁：接近，靠近。死魄：旧谓月亮的有光部分为明，无光部分为魄。朔后月明渐增，月魄渐减，故谓之死魄。

②越：及，到。翼日：第二天。朝：早晨。步：行。自：

从。周：西周的都城镐京。于：往。

③哉：开始。丰：文王时的都城。

④乃：于是，就。偃：停止。修：修治。阳：山的南面。服：使用。

⑤甸、侯、卫：甸服、侯服、卫服。骏：迅速。豆、笾：古代的两种祭器。

⑥柴：烧柴祭天。望：古代祭祀山川的大礼。大告：遍告。

【译文】

一月壬辰日，大部分月亮没有光辉。到了第二天癸巳日，周武王早晨从镐京出发，前往征讨商纣。四月，月亮开始发光，周武王讨伐商纣归来，到达丰邑。于是停止武备，修治文教，把战马放归到华山的南面，把牛放归到桃林的郊野，向天下人公开表示不再使用它们了。丁未日，周武王在周庙举行祭祀，甸、侯、卫等诸侯都迅速赶来助祭，陈设木豆、竹笾等祭祀器物。到第三天庚戌日，举行柴祭来祭天，举行望祭来祭祀山川，遍告伐商的成就。

【原文】

既生魄，庶邦冢君，暨百工，受命于周①。王若曰："呜呼！群后！惟先王建邦启土，公刘克笃前烈②。至于大王，肇基王迹，王季其勤王家③。我文考文王，克成厥勋，诞膺天命，以抚方夏④。大邦畏其力，小邦怀其德⑤。惟九年，大统未集，予小子其承厥志⑥。厎商之罪，告于皇天后土、所过名山大川，曰：'惟有道曾孙周王发，将有大正于商⑦。今商王受无道，暴殄天物，害虐烝民，为天下逋逃主，萃渊薮⑧。予小子既获仁人，敢祗承上帝，以遏乱略⑨。华夏蛮貊，罔不率俾⑩。恭天成命，肆予东征，绥厥士女⑪。惟其士女，篚厥玄黄，昭我周王⑫。天休震动，用附我大邑周⑬。惟尔有神，尚克相予，以济兆民，无作神羞⑭！'"

【注释】

①生魄：发出光辉。庶邦：各诸侯国。冢君：大君，对列国君主的敬称。暨：与，和。百工：百官。

②群后：各路诸侯。惟：句首语气助词。先王：指后稷。建邦：建立国家。启土：开辟疆土。公刘：后稷的曾孙。笃：专心。烈：功业。谓公刘能够继续前人的功业。

③大王：即太王古公亶父。肇基：始创基业。王迹：帝王的功业。王季：文王的父亲。其：句中音节助词。王家：王室。

④文考文王：周文王。勋：功绩。诞：大。膺：受。方夏：华夏。

⑤畏：畏惧。力：威力。怀：思念。

⑥大统：统一天下的大业。集：完成，成功。其：将。志：指文王统一天下的遗愿。

⑦皇天后土：代指天地神祇。惟：句首语气助词。大正：大政，大事，指军事。

⑧殄：灭绝。烝民：民众，百姓。逋逃：逃亡。萃：聚集。渊薮：人或事物聚集的地方，这里指天下罪人都奔逃到商纣王的身边。如同鱼聚于渊，兽集于薮。

⑨仁人：太公、周公、召公这些贤佐。祇：敬。承：奉。遏：制止。乱略：祸乱。

⑩华夏：中原，中国。蛮貊：少数民族。罔不：无不。率俾：顺从。

⑪恭：敬奉，奉行。成命：既定的天命。肆：故，所以。绥：安定，安抚。士女：泛指百姓。

⑫箧：圆形的竹筐，用来盛物。玄黄：黑色和黄色的丝帛。昭：通"诏"，帮助。

⑬天休：即"天庥"，上天的庇护。震动：震动民心。用：因。附：归附。大邑周：大周国。

⑭惟：表示希望。相：辅佐。济：救助。兆民：众民，百姓。

【译文】

月亮发出光辉的时候，各诸侯国的国君和百官都到周朝国都来接受王命。武王这样说："啊，众位诸侯！先王后稷建立国家，开辟疆土，公刘能够专心修治前人的功业，到了太王古公亶父始创基业，而王季也能勤劳王室。我的先父文王能够成就王业，承受上天的大命，安抚天下。大国畏惧他的威力，小国怀念他的仁德。文王继位九年去世，统一天下的大业尚未完成，我小子将继承他的遗志。我曾把商纣王的罪行遍告皇天后土和所经过的名山大川，说：'有道的周氏曾孙姬发，将要大举征讨商朝。现今商纣王残暴无道，残害生灵，虐待百姓，成为天下逃亡罪人的首领，商都成为罪人聚集的地方。我小子有仁人志士的辅佐，愿意恭奉上帝的旨意，制止祸乱。中原和四方各国无不遵从。我奉行上帝的大命，因此东征纣王，安定那里的百姓。那里的老百姓用竹筐装着黑、黄二色的丝帛来帮助我周王朝。上天庇护，民心震动，因而纷纷归附我们周朝。希望你们众位神明都能够帮助我，救助天下万民，不要使你们神灵蒙羞！'"

【原文】

"既戊午，师逾孟津①。癸亥，陈于商郊，俟天休命②。甲子昧爽，受率其旅若林，会于牧野③。罔有敌于我师，前徒倒戈，攻于后以北，血流漂杵④。一戎衣，天下大定⑤。乃反商政，政由旧⑥。释箕子囚，封比干墓，式商容闾⑦。散鹿台之财，发巨桥之粟，大赉于四海，而万姓悦服⑧。"

【注释】

①既：不久。逾：跨过，渡过。孟津：古黄河的重要渡口。

②陈：通"阵"，布阵。俟：等待。休命：神明的旨意。

③昧爽：黎明，拂晓。旅：军队。会：会战。

④前徒：前军。倒戈：调转戈矛向己方进攻。北：败逃。杵：舂杵。

⑤一戎衣：一次用兵。

⑥乃：于是。反：废除。商政：纣的暴政。由：用。旧：商朝先王的善政。

⑦式：通"轼"，车前的横木。凭轼而望，以示敬意。商容：商代贤臣。⑧鹿台：商朝的府库。巨桥：仓库。赉：赏赐。悦服：心悦诚服。

【译文】

"不久，到了戊午日，军队渡过孟津。癸亥日，在商都郊外布好列阵，等待神明的旨意。在甲子日的黎明时分，商纣王率领他那如密林般的军队，会战于牧野。他的军队没有对我军进行抵抗，前军临阵倒戈，攻击后面的军队，导致商纣王的军队溃败逃亡，士兵的血都可以漂起舂杵。一次战争，天下安定。于是，废除商纣王的暴政，恢复殷商先王的善政，释放被囚禁的箕子，重修比干的坟墓，致敬商容的住处。散发鹿台府库聚敛的财货，发放钜桥粮仓囤积的粮食，大肆赏赐天下，天下万民都心悦诚服。"

【原文】

列爵惟五，分土惟三①。建官惟贤，位事惟能②。重民五教，惟食丧祭③。惇信明义，崇德报功④。垂拱而天下治⑤。

【注释】

①列爵：分班爵位。惟：为，是。五：公、侯、伯、子、男五等爵位。分土：分封土地。三：公侯百里，伯七十里，子男五十里。

②建：立。惟：只。贤：贤才。位事：安排职事。

③五教：君臣、父子、夫妇、兄弟、长幼五种伦理道德准则。食丧祭：民食、丧葬、祭祀。

④惇：崇尚。信：诚实。崇：尊崇。报：报答。

⑤垂拱：垂衣拱手。

【译文】

武王设立五等爵位，分封三品土地。建立官职只是任用贤良，安排职事只看他的才能。注重伦理教化，重视民食、丧葬和祭祀。崇尚诚实，申明道义，尊崇德行，报答有功。武王垂衣拱手，而天下大治。

洪　范

【原文】

武王胜殷，杀受，立武庚，以箕子归，作《洪范》①。

【注释】

①武庚：殷纣王的儿子，发动三监之乱，兵败被杀。

【译文】

周武王战胜殷商，诛杀了商王纣，立他的儿子为诸侯，带着箕子返回镐京，史官根据箕子的话写下了《洪范》。

❖

【原文】

惟十有三祀，王访于箕子①。王乃言曰："呜呼！箕子。惟天阴骘下民，相协厥居，我不知其彝伦攸叙②。"箕子乃言曰："我闻在昔，鲧陻洪水，汩陈其五行③。帝乃震怒，不畀洪范九畴，彝伦攸斁④。鲧则殛死，禹乃嗣兴，天乃锡禹洪范九畴，彝伦攸叙⑤。"

【注释】

①惟：句首语气助词。十有三祀：周文王十三年，武王灭商第二年。有，通"又"。访：咨询。

②乃：如此，这样。阴骘：庇护。相：帮助。协：和。居：安居。彝伦：常理，常道。攸：所。叙：次序。

③在昔：从前。陻（yīn）：堵塞。汩：乱。陈：列。五

行：金、木、水、火、土。

④乃：于是，就。畀：给。洪范：大法。九畴：九种治国的方法。殄（dù）：败坏。

⑤殛：诛，这里是流放的意思。嗣兴：继承并振兴。锡：通"赐"，赐给。

【译文】

十三年，周武王咨询箕子治国方法。武王于是说道："唉！箕子。上帝庇佑天下百姓，帮助他们和谐地安居下来，我不知道治国的法则。"箕子说："我听说从前鲧用土去堵塞洪水，把金木水火土这五行的顺序打乱了。上天因此震怒，拒绝赐予鲧九种治理国家的至高法典，导致治国的法则变得混乱不堪。后来，鲧被流放而死，大禹便继承父亲的事业并取得成效。上天就把九种治国大法赐给了禹，治国的法则才得以明确。"

【原文】

"初一曰五行，次二曰敬用五事，次三曰农用八政，次四曰协用五纪，次五曰建用皇极，次六曰乂用三德，次七曰明用稽疑，次八曰念用庶征，次九曰向用五福，威用六极①。"

【注释】

①初一：第一。敬：慎重。五事：即下文的貌、言、视、听、思。农：努力。八政：即下文的食、货、祀、司空、司徒、司寇、宾、师。协：协合。五纪：五种记时方法。建：建立。皇极：君王统治的法则。乂：治，治理臣民。稽疑：用卜筮决疑。念：考虑。庶：众。征：征兆。向：劝导。威：惩罚。六极：凶短折、疾、忧、贫、恶、弱。

【译文】

"第一是五行，第二是慎重做好五件事，第三是努力处理八种政务，第四是协调运用五种记时方法，第五是建立君王的统治法则，第六是推行治理臣民的三种德行，第七是运用卜筮稽考疑难处理问题，第八是细致地研究各种征兆，第九是运用五福来劝导百姓，运用六种惩罚戒人为恶。"

【原文】

"一、五行：一曰水，二曰火，三曰木，四曰金，五曰土。水曰润下，火曰炎上，木曰曲直，金曰从革，土爰稼穑①。润下作咸，炎上作苦，曲直作酸，从革作辛，稼穑作甘②。"

【注释】

①润下：水性就下以滋润万物。炎上：火焰向上燃烧。曲直：可曲可直。从革：根据需要改变形状。爰：犹曰。稼穑：种植庄稼。

②作咸：产生咸味。作苦：产生苦味。作酸：产生酸味。作辛：产生辣味。作甘：产生甜味。

【译文】

"一、五行：第一是水，第二是火，第三是木，第四是金，第五是土。水性向下润湿，火性向上燃烧，木性可曲可直，金性可根据需要变成不同形状，土性适宜种植庄稼。向下湿润的水产生咸味，向上燃烧的火产生苦味，可曲可直的木产生酸味，根据需要变成不同形状的金属产生辣味，适宜种植庄稼的土产生甜味。"

【原文】

"二、五事：一曰貌，二曰言，三曰视，四曰听，五曰思。貌曰恭，言曰从，视曰明，听曰聪，思曰睿[①]。恭作肃，从作乂，明作哲，聪作谋，睿作圣[②]。"

【注释】

①恭：恭敬。从：正当合理。聪：听得广远。睿：通达。
②肃：敬。乂：治理。哲：智慧。谋：善于谋断。圣：圣明。

【译文】

"二、五事：一是容貌，二是言语，三是观察，四是听闻，五是思考。容貌要恭敬，言语要正当，观察要明白，听闻要广远，思考要通达。容貌恭敬才能庄重肃穆，言语正当才能治理国事，观察明白才能聪敏，听闻广远才能善谋，思考通达才能圣明。"

----◆----

【原文】

"三、八政：一曰食，二曰货，三曰祀，四曰司空，五曰司徒，六曰司寇，七曰宾，八曰师[①]。"

【注释】

①食：掌管农事。货：掌管财货。祀：掌管祭祀。司空：掌管水利工程。司徒：掌管教化。司寇：掌管刑狱。宾：掌管诸侯朝觐等外交事务。师：掌管军事。

【译文】

"三、要处理好八种政务：一是掌管好农事，二是掌管好财货，三是掌管好祭祀活动，四是掌管好水利工程，五是掌管好文德教化，六是掌管好司法刑狱，七是掌管好诸侯朝觐事宜，八是掌管好军事行动。"

【原文】

"四、五纪：一曰岁，二曰月，三曰日，四曰星辰，五曰历数①。"

【注释】

①岁：年。历数：历法。

【译文】

"四、五种记时方法：一是年，二是月，三是日，四是星辰，五是历法。"

【原文】

"五、皇极：皇建其有极①。敛时五福，用敷锡厥庶民，惟时厥庶民于汝极②。锡汝保极：凡厥庶民，无有淫朋，人无有比德，惟皇作极③。凡厥庶民，有猷有为有守，汝则念之④。不协于极，不罹于咎，皇则受之⑤。而康而色，曰：'予攸好德⑥。'汝则锡之福，时人斯其惟皇之极。无虐茕独而畏高明，人之有能有为，使羞其行，而邦其昌⑦。凡厥正人，既富方谷，汝弗能使有好于而家，时人斯其辜⑧。于其无好德，汝虽锡之福，其作汝用咎⑨。无偏无陂，遵王之义；无有作好，遵王之道；无有作恶，遵王之路⑩。无偏无党，王道荡荡；无党无偏，王道平平；无反无侧，王道正直⑪。会其有极，归其有极⑫。曰：皇极之敷言，是彝是训，于帝其训⑬。凡厥庶民，极之敷言，是训是行，以近天子之光。曰：天子作民父母，以为天下王。"

【注释】

①皇极：君王的统治法则。极，法则。建：建立。

②敛：聚集。时，通"是"，这。五福：长寿、富贵、康宁、好德、善终。用：以。敷：布。锡：通"赐"，赐予。庶民：众民。于：以。

③保极：遵守法则。淫朋：朋比为奸。人：百官。比德：结党营私的行为。惟：只。

④猷：谋划。为：作为。守：操守。

⑤协：符合。罹：遭受，陷入。咎：罪。受：包容。

⑥康：平和。色：脸色。攸：所。德：天子所建立的道德准则。

⑦时：通"是"，这。斯：就。其：将。惟：只。无：通"毋"，不要。茕独：泛指鳏寡孤苦、无依无靠的人。高明：有智慧的人。羞：贡献。其：他的。其：将。昌：繁荣昌盛。

⑧正人：官员。方：并。谷：禄位。好：善。家：国家。时：通"是"，这。斯：就。其：将。辜：罪，责备。

⑨于：对。其：那些。好：喜好。咎：责怪。

⑩偏：不平。陂：不正。好：私好。恶：私恨。

⑪荡荡：宽广的样子。平平：平坦的样子。反：违背王道。侧：倾侧，违反法度。

⑫会：聚集。归：归附。

⑬敷：宣布。彝：常法。训：顺从。

【译文】

"五、君王统治天下的法则：君王应当建立至高无上的统治法则。聚集五福，普遍地施予臣民，这样，臣民就会尊重您的法则。现在把这些法则告诉您：凡是臣民都不允许朋比为奸，只要他们不结党营私，就会遵循君王所建立的法则。

凡是臣民中，有谋略，有作为，有操守的，君王就要想着他们。有时臣民的行为不合乎您的法则，但只要还没有达到犯罪的程度，就要包容他们。倘若有人和颜悦色对您说'我所爱好的就是你所建立的道德规范。'您就要赐给他福禄。这样，臣民就会完全遵守君王的准则。不要虐待那些无依无靠的人，要敬畏有智慧的人，倘若某人有才能有作为，就要让他们得以施展，国家就会繁荣昌盛。凡是朝廷官员，既然有固定的俸禄，倘若您不能使他们为国家做出贡献，那么臣民就会怪罪您了。对于那些不喜好您所建立的道德规范的人，您即使赐给他们福禄，他们也还是会责怪您。不要有任何偏颇，要完全遵照你所建立的规范行事；不要有任何私好，要完全遵照你所确定的道路行进；不要有任何私恨，要完全遵照所确定的规范要求自己。不偏私，不结党，君王的道路就会无比宽广。不结党，不偏私，君王的道路就会无比平坦。不违反王道，不偏离法度，君王的道路就会中正平直。任用那些遵循规范行事的人，其他的人才会逐渐地趋向于你所建立的道德法则。所以说，天子所宣布的这些法则，是国家的常法，是需要大家顺从的，这也是顺从了天帝的旨意。所有臣民遵行法则只有顺从并付诸行动，才能承受天子的光辉。就是说，天子只有成为臣民的父母，才会成为天下的君王。"

【原文】

"六、三德：一曰正直，二曰刚克，三曰柔克①。平康，正直；强弗友，刚克；燮友，柔克②。沉潜，刚克；高明，柔克③。惟辟作福，惟辟作威，惟辟玉食④。臣无有作福、作威、玉食。臣之有作福、作威、玉食，其害于而家，凶于而国。人用侧颇僻，民用僭忒⑤。"

【注释】

①正直：中正平直。刚克：抑制刚强。柔克：推崇和顺。

②平康：中正平和。友：亲近。燮：和顺。

③沉潜：抑制。高明：推崇。

④惟：只。辟：君王。威：刑罚。玉食：美食。

⑤颇僻：邪佞，不正。僭忒：越礼瑜制，心怀疑贰。

【译文】

"六、三种德行：一是中正平直，二是抑制刚强，三是推崇和顺。中正平和就是正直，对于强硬不可亲近的就要用强硬的办法抑制他们，对于那些和顺可亲的人就要用柔和的办法对待他们。君王要抑制刚强不可亲近的人，推崇和顺可亲的人。只有君王能够赐福于臣民，只有君王能够施加威罚，只有君王能够享受美好的食物。百官都没有这些权利。倘若百官有权给人造福，有权对人施加刑罚，有权享用美好的食物，就会危害您的国家。百官将因此背离王道，百姓也会因此而犯上作乱。"

【原文】

"七、稽疑：择建立卜筮人，乃命卜筮①。曰雨，曰霁，曰蒙，曰驿，曰克，曰贞，曰悔，凡七②。卜五，占用二，衍忒③。立时人作卜筮，三人占，则从二人之言④。汝则有大疑，谋及乃心，谋及卿士，谋及庶人，谋及卜筮⑤。汝则从，龟从，筮从，卿士从，庶民从，是之谓大同⑥。身其康强，子孙其逢，吉⑦。汝则从，龟从，筮从，卿士逆，庶民逆，吉。卿士从，龟从，筮从，汝则逆，庶民逆，吉。庶民从，龟从，筮从，汝则逆，卿士逆，吉。汝则从，龟从，筮逆，卿士逆，庶民逆，作内吉，作外凶⑧。龟筮共违于人，用静吉，用作凶⑨。"

【注释】

①稽疑：卜问决疑。建立：设立。卜：用龟甲占吉凶。筮：用蓍草占吉凶。

②雨：下雨。霁（jì）：雨后初晴。蒙：雾气蒙蒙。驿：时隐时现的云气。克：阴阳之气交错。贞：内卦。悔：外卦。

③卜五：用龟甲占卜的五项雨、霁、蒙、驿、克。占用二：用蓍草占卜的贞、悔。衍忒：推演卦的征兆。衍，推演。忒，变化。

④时人：这些人，指掌管卜筮的官员。

⑤则：假若，如果。乃心：自己的心。卿士：官吏。庶人：普通民众。卜筮：卜筮官员。

⑥大同：上下意见一致。

⑦其：将。康强：健康。逢：兴旺。

⑧逆：反对。作：举事。内：国内。

⑨共：都。静：守常。

【译文】

"七、占卜决疑的方法：选用善于卜筮的人，教导他们占卜吉凶。龟兆有的像下雨，有的像雨后初晴，有的像雾气蒙蒙，有的像时隐时现的云气，有的像阴阳之气交错，卦象有内卦，有外卦，一共有七种。前五种都是龟兆的卦象，后两种都是蓍草卜筮的卦象，由此推演变化，决定吉凶。任用这些人卜筮时，三个人占卜，应当信从其中两个人的判断。倘若您有大的疑惑，就要自己反复考虑，再与卿士商量，然后再与庶民商量，最后同卜筮官员商量。倘若您赞同，龟卜赞同，蓍筮赞同，卿士赞同，庶民赞同，这就叫作大同。您

的身体就会安康强壮，您的子孙也一定会吉祥昌盛。倘若您
赞同，龟卜赞同，蓍筮赞同，卿士反对，庶民反对，也算吉
利。倘若卿士赞同，龟卜赞同，蓍筮赞同，您自己反对，庶
民反对，也算吉利。倘若庶民赞成，龟卜赞成，蓍筮赞成，
您反对，卿士反对，也算是吉利的。倘若您赞成，龟卜赞成，
蓍筮反对，卿士反对，庶民反对，那么对内就吉利，对外就
不吉利。倘若龟卜蓍筮都不合人意，那么，守常不动就吉利，
有所妄动就会有凶险。"

【原文】

"八、庶征：曰雨，曰旸，曰燠，曰寒，曰风①。曰时
五者来备，各以其叙，庶草蕃庑②。一极备，凶；一极无，
凶③。曰休征：曰肃，时雨若；曰乂，时旸若；曰哲，时燠若；
曰谋，时寒若；曰圣，时风若④。曰咎征：曰狂，恒雨若；
曰僭，恒旸若；曰豫，恒燠若；曰急，恒寒若；曰蒙，恒
风若⑤。曰王省惟岁，卿士惟月，师尹惟日⑥。岁月日时无易，
百谷用成，乂用明，俊民用章，家用平康⑦。日月岁时既易，
百谷用不成，乂用昏不明，俊民用微，家用不宁。庶民惟星，
星有好风，星有好雨⑧。日月之行，则有冬有夏。月之从星，
则以风雨。"

【注释】

①庶征：各种征兆。雨：下雨。旸：晴天。燠（yù）：温暖，
炎热。

②时：通"是"，此。叙：次序。蕃庑：茂盛。

③一：指雨、旸、燠、寒、风五种现象中的一种。极备：
过多。凶：荒年。

④休征：好征兆。肃：庄敬，这里指办事恭谨认真。时：

适时。若：顺。乂：治理。哲：智慧。谋：考虑问题。圣：通达事理。

⑤咎征：不好的征兆。狂：狂妄、傲慢。恒：常。僭：差错。豫：安逸。急：急躁莽撞。蒙：昏昧。

⑥省：通"眚"，过失。卿士：卿大夫。师尹：各属官之长。

⑦易：改变。用：因。俊民：有才能的人。章：通"彰"，提拔任用。平康：太平安宁。

⑧好：喜好。

【译文】

"八、各种不同的征兆：雨天，晴天，温暖，寒冷，刮风。一年中这五种天气齐备，并各自按照时序出现，就会风调雨顺，草木繁盛。倘若这五种天气中，某一种天气过多，就会是凶灾；某一种天气过少，也会是凶灾。好征兆是：君王办事恭谨，雨水就按时降下来；君王政治休明，日光就会适时普照；君王处理政事明智，温暖的天气就会按时到来；君王善于谋划，寒冷的天气也会应时而至；君王通达事理，就会有和风及时吹来。不好的征兆是：君王行为狂妄傲慢，就会常下大雨；君王举动错乱，就会久旱不雨；君王贪图安乐，就会久热不退；君王急躁莽撞，就会持久寒冷；君王昏庸愚昧，就会大风不停。君王有了过失，就会影响一年；卿大夫有了过失，就会影响一月；一般官员有了过失，就会影响一天。岁、月、日的顺序正常不变，庄稼就会丰收，政治就会清明，贤能的人就会得到任用，国家因此太平安宁。倘若岁、月、日秩序颠倒错乱，庄稼就不会有收成，政治就会昏暗不明，有才能的人得不到重用，国家就不会安宁太平。百姓就好比是星星，有的喜欢风，有的喜欢雨。日月按照一定的规律运行，就会产生冬天和夏天。倘若月亮离开太阳而顺从于星，那么接近箕星就多风，接近毕星就多雨。"

---　◆　---

【原文】

"九、五福：一曰寿，二曰富，三曰康宁，四曰攸好德，五曰考终命①。六极：一曰凶、短、折，二曰疾，三曰忧，四曰贫，五曰恶，六曰弱②。"

【注释】

①康宁：健康安宁。攸：所。好：喜好。考终命：老而善终。

②凶、短、折：均指早死。未到换牙而死为凶，未到二十岁而死为短，未结婚而死为折。疾：疾病。忧：忧愁。恶：丑陋。弱：懦弱。

【译文】

"九、五种幸福：一是长寿，二是富贵，三是健康安宁，四是喜好天子所建立的道德规范，五是长寿善终。六种不幸：一是早死，二是多病，三是多忧愁，四是贫穷，五是邪恶，六是懦弱。"

旅 獒

【原文】

西旅献獒，太保作《旅獒》①。

【注释】

①西旅：西方国名。獒（áo）：大犬。太保：官名。这里指召公奭（shì）。

【译文】

西方旅国向周武王进献了大犬，太保召公为劝谏武王作了《旅獒》。

━━━━━━━━━ ◆ ━━━━━━━━━

【原文】

惟克商，遂通道于九夷八蛮①。西旅底贡厥獒，太保乃作《旅獒》，用训于王②。

【注释】

①惟：句首语气助词。克：战胜。遂：于是，就。通道：开通道路。九夷：泛指古代东方的少数民族。八蛮：泛指古代南方的少数民族。

②底：至，来。太保：官名，指召公奭。乃：于是。这里指召公奭。用：以。训：训诫，劝导。

【译文】

周武王灭商之后，便开通了通向各个少数民族地区的道路。西方的旅国来进献他们那里的名贵大犬，太保召公奭于是作《旅獒》来劝谏周武王。

————————●————————

【原文】

曰：“呜呼！明王慎德，四夷咸宾①。无有远迩，毕献方物，惟服食器用②。王乃昭德之致于异姓之邦，无替厥服③；分宝玉于伯叔之国，时庸展亲④。人不易物，惟德其物⑤。”

【注释】

①慎德：注重道德修养。四夷：四方的少数民族。咸：都。宾：归顺，服从。

②无有：不论。远迩：远近。毕：全都。方物：地方特产。惟：只。服食：衣服饮食。

③昭：昭示。替：废弃。服：职事。

④伯叔之国：同姓诸侯国。时：通“是”，这。庸：用。展：展示。亲：亲情。

⑤易：轻视。惟：只。

【译文】

召公说：“啊！圣明的君王注重自己的道德修养，所以四方的少数民族都来归顺。不论距离远近，他们都愿意献上自己的地方特产，这些贡品只是一些吃穿用度的日常用品而已。天子于是把这些地方特产分赐给异姓诸侯，以昭示圣德，使他们不要荒废自己的职事；又分赐宝玉给同姓诸侯，以此展示骨肉亲情。人们并不轻视这些贡物，只是把这些贡物视为一种德行的象征。”

【原文】

"德盛不狎侮①。狎侮君子，罔以尽人心；狎侮小人，罔以尽其力②。不役耳目，百度惟贞③。玩人丧德，玩物丧志④。志以道宁，言以道接⑤。不作无益害有益，功乃成；不贵异物贱用物，民乃足⑥。犬马非其土性不畜，珍禽奇兽不育于国⑦。不宝远物，则远人格；所宝惟贤，则迩人安⑧。"

【注释】

①德盛：德行盛大。狎侮：轻忽，怠慢。

②君子：大臣。罔：无。小人：平民。

③役：役使。耳目：声色。百度：百事。惟：为，是。贞：正。

④玩人：玩弄人。玩物：玩弄器物。丧：丧失。

⑤道：这里指一种准则。接：酬应。

⑥无益：无益的事。乃：才。

⑦土性：自然环境和生活习性。畜：蓄养。

⑧宝：以之为宝。远人：边远地区的少数民族。格：来，至。迩：近。安：安居乐业。

【译文】

"君王德行盛大就不会轻视怠慢他人。轻视怠慢官员，就不能使他们尽心；轻视怠慢百姓，就不能使他们尽力。君王只要不沉湎于声色，各种事情都会处理妥当。戏弄人就会丧失掉君主的德行，玩弄器物就会丧失志向。自己的心志要合乎大道才能安定，言论要合乎道理才能被人接受。不做无益的事来妨害有益的事，事业就能成功；不看重奇珍异物，不轻视日常有用的物品，这样百姓才能富足。犬马等这些牲畜不是本地的就不要蓄养，更不能在国内蓄养一些珍禽奇兽。不把远方进献的贡物为珍宝，远方的人就能归顺；只珍爱贤才，附近之人就会安居乐业。"

【原文】

"呜呼！夙夜罔或不勤①。不矜细行，终累大德②。为山九仞，功亏一篑③。允迪兹，生民保厥居，惟乃世王④。"

【注释】

①夙夜：早晚。罔：无。或：有。

②矜：慎重。细行：细小的行为。累：损害，妨碍。

③仞：八尺为一仞。亏：缺，欠。篑（kuì）：盛土的竹筐。

④允：确实。迪：遵循。兹：此。生民：民众。保：安。惟：则。王：称王。

【译文】

"啊，从早到晚都不要懈怠。不注重细小的行为，终究会损害大的德行。譬如堆积九仞高的土山，只差一竹筐土，也不能说大功告成。您确实能遵行这些忠告，百姓就能永远安定，周家就可以世代称王于天下了。"

金 縢

【原文】

武王有疾，周公作《金縢》①。

【注释】

①疾：病。縢（téng）：封闭。

【译文】

武王得了重病，周公向神祷告，作《金縢》。

【原文】

既克商二年，王有疾，弗豫①。二公曰："我其为王穆卜②。"周公曰："未可以戚我先王③？"公乃自以为功，为三坛同墠④。为坛于南方，北面，周公立焉。植璧秉珪，乃告太王、王季、文王⑤。

【注释】

①克：战胜。弗豫：不安乐。天子生病的代称。

②二公：太公望和召公奭。其：句中音节助词。穆卜：恭敬地占问吉凶。

③戚：祷告。

④乃：于是，就。功：质，抵押。坛：祭坛。墠（shàn）：祭祀用的场地。

⑤植：通："置"，放置。璧：圆形的玉。秉：执，拿着。

珪：一种玉制礼器。太王：武王曾祖父，名古公亶父。王季：武王祖父，名季历。文王：武王的父亲，名昌。

【译文】

在推翻殷商统治两年之后，武王得了重病，心中不安。太公、召公说："我们为大王恭敬地卜问吉凶吧。"周公说："难道不能向我们的先王祷告吗？"周公就以自身为质，在一片祭场上筑起三座祭坛。又在三坛的南方筑起一坛，面朝北方，周公站在祭坛上面。祭坛上放着玉璧，周公手捧着玉珪，于是向太王、王季和文王祷告。

————————◆————————

【原文】

史乃册，祝曰："惟尔元孙某，遘厉虐疾①。若尔三王是有丕子之责于天，以旦代某之身②！予仁若考能，多材多艺，能事鬼神③。乃元孙不若旦多材多艺，不能事鬼神。乃命于帝庭，敷佑四方，用能定尔子孙于下地，四方之民罔不祗畏④。呜呼！无坠天之降宝命，我先王亦永有依归⑤。今我即命于元龟，尔之许我，我其以璧与珪归俟尔命；尔不许我，我乃屏璧与珪⑥。"

【注释】

①史：史官，主管作册之事。乃：于是，就。册：写册书。惟：句首语气助词。尔：你们的。元孙：长孙。某：指武王姬发。遘：遇到。厉：危险。虐疾：恶疾。

②若：如果。丕子：大儿子。

③若：同"而"。考：通"巧"。材：通"才"，指才能。

④乃：你们。不若：不像。乃：他。敷佑：布施德泽以佑助百姓。用：因。下地：人间。罔不：无不。祗：敬。

⑤坠：丧失。依归：依靠，这里指享受子孙的祭祀。

⑥命：受命。元龟：占卜用的大龟。尔：你们。其：将。俟：等待。乃：就。屏：丢弃。

【译文】

史官写下了策书，祝告说："你们的长孙姬发，不幸身患重疾。倘若你们三王在天上需要找人去服侍，那么就让我来代替他吧！我柔顺而巧能，多才多艺，能够服事鬼神。而你们的长孙姬发不像我这样多才多艺，不能服事鬼神。而且他在天帝那里承受了重大的天命，拥有天下四方，能够在人间安定你们的子孙，天下民众无不敬畏他的。唉！只要不丧失上天赐予我们周国的福命，我们先王的神灵也就永远可以安享宗庙。现在，我已经用神龟占卜，倘若你们允许我的请求，我就把玉璧和玉珪献给你们，回去等候你们的命令；倘若你们不同意我的请求，我就把玉璧和玉珪丢弃。"

【原文】

乃卜三龟，一习吉①。启籥见书，乃并是吉②。公曰："体！王其罔害③。予小子新命于三王，惟永终是图；兹攸俟，能念予一人④。"公归，乃纳册于金縢之匮中⑤。王翼日乃瘳⑥。

【注释】

①乃：于是。一：都。习吉：占卜的都是吉兆。习，重复，因袭。

②启：打开。籥：通"钥"，锁钥。书：占卜的书。乃：竟然。

③体：兆象。其：将。罔：无。

④命：告。惟：只。永终：长久，永久。兹：此。攸：所。

侯：期待。

⑤乃：就。纳：放入。縢：封缄。匮：匣子。

⑥翼日：第二天。翼，通"翌"。瘳：痊愈。

【译文】

于是，他在三王灵前各摆放了一只龟，进行占卜，结果都是同样的吉兆。打开锁钥查看卜兆之书，竟然也都是吉兆。周公说："吉兆啊！大王没有危险了！我刚刚向三位先王祷告，只是为了国家的长治久安；现在我所期待的，是先王能顾念我的诚心。"周公回去后，就把册书放进用金丝线缠系的匣子里。第二天，周武王的病就痊愈了。

【原文】

武王既丧，管叔及其群弟乃流言于国，曰："公将不利于孺子①。"周公乃告二公曰："我之弗辟，我无以告我先王②。"周公居东二年，则罪人斯得③。于后，公乃为诗以贻王，名之曰《鸱鸮》④。王亦未敢诮公⑤。

【注释】

①丧：死。管叔：名鲜，文王第三子，封于管。群弟：指蔡叔、霍叔。乃：就。流言：造谣。公：指周公。孺子：周武王的儿子成王。

②乃：于是，就。弗：不。辟：惩罚。

③居东：即东征。罪人：参与管蔡叛乱之人。斯：尽。

④贻：赠送。鸱鸮（chīxiāo）：猫头鹰。

⑤诮（qiào）：责备。

【译文】

武王死后，管叔和他的几个弟弟就在国内散布谣言，说：

"周公将对年幼的成王不利。"于是，周公就对太公、召公说道："如果我不依法惩办管叔等叛乱的人，我就不能告慰我们的先王。"周公东征平叛二年，参加叛乱的罪人都受到了惩罚。后来，周公作了一首诗送给成王，诗名为《鸱鸮》。成王虽心有不满，也不敢责备周公。

【原文】

秋，大熟，未获，天大雷电以风①。禾尽偃，大木斯拔，邦人大恐②。王与大夫尽弁，以启金縢之书，乃得周公所自以为功代武王之说③。二公及王乃问诸史与百执事④。对曰："信。噫！公命我勿敢言⑤。"

【注释】

①获：收割。以：与。

②偃（yǎn）：倒伏。斯：尽。邦人：国人。

③弁（biàn）：一种礼冠。乃：于是。功：质，抵押。说：周公祷告时的祝词。

④诸史：诸位史官。百执事：百官。

⑤信：确实。噫：叹词。

【译文】

那一年秋天，庄稼都成熟了，还没有收割，天空雷电大作，刮起大风，庄稼都倒伏在地上，大树也都被拔起，国人都处于惊恐之中。周成王和大夫们都穿上朝服，戴上礼帽，打开贮存占卜祝册的金线封固的匣子，于是得到了周公以自身做抵押替代武王去死的祝词。太公、召公以及成王就询问众史官和各执事官员，他们回答说："是这样的。唉！周公嘱咐我们保守秘密，我们不敢把这件事情说出来。"

【原文】

王执书以泣，曰："其勿穆卜！昔公勤劳王家，惟予冲人弗及知①。今天动威以彰周公之德，惟朕小子其新逆，我国家礼亦宜之②。"王出郊，天乃雨，反风，禾则尽起③。二公命邦人，凡大木所偃，尽起而筑之④。岁则大熟⑤。

【注释】

①穆卜：恭敬地占问吉凶。惟：只。冲人：年幼之人。

②彰：彰显，昭明。惟：句首语气助词。其：将。新：通"亲"，亲自。逆：迎接。

③乃：就。起：立起，扶起。

④筑：用土培根。

⑤岁：年。熟：丰收。

【译文】

成王捧着策书，泪流满面地说道："我们不用恭敬地占卜了！以前周公替周王朝辛勤操劳，我却全然不知。现在上帝发怒来惩罚我们，使周公的德行大白天下，我小子应当亲自去迎接，于国家而言，也是符合礼制的。"成王迎出郊外，天就下起了雨，风向也反转了，倒伏的庄稼又全部立了起来。太公、召公命令国人，凡是被吹倒的大树都扶起来，用土培根加固。这一年获得了大丰收。

大　诰

【原文】

武王崩，三监及淮夷叛，周公相成王，将黜殷，作《大诰》①。

【注释】

①三监：管叔、蔡叔、霍叔。相：辅助。黜：废黜，消灭。

【译文】

周武王去世后，三监和淮夷叛乱，周公辅佐成王，将要消灭殷商，作了《大诰》。

【原文】

王若曰："猷！大诰尔多邦，越尔御事①。弗吊！天降割于我家，不少延②。洪惟我幼冲人，嗣无疆大历服，弗造哲，迪民康，矧曰其有能格知天命③？已！予惟小子，若涉渊水，予惟往求朕攸济④。敷贲，敷前人受命，兹不忘大功⑤。予不敢闭于天降威，用宁王遗我大宝龟，绍天明⑥。即命曰：有大艰于西土，西土人亦不静，越兹蠢⑦。殷小腆，诞敢纪其叙⑧。天降威，知我国有疵，民不康⑨。曰：予复！反鄙我周邦，今蠢今翼⑩。日，民献有十夫予翼，以于敉宁、武图功⑪。我有大事，休？朕卜并吉⑫。"

【注释】

①若：这样。猷：发语词。诰：天子对臣下的训导。尔：你们。多邦：各诸侯国。越：与，和。御事：治事大臣。

②弗吊：不善，不幸。割：通"害"，灾害。少：稍。延：间断，间隔。

③洪惟：句首语气助词。幼冲人：年幼的人，此处指成王。嗣：继承。无疆：没有边界。历服：王位。造：通"遭"，遭逢。哲：有智慧的人。迪：引导。康：安康。其：句中音节助词。有：同"又"。格：量度，推究。

④已：感叹词。惟：句中语气助词。渊：深。惟：只。攸：所。济：渡过。

⑤敷贲：摆开大龟。前人：先王。大功：先王的基业。

⑥闭：壅塞，关闭。宁王：指文王。绍：卜问。天明：天命。

⑦艰：灾难。越：于。兹：此，指发动暴乱的人。蠢：蠢动，不安分。

⑧小腆：小主，指发动叛乱的武庚禄父。诞：大。纪：组织。叙：残余力量。

⑨威：惩罚。这里指武王病薨。疵：毛病。这里指成王年幼，周公被人怀疑。

⑩复：恢复旧邦。鄙：小看。翼：如翅膀一样响应。

⑪日：近日。民献：民之贤者。亦借指民众。翼：辅佐。敉（mǐ）：完成。宁、武：文王、武王。图功：图谋的事业，指统一国家。

⑫大事：即东征。休：美。并：都。

【译文】

周公代成王说："啊，我现在遍告你们各国诸侯和你们这些办事大臣。不幸啊，上天给我们降下灾祸，近来一直没有间歇过。我小子继承了这份千秋大业，还没有遇到贤哲的辅佐引导我的百姓过上安乐的生活，何况说会有能度知天命的人呢！唉！我现在好像要渡过深渊一样，必须寻求可以安全渡过的方法。因而，我现在摆开大龟，让大家看看先王接受天命的吉兆，这个大龟也有不可磨灭的贡献。我不敢把上天降下灾难这件事隐瞒起来，我要用文王传给我们的大宝神龟卜问天命。我走到大宝神龟面前祷告说：我们国家有大灾难了，就是内部也有人不安定，现在也在蠢蠢欲动。殷商的小主武庚禄父竟然妄想恢复他们的统治地位。在武王病逝之际，他们知道国内有凶灾，人心不稳定。他们说我们光复殷商王朝的时刻到来了！他们小看我们周王朝，开始发动叛乱，许多地方的百姓响应叛乱。近来，有一批贤者主动来辅佐我，和我们一同去完成文王和武王的大功业。现在我准备出兵东征了，会吉利吗？我的占卜告诉我这样做是吉利的！"

【原文】

"肆予告我友邦君越尹氏、庶士、御事，曰：予得吉卜，予惟以尔庶邦，于伐殷逋播臣①。尔庶邦君越庶士、御事罔不反曰：艰大，民不静，亦惟在王宫邦君室②。越予小子考翼，不可征，王害不违卜③？"

【注释】

①肆：故，因此。友邦：各诸侯国。越：与，和。尹氏：史官。庶士：众士，泛指一般官员。御事：治事大臣。庶邦：众多诸侯国。惟：将。逋播：逃亡。

②越：与，和。艰：困难。惟：有。

③越：发语词。考：深思远虑。翼：敬慎。害：通"曷"，何。

【译文】

"因此我郑重地告谕你们各国诸侯以及史官、众士和治事大臣：我现在已得到吉兆，我要带着你们各诸侯国的军队，去讨伐殷商那些逃亡叛乱的人。然而，你们诸位国君以及军士、大臣却反对说：困难太大了，民心不定，而且有些叛乱者就在我们王室内部和诸侯之间。我们这些小人谨慎考虑，不能征伐，大王啊！您为什么不违背卜兆呢？"

【原文】

"肆予冲人永思艰，曰：呜呼！允蠢鳏寡，哀哉①！予造天役，遗大投艰于朕身，越予冲人不卬自恤②。义尔邦君，越尔多士、尹氏、御事，绥予曰：无毖于恤，不可不成乃宁考图功③。"

【注释】

①肆：今。冲人：年幼的人，指成王。允：实在。蠢：扰动。鳏寡：无依无靠的人。

②造：通"遭"。天役：上天降予的使命。遗大投艰：交给重大艰难的任务。越：发语词。卬：我。恤：忧虑。

③义：宜，应当。绥：安慰。无：通"勿"，不要。毖：恐惧，畏慎。乃：你。宁考：文王。图功：图谋的事业，指统一国家。

【译文】

"现在我再三地斟酌了这些困难，我要对你们说：唉！军队东征确实会惊扰天下孤苦无依的百姓，真痛心啊！我受上天的委任，把这么重大的任务交给我，我不能只担心自身的安危荣辱。你们各位诸侯以及军士、史官、大臣应当安慰我说：不要被忧患所吓倒，不可不努力完成您先人文王所要完成的功业啊！"

【原文】

"已！予惟小子，不敢替上帝命①。天休于宁王，兴我小邦周，宁王惟卜，用克绥受兹命②。今天其相民，矧亦惟卜用③。呜呼！天明畏，弼我丕丕基④！"

【注释】

①已：感叹词。惟：句中语气助词。替：废。

②休：庇护。宁王：即文王。小邦周：周朝王室的自我谦称。惟：由于，以。用：因而。克：能够。绥：继承。

③其：将。相：帮助。

④天明：天命。弼：辅佐。丕：大。基：基业。

【译文】

"唉！我小子绝不敢废弃天命。上帝庇护文王，使我们小小的周国振兴起来，当年就是由于文王遵照占卜的旨意行事，所以才能继承天命。现在上天也帮助我们，况且我也是按照占卜的旨意行事。啊！天命可畏，大家一起来辅助我成就伟大的基业吧！"

【原文】

王曰："尔惟旧人，尔丕克远省，尔知宁王若勤哉①！天闷毖我成功所，予不敢不极卒宁王图事②。肆予大化诱我友邦君：天棐忱辞，其考我民，予曷其不于前宁人图功攸终③？天亦惟用勤毖我民，若有疾，予曷敢不于前宁人攸受休毕④？"

【注释】

①尔：你们。惟：是。旧人：旧臣，曾经辅佐过文王的人。丕：大。省：察视、回顾。宁王：文王。若：如何。

②闷(bì)：谨慎。毖：告诉。所：道理，方法。极：通"亟"，快速。辛：完成。

③肆：故，因此。化诱：劝诫。棐：辅助。忱辞：真诚的言辞，指大龟显示吉兆。考：成全，安定。曷：何，为什么。

④惟：又。勤毖：勤劳。毕：完成，结束。

【译文】

周公代成王说："你们都是先王旧臣，你们多回顾一下过去，你们知道文王是多么勤劳啊！现在上天慎重地给我们指出了成功的道路，我不敢不去尽快完成文王图谋的功业。因而我恳切地告诫各位诸侯：上帝真诚地帮助我们，为的是要安定我们的百姓，我为什么不去完成先人文王所图谋的功业呢？现在，上天又要动用我们的百姓了，就像一个人有了疾病，我怎么敢不继承先人文王的使命而坚决地消除这些祸患呢？"

【原文】

王曰："若昔朕其逝，朕言艰日思①。若考作室，既厎法，厥子乃弗肯堂，矧肯构②？厥父菑，厥子乃弗肯播，矧肯获③？厥考翼其肯曰：'予有后，弗弃基④？'肆予曷敢不越卬敉宁王大命⑤？若兄考，乃有友伐厥子，民养其劝弗救⑥？"

【注释】

①若：如。昔：以前。其：将。逝：往。言：说。艰：艰难。

②考：父。室：房子。既：已经。厎：定。法：造房屋

的方案。乃：却，竟然。堂：垒土筑基。构：盖屋。

③菑：开垦土地。

④考翼：先父。其：岂，难道。后：后人。基：基业。

⑤肆：故，因此。越：于。卬：我。救：完成。

⑥兄考：兄长。乃：却，竟然。友：群。民养：父母官。

【译文】

周公代成王说："如同往日讨伐商纣王一样，我说说当时在艰难中的所思所想。这就如同一位父亲想要盖房子，他已经有了规划，他的儿子却不愿意打地基，何况是盖房子呢？他的父亲已经耕好了田地，他的儿子却不愿意播种，何况是收获庄稼呢？这种情况下，他的父亲难道还会说'我有后人，他不会抛弃我的基业'吗？所以我怎敢不及早努力去完成文王所承受的天命呢？又好比当兄长的，却有人群起攻击他的子侄，作为父母官的难道可以劝阻他不去救助吗？"

【原文】

王曰："呜呼！肆哉，尔庶邦君越尔御事①。爽邦由哲，亦惟十人迪知上帝命，越天棐忱，尔时罔敢易法！矧今天降戾于周邦②？惟大艰人诞邻胥伐于厥室，尔亦不知天命不易③？予永念曰：天惟丧殷，若穑夫，予曷敢不终朕亩④？天亦惟休于前宁人，予曷其极卜⑤？敢弗于从率宁人有指疆土⑥？矧今卜并吉？肆朕诞以尔东征。天命不僭，卜陈惟若兹⑦！"

【注释】

①肆：极力，尽力。越：与，和。御事：治事大臣。

②爽：使之清明。哲：有智慧的人。惟：有。十人：指文母、周公、太公、召公、毕公、荣公、太颠、宏夭、散宜

生、南宫括。迪：指导。越：发语词。棐：辅助。忱：真诚。
尔：你们。庶：定，此处指上天的定命。

　　③惟：句首语气助词。大艰人：大罪人，指管叔、蔡叔。
诞：同"延"，引申为勾结。胥：相。

　　④惟：将。若：譬如。稿夫：农夫。终：完成。

　　⑤惟：是。休：护佑。宁人：指文王。极：放弃。

　　⑥率：遵行。

　　⑦肆：故，因此。僭：差错。陈：指示。兹：此，指吉兆。

【译文】

　　周公又代成王说："啊！努力吧！各路诸侯以及治事大
臣。要使国家政治清明就要任用有智慧的人，现在也有贤人
引导我了知天意，上天总是支持那些心怀诚意之人，你们不
能轻慢上天的意旨，更何况现在上天已经明确降命于我呢？
那些发动叛乱的大罪人，勾结邻国，同室操戈，难道你们不
知道天命是不会改变的吗？我经过长时间地考虑，认为：上
天意欲终结殷商的统治，我便如同农夫耕作一般，哪里敢不
完成我天地里的工作呢？上帝也曾护佑我们的先人文王，我
们为什么要放弃占卜这种行为呢？怎么敢不去遵从占卜的吉
兆，守卫好文王划定的疆土呢？更何况现在占卜都得到了吉
兆！因而，我将率领你们东征平叛。上天的命令是不会有差
错的，占卜的吉兆已经清楚地显示了。"

微子之命

【原文】

成王既黜殷命，杀武庚，命微子启代殷后，作《微子之命》①。

【注释】

①黜：废。

【译文】

周成王废了殷朝，杀了武庚，命微子启代替了武庚，作《微子之命》。

【原文】

王若曰："猷！殷王元子①。惟稽古，崇德象贤，统承先王，修其礼物，作宾于王家，与国咸休，永世无穷②。呜呼！乃祖成汤，克齐圣广渊，皇天眷佑，诞受厥命③。抚民以宽，除其邪虐，功加于时，德垂后裔④。尔惟践修厥猷，旧有令闻，恪慎克孝，肃恭神人⑤。予嘉乃德，曰笃不忘⑥。上帝时歆，下民祇协，庸建尔于上公，尹兹东夏⑦。"

【注释】

①若：这样。猷：发语词。殷王：帝乙。元子：长子，这里指微子。

②惟：句首语气助词。稽古：考察古代历史。崇：尊崇。

象贤：效法贤人。象，效法。统承：继承。先王：商朝先代的贤王。修：遵循。礼物：典章制度。宾：客。王家：周王朝。咸：都。休：美好。

③乃：你的。齐圣：聪明圣哲。广渊：德行广大深远。

④宽：宽政。邪虐：邪恶暴虐。加：及，施加。垂：流传。后裔：后代。

⑤惟：句中语气助词。践修：履行。猷：道，指治国之道。令闻：美好的名声。恪慎：恭敬谨慎。肃恭：端严恭敬。

⑥嘉：赞美。乃：你的。笃：厚。

⑦歆：享受祭品。祗：敬。协：和。庸：用。上公：周制，三公八命，出封时加一命，称上公。尹：治理。兹：此。东夏：微子的封地宋国。

【译文】

周成王这样说道："啊，殷王帝乙的长子！考察古代殷商的历史，殷商先王能够尊崇圣德，效法先贤，你继承殷商先王的血统，遵循他们的典章制度，作我们周王朝的宾客，和国家共同繁荣，世世代代没有穷尽。唉！你的祖先成汤聪明圣哲，德行广大，上天眷顾他，使他承受天命。他宽和地对待百姓，除掉邪恶暴虐之徒。建功于当时，德泽流传于子孙后世。你遵循成汤的治国大道，过去就有了好的名声，又恭敬谨慎恪守孝道，态度恭敬对待神灵和百姓。我欣赏你的美德，深深地不能忘怀。上天依时享受你的祭祀，天下百姓对你敬爱顺服，因此我决定立你为上公，治理宋国。"

【原文】

"钦哉！往敷乃训，慎乃服命，率由典常，以蕃王室①。弘乃烈祖，律乃有民，永绥厥位，毗予一人②。世世享德，万邦作式，俾我有周无斁③。呜呼！往哉惟休！无替朕命④。"

【注释】

①钦：敬。敷：布。乃：你的。训：政令。服：职务，职位。命：使命。率：循。由：用。典常：常法，常道。蕃：通"藩"，藩屏，捍卫。

②弘：光大。烈祖：有功业的先祖，这里指成汤。律：管束，规范。绥：安。毗：辅弼。

③式：楷模，榜样。斁：懈怠。

④休：美。无：通"毋"，不要。替：废弃。

【译文】

"敬慎啊！前去发布你的政令，慎重对待你的职事和使命，遵从常法，作我们周王室的屏障。光大你英明先祖成汤的功绩，用法度来约束你的臣民，永远安居于上公之位，辅佐我一人。这样你的子孙世世代代都会享受你的功德，天下四方都会以你为榜样，服从我们周王朝而不懈怠。啊！去吧，努力施行美政，不要废弃我的教令。"

康 诰

【原文】

成王既伐管叔、蔡叔，以殷余民封康叔，作《康诰》《酒诰》《梓材》^①。

【注释】

①余民：殷商遗民。

【译文】

周成王讨伐管叔、蔡叔以后，把殷商遗民封给康叔，作《康诰》《酒诰》《梓材》。

【原文】

惟三月哉生魄，周公初基作新大邑于东国洛，四方民大和会^①。侯、甸、男邦，采、卫百工，播民和见，士于周^②。周公咸勤，乃洪大诰治^③。王若曰："孟侯，朕其弟，小子封^④。惟乃丕显考文王，克明德慎罚；不敢侮鳏寡，庸庸，祗祗，威威，显民^⑤。用肇造我区夏，越我一、二邦以修^⑥。我西土惟时怙冒，闻于上帝，帝休，天乃大命文王^⑦。殪戎殷，诞受厥命越厥邦厥民，惟时叙，乃寡兄勖。肆汝小子封在兹东土^⑧。"

【注释】

①惟：句首语气助词。哉：开始。生魄：月亮发出光辉。

基：谋划，经营。新大邑：即东都洛邑。洛：洛水附近。和：
和悦。会：集会。

②侯、甸、男邦、采、卫：五服诸侯。百工：百官。播民：
迁移至洛邑的殷商遗民。和：合，会。士：通"事"，服务。

③咸：都。勤：慰劳。乃：于是，就。洪：代替，周公
代成王诰。治：治道，指治殷的大法。

④孟侯：康叔。其：之。封：康叔名。

⑤乃：你的。丕显：英明。考：先父。明德慎罚：崇尚德教，
慎用刑罚。庸庸：通"用"，前一个"庸"为动词，任用；
后一个"庸"指可用的人。祇祇：尊敬值得尊敬的人。威威：
惩罚应当惩罚的人。显民：即明示人民，意思是让百姓了解。

⑥用：因此。肇：开始。区夏：华夏，中国。越：与，和。
修：治。

⑦时：通"是"，这。怙冒：勤勉。休：美善。乃：于是，
就。

⑧殄：灭亡。戎：大。厥：其，指殷商。越：与，和。时叙：
承顺，顺当。时，通"承"。乃：你的。寡兄：大兄，即周武王。
勖：努力。肆：故，因此。兹：这。东土：殷商故地。

【译文】

三月初，月亮新露光芒，周公开始谋划在东方洛水附近
建造一个新的都城，四方的臣民都高兴地前来聚集。侯、甸、
男的邦君，以及采、卫等地区的官员，殷商的遗民都来朝见，
为周王室服务。周公全都慰劳了他们，于是代替成王发表训
话，告诉他们治理邦国的方法。周公这样说："孟侯，我的
弟弟，年轻的封啊！你那英明伟大的父亲文王，能够崇尚德
教，慎用刑罚；从不欺侮无依无靠的人，他任用可用的人，
尊敬可敬的人，惩罚应当惩罚的人，并且让民众了解他的这

种治国之道，因此才造就了我们小小的周国，并和我们的几个友邦共同治理我们西方。文王这种勤勉的态度，被上天知道了，上天也觉得他做得好，就降大命给文王。灭亡大国殷商，代替殷国接受上天的大命和殷国子民，能够顺利继承文王的基业，是你的长兄武王努力所致，所以你这年轻人才被封在这东土。"

【原文】

王曰："呜呼！封，汝念哉①！今民将在祇遹乃文考，绍闻衣德言②。往敷求于殷先哲王，用保乂民，汝丕远惟商耇成人，宅心知训③。别求闻由古先哲王，用康保民④。弘于天，若德裕乃身，不废在王命⑤！"王曰："呜呼！小子封，恫瘝乃身，敬哉⑥！天畏棐忱，民情大可见，小人难保⑦。往尽乃心，无康好逸豫，乃其乂民⑧。我闻曰：'怨不在大，亦不在小，惠不惠，懋不懋⑨。'已，汝惟小子，乃服惟弘王，应保殷民，亦惟助王宅天命，作新民⑩。"

【注释】

①念：思考。

②在：观察。祇：敬。遹（yù）：遵循。乃：你，指康叔。文考：文王。绍：承继。闻：指旧闻。衣：通"依"，依照。德言：德教。

③敷求：广求，遍求。殷先哲王：殷商圣明的先王的治国之道。用：以。保乂：治理使之安定太平。丕：大。惟：思考。商耇成人：殷商的遗老贤人。宅心：放在心上。知训：考虑如何教导殷商之民。

④别：另外。闻：遗闻。由：于。用康保民：即"保民用康"的倒装，意思是保民以安康。

⑤弘：大。裕：充足，充裕。乃：你的。王命：天命。

⑥恫瘝（tōng guān）：病痛，疾苦。

⑦天畏：天威，天命。畏，通"威"。棐：辅助。忱：诚。小人：小民，百姓。

⑧乃：你的。无：通"毋"，不要。康：安。逸豫：安乐。乃：才。其：句中音节助词。乂：治理。

⑨惠：顺从。懋：勉力。

⑩已：感叹词。惟：句中语气助词。服：官事，职务。惟：在于。弘：光大。保：安。应：受。宅：定。

【译文】

周公代王说："啊！封，你要认真考虑我对你说的话啊！现在殷商遗民都在观察你是否恭敬地遵循你父亲的传统，继续以文王的德教来治理国家。你去了殷地，要广泛地寻求殷代圣明先王的治国之道，用来使天下安定太平。你还要深入思考殷商遗老的智慧，把如何教导殷商之民放在心上。另外，你还要探求古时圣明帝王的治国之道，以便能够保民以安康。只要你的德政能够像天那样宏大，努力地增进自身的道德修养，我们的政权就不会被上帝废弃了！"又说："啊！年轻的封，要把百姓的疾苦放在心上，要谨慎啊！上天辅助诚信的人，民情大致可以看出，百姓难于安定。你去殷地要竭尽你的心意，不要贪图安逸享受，这样才能治理好你的百姓。我听说：'民怨不在于大，也不在于小。如果认真对待，民怨虽大也不可怕，如果不认真对待，民怨虽小，也是可怕的。要使不顺从的人顺从我们，不努力的人变得努力。'啊！你这个年轻人，你的职责在于光大我们的事业，安定治理殷民，也在于帮助我们的王按照天命改造殷民。"

【原文】

王曰："呜呼！封，敬明乃罚①。人有小罪，非眚，乃惟终，自作不典，式尔，有厥罪小，乃不可不杀②。乃有大罪，非终，乃惟眚灾，适尔，既道极厥辜，时乃不可杀③。"王曰："呜呼！封，有叙，时乃大明服，惟民其敕懋和④。若有疾，惟民其毕弃咎⑤。若保赤子，惟民其康乂⑥。非汝封刑人杀人，无或刑人杀人。非汝封又曰劓刵人，无或劓刵人⑦。"

【注释】

①敬：谨慎。明：严明。乃：你的。罚：刑罚。

②眚：过失。乃：你，指有过失的人。惟：有。终：始终。不典：做不合法的事。典，法。式尔：故意常犯罪。式，句首助词。尔：如此。有：虽然。乃：却。

③惟：是。眚灾：因过失而造成的灾害。适尔：偶然犯罪。道：说。极：尽。辜：罪。时：通"是"，这。乃：就。

④叙：顺。服：心服。惟：表示顺承，相当于"则"。其：将。敕：告诫。懋：勉力。和：和顺。

⑤若：像。毕：全都。咎：罪过，过失。

⑥赤子：初生的婴儿。康：安。乂：治。

⑦或：有人。劓：割鼻，古代五刑之一。刵（èr）：割耳朵，古代五刑之一。

【译文】

周公代王说："啊！封，对于刑罚一定要小心谨慎。一个人犯了小罪，不是过失，却始终不改，经常做一些不法的事，这样，即使他的罪行小，也不可不把他杀掉。一个人犯了大罪，不是经常性的，只是因过失造成了灾害，偶然这样，并且他已经全部交代了他的罪过，这个人就不可杀。"周公代王说："啊！封，假如能够这样去做，百姓就会心悦诚服，百姓也会互相告诫，和顺相处。就像医治疾病一样对待罪人，臣民就会完全去除罪恶；就像保护幼儿一样保护臣民，臣民就会太平安康。只要你姬封不刑人杀人，就没有人敢随意刑人杀人；只要你姬封不说割鼻断耳，就没有人敢随意割鼻断耳。"

【原文】

王曰："外事，汝陈时臬，司师，兹殷罚有伦①。"又曰："要囚，服念五六日，至于旬时，丕蔽要囚②。"王曰："汝陈时臬，事罚，蔽殷彝，用其义刑义杀，勿庸以次汝封③。乃汝尽逊曰时叙，惟曰未有逊事④。已！汝惟小子，未其有若汝封之心⑤。朕心朕德，惟乃知⑥。"

【注释】

①外事：判理案件的事。陈：陈列，公布。时：通"是"，这。臬：准则，法度。司：治理，管理。师：众。兹：这样。伦：条理。

②要囚：监禁犯人。要，通"幽"，囚禁。服念：反复考虑。旬：十日。丕：乃。蔽：决断，裁决。

③事罚：施行刑罚。彝：常法。庸：用。次：通"恣"。

④乃：表假设，如果。逊：顺。时：通"是"，这。叙：治理妥当。惟：只。

⑤已：感叹词。惟：句中语气助词。若：像。

⑥惟：只。乃：你。

【译文】

周公代王说："处理案件，你要把有关的法律陈述清楚，

管理民众要使殷商遗民的受罚有理有据。"周公代王说:"对
囚禁的犯人,必须考虑五六天,乃至十天,才能对他们做出
判决。"周公代王说:"你宣布了这些施用刑罚的准则之后,
就可以从事惩罚了。判断案件,要依据殷商遗民的常法,采
用适宜的刑法条律,不要以你姬封的个人意志为准。只要你
完全按照刑法条律行事,国事才能治理顺当,怕只怕没有按
照刑法条律。唉!你虽然还年轻,没有比你心地更好的了。
我的心意,只有你能明白。"

【原文】

"凡民自得罪:寇攘奸宄,杀越人于货,暋不畏死,罔
弗憝①。"王曰:"封,元恶大憝,矧惟不孝不友②。子弗祗服
厥父事,大伤厥考心;于父不能字厥子,乃疾厥子;于弟弗
念天显,乃弗克恭厥兄;兄亦不念鞠子哀,大不友于弟③。
惟吊兹,不于我政人得罪,天惟与我民彝大泯乱④。曰:乃
其速由文王作罚,刑兹无赦⑤。"

【注释】

①得罪:获罪。寇攘:劫掠,侵扰。奸宄:犯法作乱。越:
抢劫。货:财物。暋(mǐn):强横。罔:无。弗:不。憝(duì):
怨恨。

②元恶:首恶。大憝:极为人所怨恶。矧:亦,也。
惟:是。

③祗:敬。服:从事。厥:其,代指儿子。考:父。字:
爱。乃:却,竟然。厥:其,代指父亲。疾:憎恶。天显:
天伦。克:能。恭:恭敬。厥:其,指弟。鞠子:稚子。

④惟:句首语气助词。吊:至。兹:这,代指上文那些
不孝不恭不友不爱的现象。政人:掌握政权的官员。得罪:

服罪。与：给予。彝：常法。泯乱：破坏。

⑤乃：你。其：句中音节助词。由：用。刑：惩罚。兹：此。

【译文】

"老百姓凡是因这些行为犯罪：偷窃、抢夺、作乱、杀人越货，强横不怕死，这些行为没有人不怨恨的。"周公代王说："封啊，元凶首恶之外，也有些是不孝顺不友爱的。儿子不认真办理他父亲的事，大大伤害他父亲的心；父亲不能爱怜他的儿子，反而厌恶儿子；弟弟不顾天伦，不尊敬他的兄长；兄长也不顾念弟弟的痛苦，对弟弟极不友爱。如果发生了这种情况，不由执政官员去惩罚他们，上帝赋予老百姓的常法就会遭到严重的破坏。我告诉你，要赶快使用文王制定的刑罚，惩罚这些人，不可赦免。"

【原文】

"不率大戛，矧惟外庶子训人，惟厥正人越小臣诸节①。乃别播敷，造民大誉，弗念弗庸，瘝厥君，时乃引恶，惟朕憝②。已！汝乃其速由兹义率杀③。亦惟君惟长，不能厥家人，越厥小臣外正，惟威惟虐，大放王命，乃非德用乂④。汝亦罔不克敬典，乃由裕民，惟文王之敬忌，乃裕民，曰：'我惟有及。'则予一人以怿⑤。"

【注释】

①率：遵循。戛：常法。矧：亦，也。惟：是。外庶子：专门负责贵族子弟教育的官员。训人：诸侯国掌管教化的官员。惟：与。正人：行政官员。越：与，和。小臣：官名。殷商、西周初期奉王命从事占卜、祭祀、畋猎或征伐的朝廷官员。诸节：持有符节的官。

②乃：他们。别：另外。播敷：宣布。造民：造谣惑众。念：考虑。庸：用。瘝：病，这里指痛恨。时：通"是"，这。引：助长。

③已：感叹词。乃其：于是，就。由：根据。兹：这，指上述罪行。义：适宜。率杀：依法行刑。

④惟：有。君：诸侯国君。长：执政长官。能：亲善。越：与，和。外正：外官。惟：只。乃：他们。放：违背。义：治理。⑤典：法。乃：你。由：用。裕民：教导民众。敬忌：敬畏。及：通"汲"，努力。怿：高兴。

【译文】

"不遵守国家大法的，也有诸侯国掌管教化的外庶子、训人以及正人、小臣、诸节等官员造成的。他们竟然另外发布政令，欺骗民众，获取声誉，不把国家大法放在心上，也不用它管理民众，煽动民众仇恨他们的国君，这就助长了恶人的行为，我特别怨恨他们。唉！你应该迅速根据这些法规捕杀他们。也有一些诸侯国君和执政长官，不能教导好他们的家人和内外官员，作威作福，违背王命，他们这些人就不可用德教去治理。你也不能不遵守法令，你想要教导民众，就要敬重文王的法度，才能教导民众，如果你说：'我只是努力继承文王的功业。'那么，我就欣慰了。"

【原文】

王曰："封，爽惟民迪吉康，我时其惟殷先哲王德，用康乂民作求①。矧今民罔迪不适；不迪则罔政在厥邦②。"王曰："封，予惟不可不监，告汝德之说于罚之行③。今惟民不静，未戾厥心，迪屡未同，爽惟天其罚殛我，我其不怨④。惟厥罪无在大，亦无在多，矧曰其尚显闻于天⑤？"

【注释】

①爽：句首语气助词。惟：句首语气助词。迪：引导。吉康：吉祥安乐。时：常常。惟：思考。哲王：圣明的君王。康乂：安治。求：目标。

②迪：引导。迪：善。政：善政。

③惟：句中语气助词。监：视。于：与。行：道理。

④惟：句中语气助词。戾：安定。迪：教导。屡：屡次。未同：没有一心，即不服从统治。其：将。殛：诛罚。

⑤其：代指罪过。尚：还。显：明显。

【译文】

周公代王说："封啊，老百姓受到教化才会吉祥安乐，我们时时都要思虑殷代圣明先王的德政教化，把安治好百姓作为目标。况且现在的殷商百姓不加教导，就不会善良；不加教导，国家也无法安定。"周公代王说："封啊，我们不可不看清这些，我已经告诉你如何施行德政和如何施用刑罚。现在殷民尚未安定，他们还未完全顺服我们，虽然我们屡次教育他们，但他们还是不服从我们的统治，上帝将要责罚我们，我们也不能怨恨。罪过本来就无论大小，也不在于多少，何况这些罪过还会被上天知道呢？"

・

【原文】

王曰："呜呼！封，敬哉！无作怨，勿用非谋非彝，蔽时忱①。丕则敏德，用康乃心，顾乃德，远乃猷裕，乃以民宁，不汝瑕殄②。"王曰："呜呼！肆汝小子封③。惟命不于常，汝念哉！无我殄享，明乃服命，高乃听，用康乂民④。"王若曰："往哉！封，勿替敬，典听朕告汝，乃以殷民世享⑤。"

【注释】

①作：制造。怨：怨恨。非谋：不善之谋。彝：常法。蔽：蔽塞。时：通"是"，这。忱：诚。

②丕则：于是。敏德：勤于修德。用：以。康：安。乃：你的。顾：回顾，反省。猷裕：指道，治国之术。以：用。瑕：疵，喻指过失、错误。殄：灭绝。

③肆：努力，尽力。

④惟：句首语气助词。命：天命。殄：灭绝。享：祭祀。明：通"勉"，努力。服：职责。命：使命。高：使……广阔高远。康乂：安治。

⑤替：废弃。典：常。乃：你。世享：世世享有殷国。

【译文】

周公代王说："唉！封，要谨慎啊！不要产生怨恨情绪，不要使用不好的计谋，不要采取不合法的措施，以蔽塞你的诚心。要勤修德行，安定你的内心，审视你的德行，多想想治国之术，才能使民众安定下来，他们也就找不到你的过错把你推翻。"周公代王说："啊，努力吧！你这年轻的姬封。天命不常，你要记住啊！不要因为你没有把国家治理好而断绝了我们对祖先的祭祀，努力担负起你的职责和使命，拓宽你的见闻，用来安治百姓。"周公代王这样说："去吧！姬封啊，不要放弃警惕，经常听取我的忠告，你就可以和殷商遗民世世代代享有殷国。"

酒 诰

【原文】

王若曰:"明大命于妹邦①。乃穆考文王,肇国在西土②。厥诰毖庶邦庶士越少正、御事朝夕曰:'祀兹酒③。'惟天降命,肇我民,惟元祀④。天降威,我民用大乱丧德,亦罔非酒惟行;越小大邦用丧,亦罔非酒惟辜⑤。"

【注释】

①明:昭告,宣明。大命:天命,指周朝代替殷商统治天下。妹邦:殷商故土,指卫国。妹,古"沫"字。

②乃:你,指康叔。穆考:古代人对父亲的敬称。肇国:创立国家。肇,开始。

③厥:其,指文王。诰毖:告诫。庶邦:各国诸侯。庶士:众士,泛指一般官员。越:与,和。少正:副长官。御事:治事大臣。祀:祭祀。

④惟:句首语气助词。命:福命。肇:劝勉。惟:只。元祀:大祭天地之礼。元,大。祀,祭祀。

⑤威:惩罚。用:因。大乱:犯上作乱。丧德:丧失德行。罔非:无不。惟:为,是。越:与,和。丧:灭亡。辜:罪。

【译文】

周公代王这样说:"我要在卫国宣布一项重大的命令。当初,你的先王在西方创立国家。他早晚告诫各国诸侯、各级官吏和近臣说:'只有在祭祀时,才可以饮酒。'上天降下福命，劝勉我们臣民，只有在祭祀天地时才可以饮酒。上天降下惩罚，民众犯上作乱，丧失德行，无不是酒造成的；大大小小的国家最终走向灭亡，也无不是酒的罪过。"

【原文】

"文王诰教小子有正有事，无彝酒①。越庶国，饮惟祀，德将无醉②。惟曰我民迪小子，惟土物爱，厥心臧③。聪听祖考之彝训，越小大德，小子惟一④。妹土，嗣尔股肱，纯其艺黍稷，奔走事厥考厥长⑤。肇牵车牛，远服贾，用孝养厥父母，厥父母庆，自洗腆，致用酒⑥。庶士有正越庶伯君子，其尔典听朕教⑦！尔大克羞耇惟君，尔乃饮食醉饱⑧。丕惟曰：尔克永观省，作稽中德，尔尚克羞馈祀，尔乃自介用逸⑨。兹乃允惟王正事之臣，兹亦惟天若元德，永不忘在王家⑩。"

【注释】

①小子：文王的子孙。有正：执政大臣。正，通"政"。有事：分管具体事务的小臣，泛指内朝的百官。无：通"毋"，不要。彝：经常。

②越：与，和。庶国：各国诸侯。惟：只。德：道德。将：节制。

③惟：又。迪：教导。土物：土里生长出来的农作物，庄稼。臧：善。

④聪听：专心致志聆听。祖考：祖先，这里谓文王。彝训：尊长对后辈的教诲。一：一样的。

⑤妹土：殷商故土，指卫国。嗣：用。股肱：犹如"手足"。纯：专一。艺：种植。黍稷：泛指粮食作物。事：服事。考：父亲。长：官长。

⑥肇：开始。服：从事。贾：经商。用：以。庆：喜庆

247

欢乐。洗腆：置办洁净丰盛的膳食。致：得到。

⑦庶士：众士，泛指一般官员。有正：掌政的大臣。越：与，和。庶伯：管辖一方的长官。君子：在位官员。其：表示希望。尔：你们。典：经常。

⑧克：能。羞：进献。惟：与。君：诸侯国君。乃：就。

⑨丕惟：句首语气助词。永：长久。观省：省察。作稽：言行举止。作，行。稽，止。中：合乎。尚：差不多。馈祀：以酒食祭鬼神。乃：就。介：宾客。逸：安乐。

⑩乃：才。允：的确，确实。惟：是。正事之臣：即上文"有正、有事"。惟：有。天若：天命。元德：大德。王家：周王室。

【译文】

"文王还告诫他的子孙和在朝官员，不要经常饮酒。告诫在诸侯国任职的子孙，只有在祭祀时才可以饮酒，并要以德行节制自己不要喝醉了。文王还告诫我们的臣民要教导子孙珍惜粮食，使他们心地善良。我们要专心致志地聆听前辈的教诲，无论德的大小，都是一样的遵行！殷商的遗民们，用你们的手足力量，专心种植庄稼，勤勉侍奉你们的父兄及官长。农事完毕以后，才牵牛赶车到外地去从事贸易，以此孝顺赡养父母；你们的父母高兴了，为你们亲自置办丰盛的膳食，这时就可以饮酒了。各级官员们，你们要经常听从我的教导！你们都能够很好地奉养老人和君主，你们不但可以吃饱饭，还可以随意饮酒。这样，就可以说你们能够长久地坚持自我省察，使自己的言行举止合乎道德，你们还能够参加国君举行的祭祀，你们就可以作为宾客跟着饮酒。这才是王的大臣，也是保有天命大德该有的样子，将永远不会被周王室忘记。"

【原文】

王曰："封，我西土棐徂邦君、御事、小子，尚克用文王教，不腆于酒，故我至于今，克受殷之命①。"王曰："封，我闻惟曰：'在昔殷先哲王迪畏天显，小民经德秉哲②。自成汤咸至于帝乙，成王畏相，惟御事厥棐有恭，不敢自暇自逸，矧曰其敢崇饮③？越在外服，侯、甸、男、卫邦伯；越在内服，百僚庶尹惟亚惟服宗工，越百姓里居，罔敢湎于酒④。不惟不敢，亦不暇，惟助成王德显，越尹人祗辟⑤。'"

【注释】

①棐徂：犹言往昔。邦君：诸侯国国君。御事：治事大臣。腆：丰厚。

②惟：有。在：察，考察。哲王：圣明的君王。迪：引导。天显：天命。经德秉哲：修德增智。

③咸：成汤之名。成王：成就王业。相：省视。御事：治事大臣。棐：辅佐。暇：空闲，即偷懒。逸：安逸享乐。崇：聚。

④越：发语词。外服：王畿以外的地方。内服：在朝廷的宗室和百官。百僚：百官。庶尹：众官之长。惟：与。亚：次，正官的副职。服：事。宗工：犹尊官，对官员的敬称。越：与，和。里居：辞官返乡居住。湎：沉湎。

⑤惟：只。德显：显扬盛德。越：与，和。尹人：治民。祗：敬。辟：法。

【译文】

周公代王说："封啊，以前我们的诸侯及各级官员，能够遵从文王的教导，不沉湎于酒，所以我们能够替代殷商承受天命。"周公代王说："封啊，我听到有人说：'过去，殷商的先王都是引导小民畏惧天命的，所以努力修德增智。从成汤到帝乙，无不是成就功业依然能够自我省察，他们的治事大臣尽心尽力辅佐，丝毫不敢自我安闲享乐，何况怎么敢聚众饮酒呢？在王畿之外的侯、甸、男、卫的诸侯，在朝中的各级官员、宗室贵族以及退休家居的官员，没有人敢沉溺在酒中。不只是不敢，他们也没有闲暇。他们只想帮助君王施行德政，与治理民众使他们敬畏法律。'"

【原文】

"我闻亦惟曰：'在今后嗣王，酗身，厥命罔显于民，祗保越怨不易①。诞惟厥纵，淫泆于非彝，用燕丧威仪，民罔不尽伤心②。惟荒腆于酒，不惟自息乃逸，厥心疾很，不克畏死③。辜在商邑，越殷国灭，无罹④。弗惟德馨香祀，登闻于天，诞惟民怨，庶群自酒，腥闻在上⑤。故天降丧于殷，罔爱于殷，惟逸⑥。天非虐，惟民自速辜⑦。'"

【注释】

①惟：有。在：察，考察。嗣王：商纣王。酗：好酒。命：天命。祗：只。保：安。越：于。怨：怨恨。易：改变。

②诞惟：句首语气助词。纵：放纵。淫泆（yì）：淫乱。彝：法。用：以。燕：通"宴"，宴饮。盡（xì）：伤痛。

③惟：思，考虑。荒腆：犹沉湎。息：止。乃：却。逸：放纵享乐。疾很：强狠。很，通"狠"。

④辜：罪，作恶。越：及。罹：忧。

⑤惟：有。德馨：好的品德。香祀：祭祀时的香味。登：升。庶群：群臣。自酒：私自纵情饮酒。

⑥丧：丧亡之祸。罔：不。惟：是。

⑦虐：暴虐。速：招致。辜：罪。

【译文】

"我也听到有人说：'近世的商纣王，沉醉在饮酒作乐之中，不能奉天命护佑百姓，安于臣民对他的怨恨而不思悔改。他放纵自己，违反法度，大肆淫乱，因宴饮享乐而丧失了威仪，臣民没有不悲痛伤心的。商纣王只想沉湎于酒，不想停止反而更加放纵。他心地凶狠，不惧怕死亡。他在殷商的都邑作恶多端，直到殷商灭亡的时候，他还无忧无虑的。没有好的德政，也没有对神灵的祭祀烟香升闻于上天，只有百姓的怨气和群臣私自饮酒的腥气升闻于上。因此，上天降祸于殷商，上天之所以不喜欢殷商，就是因为他们贪图享乐。不是上天暴虐，是殷商的臣民自己招来的罪祸。'"

【原文】

王曰："封，予不惟若兹多诰①。古人有言曰：'人无于水监，当于民监②。'今惟殷坠厥命，我其可不大监抚于时③！予惟曰：汝劼毖殷献臣，侯、甸、男、卫，矧太史友、内史友，越献臣百宗工，矧惟尔事服休服采，矧惟若畴，圻父薄违，农父若保，宏父定辟，矧汝，刚制于酒④！厥或诰曰：'群饮。'汝勿佚，尽执拘以归于周，予其杀⑤。又惟殷之迪诸臣惟工，乃湎于酒，勿庸杀之，姑惟教之⑥。有斯明享，乃不用我教辞，惟我一人弗恤，弗蠲乃事，时同于杀⑦。"王曰："封，汝典听朕毖，勿辩乃司民湎于酒⑧。"

【注释】

①惟：想。若兹：如此。诰：训诫。

②监：通"鉴"，镜子。

③惟：句中语气助词。坠：丧失。其：岂，难道。监抚：

省察。时：通"是"，这。

④劼（jié）毖：谨慎。献臣：贤臣。侯、甸、男、卫：外服的东方诸侯国。矧：亦，也，还。友：即"僚"。太史、内史：都是史官，太史记事，内史记言。越：与，和。宗工：犹尊官，对官员的敬称。矧：亦，也，还。惟：有。事：治事的官员。服休：管理君主游宴休息的近臣。服采：管理国君朝祭的近臣。若畴：你们这些人，指下文的圻父、农父、宏父。圻（qí）父：司马，掌管军事行政。薄违：讨伐叛逆。薄：迫近，讨伐。违：违抗不顺。农父：司徒，掌管农事。若保：使农人顺服并安心生产。若，顺。保，安。宏父：司寇，掌管司法事务。辟：法。矧：亦，也，还。刚：强。制：断绝，禁止。

⑤厥：如果。或：有人。诰：同"告"，告诉。群饮：聚众饮酒。佚：放纵。执拘：逮捕。其：将。

⑥惟：有。迪：进，引申为归附的百官。惟：与，和。工：官吏。庸：用。姑：暂且。惟：句中语气助词。

⑦斯：这。享：劝告教导。乃：还，仍。不用：不遵从。教辞：教令。恤：怜悯。蠲：赦免。事：治事的官员。时：通"是"，这。

⑧典：常。毖：诰，教导。辩：通"俾"，使。乃：你的。司民：治民的官员。

【译文】

周公代王说："封啊，我不想说太多了。古人有话说：'人不要只从水中察看自己，应当从民情上察看自己。'现在殷商已丧失了他的天命，我们难道可以不以此为鉴吗？我想告诉你，你要慎重告诫殷商的贤臣，侯、甸、男、卫的诸侯，朝中记事记言的史官，与忠诚贤良的大臣和许多尊贵的官员，还有你的治事官员，管理游宴休息和祭祀的近臣，还有你们这些掌管军事的圻父，掌管农事的农父，掌管司法的宏父，加上你，都要强行断绝饮酒！假若有人报告说：'有人聚众饮酒。'你不要放纵他们，要全部逮捕起来送到镐京，我将杀掉他们。又如在殷商的遗臣百官中仍有沉湎于酒的，不用杀他们，暂且先教导他们。有这样明显的劝诫，若还有人不遵从我的教令，我不会怜惜，包括治事的官员也一并不会赦免，对这些人一定要马上杀掉。"周公代王说："封啊，你要经常听从我的教导，不要使你统治下的臣民沉湎于酒中。"

梓 材

【原文】

王曰："封，以厥庶民暨厥臣达大家，以厥臣达王惟邦君，汝若恒①。越曰我有师师、司徒、司马、司空、尹、旅②。曰：'予罔厉杀人③。'亦厥君先敬劳，肆徂厥敬劳④！肆往奸宄、杀人、历人，宥；肆亦见厥君事，戕败人，宥⑤。"

【注释】

①以：由。庶民：众民。暨：与，和。臣：卿大夫以下的官员。达：至。大家：卿大夫。王：诸侯。惟：与，和。邦君：国君。若：顺从。恒：常典。

②越：发语词。师师：前一个"师"释为"众"，后一个"师"释为官长。尹：正，指大夫。旅：众官。

③罔：无。厉：杀害无辜。

④敬劳：慰劳。肆：努力。徂：往。

⑤肆往：过去，往日。奸宄：犯法作乱。历人：藏匿罪犯的人。宥：宽恕。肆亦：同"肆往"。见：同"觇"，刺探情报。戕：残害人的肢体。

【译文】

周公代王说："姬封啊，从殷的卿大夫和他们的官员到老百姓，从他们的官员到诸侯和国君，你要遵循传统的法规和典章对待他们。告诉我们的各位官长、司徒、司马、司空、大夫和众士说：'我们不滥杀无罪的人。'各位邦君也要先于国君对他们敬重慰劳，努力去施行那些敬重慰劳百姓的事吧！对于过去那些犯法作乱的罪犯、杀人的罪犯和藏匿罪犯的人要给予宽宥；对于那些刺探国君情报和残害人的肢体的罪犯，同样也要给予宽宥。"

【原文】

"王启监，厥乱为民①。曰：无胥戕，无胥虐，至于敬寡，至于属妇，合由以容②。王其效邦君越御事：厥命曷以？引养引恬③。自古王若兹监，罔攸辟④！惟曰：若稽田，既勤敷菑，惟其陈修，为厥疆畎⑤。若作室家，既勤垣墉，惟其涂墍茨⑥。若作梓材，既勤朴斫，惟其涂丹雘⑦。"

【注释】

①启监：设立诸侯。周初在殷地设"三监"，统治殷民。乱：通"率"，大抵。

②无：通"毋"，不要。胥：相互。戕：残害。虐：暴虐。敬寡：即"鳏寡"，指孤独无依无靠之人。属妇：妾，旧时的偏房。合：同。由：用。

③其：又。效：教令。邦君：诸侯国君。越：与，和。御事：治政大臣。厥：其。命：教令，诰命。曷：何。引：长。恬：安。

④若：像这样。监：治理。罔：无。攸：所。辟：邪僻，叛乱。

⑤惟：又。若：像，如。稽田：即耕种治理田地。敷：布，播种。菑（zī）：新开垦的田地。惟：考虑。陈：治。为：修治。疆：田界。畎：田间水道。

⑥垣墉：墙。矮的谓垣，高的谓墉。涂：涂上白垩。墍（xì）：涂屋顶。茨（cí）：用茅草盖屋。

⑦梓材：良材，上等的木材。朴：没有制成器具的原材

料。斫：加工修治。丹臒：可供涂饰的红色颜料。

【译文】

"王者设立诸侯国君，大抵在于教化人民。王说：不要互相残害，不要互相暴虐，至于无夫无妻的人，至于一般的妻妾，要同样给予宽容。王还教导诸侯和诸侯国的官员：我的教令是什么呢？就是好好地养活百姓，使他们安定而不至于犯上作乱。自古君王都如此治理，就没有犯上作乱的！王又说：就好比种田，既已辛勤地开垦、播种，就应当考虑整治土地，修筑田界，开挖水沟。好比建造房屋，既已辛勤地筑起了墙壁，就要考虑完成涂泥和盖屋的工作。好比制作梓木器具，既已辛勤地加工成家具，就应当考虑做完彩饰的工作。"

【原文】

"今王惟曰：先生既勤用明德，怀为夹，庶邦享作，兄弟方来①。亦既用明德，后式典集，庶邦丕享②。皇天既付中国民越厥疆土于先王，肆王惟德用，和怿先后迷民，用怿先王受命③。已！若兹监。惟曰：欲至于万年，惟王子子孙孙永保民④。"

【注释】

①今王：成王，由周公代替训话。惟：又。明：通"勉"，努力。怀：来。夹：辅佐。庶邦：诸侯国。享：献，即纳贡。兄弟方：姬姓诸侯国。方，诸侯国。

②后：诸侯国君。式：以，以此。典：经常。集：朝会。丕：乃。

③付：给予。越：与，和。肆：今。惟：只。和怿：使

动用法，即使殷商的遗民心悦诚服。先后：教导。迷民：指殷商遗民中的顽固派。怿：通"斁"，终，完成。

④已：感叹词。若兹：像这样。监：治理。惟：又。惟：与，和。保：安，统治。

【译文】

"现在成王说：我们的先王努力施行德政，贤臣归附辅佐王室，各国诸侯都来进贡称臣，兄弟邦国也都来了。也是因为努力施行德政的缘故，诸侯就依据常例来朝觐，众国也都前来纳贡称臣。上天既已把中国的臣民和疆土都付给先王，现在国王也只有施行德政，使殷商遗民中的顽固派心悦诚服顺从我们的统治，才能最终完成先王所受的使命。唉！就要像这样治理殷民。又说：要使我们的统治绵延万年，就要与王的子子孙孙永远统治好殷商百姓。"

召 诰

【原文】

成王在丰，欲宅洛邑，使召公先相宅，作《召诰》①。

【注释】

①丰：周文王时国都。宅：定居。相：视察。宅：宗庙、宫室、朝市的地址。

【译文】

周成王在丰，打算移居到洛邑，派召公先去视察，史官据此写下《召诰》。

- - - - - - - - - - ◆ - - - - - - - - - -

【原文】

惟二月既望，越六日乙未，王朝步自周，则至于丰①。惟太保先周公相宅，越若来三月，惟丙午朏②。越三日戊申，太保朝至于洛，卜宅③。厥既得卜，则经营④。越三日庚戌，太保乃以庶殷攻位于洛汭，越五日甲寅，位成⑤。若翼日乙卯，周公朝至于洛，则达观于新邑营⑥。越三日丁巳，用牲于郊，牛二⑦。越翼日戊午，乃社于新邑，牛一，羊一，豕一⑧。越七日甲子，周公乃朝用书，命庶殷侯、甸、男、邦伯⑨。厥既命殷庶，庶殷丕作⑩。

【注释】

①惟：句首语气助词。既望：农历十六。越：及，到。乙未：农历二月二十一日。朝：早晨。步：行。自：从。周：镐京。

丰：周文王时国都。

②太保：官名，指召公奭。相：视。越若：发语词，犹及至。来：表将来。丙午：农历三月初三。朏（fěi）：新月开始发光，一般用作农历每月初三的代称。

③戊申：三月初五日。卜宅：占卜决定建都的地方。

④得卜：得到吉兆。经营：勘定方位，营建都城。

⑤庚戌：三月初七日。庶：众。殷：殷商遗民。攻：治。位：宗庙、宫室的位置。洛汭：洛水入黄河之处。汭，河流会合的地方或河流弯曲的地方。甲寅：三月十一日。

⑥若：及，到。翼日：即"翌日"，第二天。乙卯：三月十二日。达观：遍视。营：区域，工地。

⑦丁巳：三月十四日。牲：供食用或祭祀用的家畜。郊：南郊，周代祭天在都邑的南郊。牛二：用两头牛祭祀。

⑧戊午：三月十五日。社：祭土神。豕：猪。

⑨甲子：三月二十一日。书：文告。庶：众。殷：殷商遗民。侯、甸、男、邦伯：五服内的诸侯。

⑩丕：大。作：动工，劳作。

【译文】

二月十六日，到第六天二月二十一日，成王早晨从镐京出发，到了丰邑。太保召公在周公之前，到洛地勘察宗庙、宫室、朝市营建的地址。到了下个月三月初三，这一天新月初现光辉。又过了三天到三月初五，太保早晨到达了洛地，卜问宫室宗庙所选的地址。在占卜中得到了吉兆，就开始勘察规划起来。又过了三天到三月初七，太保便率领众多殷民，在洛水与黄河汇合的地方测定新邑的位置。又过了五天到三月十一，规划位置就确定了。到了第二天三月十二，周公早晨到达洛地，就全面视察新邑的区域。到第三天三月十四，在南郊用牲祭祀上天，用了两头牛。到第二天三月十五，又在新邑举行祭地的典礼，祭祀时用了一头牛、一只羊和一头猪。到第七天三月二十一，周公就在早晨用诰书命令殷民以及侯、甸、男各国诸侯营建洛邑。命令下达给殷民之后，殷民就大举动工了。

【原文】

太保乃以庶邦冢君出取币，乃复入锡周公①。曰："拜手稽首，旅王若公②。"诰告庶殷越自乃御事③："呜呼！皇天上帝，改厥元子，兹大国殷之命④。惟王受命，无疆惟休，亦无疆惟恤⑤。呜呼！曷其奈何弗敬⑥？天既遐终大邦殷之命，兹殷多先哲王在天，越厥后王后民，兹服厥命⑦。厥终，智藏瘝在⑧。夫知保抱携持厥妇子，以哀吁天，徂厥亡，出执⑨。呜呼！天亦哀于四方民，其眷命用懋。王其疾敬德⑩！"

【注释】

①乃：于是，就。以：和。庶邦冢君：诸侯国君。币：玉帛之类等赠礼。锡：通"赐"，进献。

②拜手：古代的一种跪拜礼。双膝下跪，两手相拱，俯首至手。稽首：古代的一种跪拜礼。双膝下跪，叩头至地。旅：陈述。若：与。

③诰告：告诉。庶：众。殷：殷商遗民。越：与，和。乃：其。御事：治事大臣。

④元子：天子。兹：终止。

⑤惟：句首语气助词。惟：有。休：美。恤：忧。

⑥曷：何，怎么。弗：不。敬：敬慎。

⑦遐：远，久。终：终止。多先哲王：殷商从成汤到武丁，有六七位圣明的君王。越：及，到。后王：商纣王。后民：殷商遗民。服：受。

⑧终：特指殷商末年。智：有才能的人。瘝：病，这里

指作恶的官。

⑨夫：成年男子。知：匹，配偶。保抱：抱持，抚养。吁：呼告。徂：通"诅"，诅咒。出执：摆脱困境。

⑩其：将。眷命：垂爱并赋予重任。用：因。懋：移易。其：表示希望。疾：速。

【译文】

太保于是与诸侯国君出来取了币帛，再入内进献给周公。曰："请接受我们的礼拜，现在我们要向大王和周公报告"。同样的又发布命令给那些殷商遗民及治事大臣："啊！皇天上帝更改了治理天下的国君，终止了殷商的大命。我们大王受命治理天下，有无穷无尽的吉祥，也有无穷无尽的忧患。啊！怎么能够不谨慎啊？上天早想终结殷商治理天下的大命，只是殷国许多圣明的先王都在天上，殷商后代君王和臣民才能够继续承受福命。及至商纣王末年，贤能的人都藏匿起来，小人却在位作威作福。有了家室的成年男子抱着孩子，携带着妻子和子女，悲痛地呼告上天，诅咒殷纣王早点灭亡，希望摆脱困境。唉！上天也哀怜四方民众，因此将天命转移到我们周国。大王要尽快地施行德政以定天命呀！"

【原文】

"相古先民有夏，天迪从子保；面稽天若，今时既坠厥命①。今相有殷，天迪格保；面稽天若，今时既坠厥命②。今冲子嗣，则无遗寿耈，曰其稽我古人之德，矧曰其有能稽谋自天③？呜呼！有王虽小，元子哉④！其丕能诚于小民⑤。今休，王不敢后，用顾畏于民碞；王来绍上帝，自服于土中⑥。旦曰：其作大邑，其自时配皇天，毖祀于上下，其自时中乂；王厥有成命治民⑦。今休，王先服殷御事，比介于我有周御事，节性，惟日其迈⑧。"

【注释】

①相：视。有夏：夏国。有，前缀词，无实义。迪：教导。子保：指贤人。子，通"慈"。面：通"勔"，勉力。天若：天道。坠：丧失。命：大命。

②格保：犹嘉保，指贤人。

③冲子：年幼的人，指周成王。嗣：继承。遗：余，留下。寿耇：年长有德的老成人。曰：句首语气助词。其：句中音节助词。稽：考。

④元子：天子。

⑤其：代词，代指成王。丕：大。诚（xián）：和睦。

⑥休：美。后：迟缓，指营建洛邑之事。用：由，因。顾畏：顾虑畏惧。民嵒：民情险危。嵒，即"岩"，险。绍：卜问。自：用。服：治理。土中：即"中土"，指洛邑。

⑦其：表示祈使，应当。大邑：东都洛邑。其：表示希望。自：从。时：通"是"，这。配：配享，祭天时以周的先祖先王配享。毖：谨慎。上下：上指天神，下指地祇。乂：治理。成命：定命。

⑧先：尚，重视。服：任用。御事：治事大臣。比介：亲近。介：同"迩"，近。节性：克服对周人的抵触情绪。惟：表示希望。迈：进。

【译文】

"看看古代先民中的夏人，上天教导他们要顺从贤人，努力考求天意，现在已经丧失了王命。现在再看看殷代，上天教导他们要顺从贤人，努力考求天意，现在也已经丧失了王命。如今年幼的成王继承了王位，先王没有留下老成可靠的大臣辅佐他，考求我们古代先王的德政，何况说有能考求天意的人

呢？啊！成王虽然年轻，但他却是天子！他能够很好地治理民
众，使他们和睦相处。现在可喜的是，王不敢延迟营建洛邑的
大事，是因为他经常考虑到殷商遗民的难治；于是卜问上天，
打算亲自在洛邑治理他们。周公说过：要赶快营建洛邑，从此
以周的先祖先王配享上天，谨慎祭祀天地，身居天下之中而治
理天下；王已经打定这样的主意治理人民了。现在可喜的是，
王重视使用殷商旧臣，并使他们亲近我们周王朝的治事官员，
克服他们对周人的抵触情绪，使他们一天天地进步。”

【原文】

“王敬作所，不可不敬德①。我不可不监于有夏，亦不可
不监于有殷②。我不敢知曰，有夏服天命，惟有历年③；我不
敢知曰，不其延④。惟不敬厥德，乃早坠厥命⑤。我不敢知
曰，有殷受天命，惟有历年；我不敢知曰，不其延。惟不敬
厥德，乃早坠厥命。今王嗣受厥命，我亦惟兹二国命，嗣若
功⑥。王乃初服⑦。呜呼！若生子，罔不在厥初生，自贻哲命
⑧。今天其命哲，命吉凶，命历年⑨；知今我初服，宅新邑。
肆惟王其疾敬德⑩！王其德之用，祈天永命⑪。”

【注释】

①敬：重视。所：处所，这里指都邑。

②监：通“鉴”，鉴戒。

③敢：表敬副词，无义。服：接受。历：久。

④其：句中语气助词。延：延续，长久。

⑤惟：只。厥：其。乃：才。坠：失去。命：天命。

⑥嗣：继承。惟：思考。若：其，他们的。

⑦乃：是，为。初：始。服：任事。

⑧若：好像。罔不：无不。贻：传。哲命：贤明的禀赋。

哲，明。

⑨其：将。命：赐予。吉凶：偏义复词，偏指吉祥。

⑩宅：居住。肆：故，因此。惟：表示希望。疾：速。

⑪其：庶几，表示希望。永命：永久的国运。

【译文】

"王重视造作新邑，不可以不重视行德。我们不可不以夏代为鉴，也不可不以殷商为鉴。我不知道夏接受天命有多长时间；我也不知道夏的国祚为何不能长久。我只知道他们不敬重德行，才过早失去了他们的福命。我不知道殷接受天命有多长时间；我也不知道殷的国祚为何不能长久。我只知道他们不敬重德行，才过早失去了他们的福命。现今大王继承了治理天下的大命，我们也该思考这两个国家兴亡的缘由，吸取他们的教训，继承他们的功业。王是初理政事。啊！就好像刚刚出生的孩子一样，无不是在他幼年的时候，就亲自传给他明哲的禀赋。现今上帝赐予明哲，赐予吉祥，赐予永年；因为上帝知道我王初理国事时，就住到新都洛邑来了。因此我希望大王赶紧推行德政！只有大王施行德政，上天才能赐予长久的福命。"

【原文】

"其惟王勿以小民淫用非彝，亦敢殄戮用乂民，若有功①。其惟王位在德元，小民乃惟刑用于天下，越王显②。上下勤恤，其曰，我受天命，丕若有夏历年，式勿替有殷历年③。欲王以小民受天永命④。"拜手稽首，曰："予小臣，敢以王之雠民百君子，越友民，保受王威命明德⑤。王末有成命，王亦显⑥。我非敢勤，惟恭奉币，用供王能祈天永命⑦。"

【注释】

①其：代词，代指召公。惟：表示希望。以：因为。淫：

放纵，过度。彝：法。殄：绝灭。戮：杀。用：以，来。乂：治理。若：乃，才。

②惟：表示希望。位：立。元：首。乃：才。惟：句中语气组词。刑：效法。越：宣扬。显：显德。

③上下：指君臣。恤：忧虑。丕：句首语气助词。历：久。式：句首语气助词。替：废。

④欲：希望，想要。以：与，和。

⑤拜手：古代的一种跪拜礼。双膝下跪，两手相拱，俯首至手。稽首：古代的一种跪拜礼。双膝下跪，叩头至地。敢：表敬副词。雠民：殷商遗民。百：众多，表示虚数。君子：泛指殷商旧臣。越：与，和。友民：亲附于周的臣民。保受：保而不失，受而不拒。

⑥末：终。成命：上天的定命，这里指成王营建洛邑的决定。显：功德显赫。

⑦勤：慰劳。惟：只。供：进献。

【译文】

"希望大王不要因为民众肆意放纵而不遵守法度，就用杀戮来治理民众，认为这样才能成就功业。希望大王把德行放在首位，让民众效法施行于天下，彰显王的美德。君臣上下勤劳忧虑，也许可以说，我们接受的天命会像夏代那样久远，不至于像殷商那样早早地失去天命。但愿君王和臣民共同接受好上天的永久天命。"召公跪拜叩头说："我这小臣和殷的臣民以及友邦的臣民，会安然接受王的威严命令，宣扬王的德政。大王终于决定营建洛邑，王的功德也会与文王武王一样显赫。我不敢劳烦大王，只想恭敬地奉上币帛，以供大王去好好祈求上帝的永久福命。"

洛 诰

【原文】

召公既相宅，周公往营成周，使来告卜，作《洛诰》①。

【注释】

①相：视察。宅：宗庙、宫室、朝市的地址。营：营建。成周：都城洛邑。告卜：报告卜兆的结果。

【译文】

召公勘察了宗庙、宫室、朝市的地址，周公前往营建洛邑，然后派遣使者把成王请来，向成王报告卜兆的结果，史官记录写下《洛诰》。

【原文】

周公拜手稽首曰："朕复子明辟，王如弗敢及天基命定命，予乃胤保大相东土，其基作民明辟①。予惟乙卯，朝至于洛师②。我卜河朔黎水，我乃卜涧水东、瀍水西，惟洛食③；我又卜瀍水东，亦惟洛食，伻来以图及献卜④。"

【注释】

①拜手：古代的一种跪拜礼。双膝下跪，两手相拱，俯首至手。稽首：古代的一种跪拜礼。双膝下跪，叩头至地。复：回复，告诉。子：您，指成王。明辟：明法，定都洛邑的办法。如：语气副词，好像，似乎。及天：度知天意。基命：人主

初受天命而就位。定命：营建洛都的天命。乃：于是，就。胤：继。保：太保，指召公奭。东土：这里指洛邑。其：表示希望。基：开始。

②惟：在。乙卯：成王七年三月十二日。洛师：指东都洛邑。

③河：黄河。朔：北岸。黎水：距离洛水不远的黄河北岸。涧水：发源于河南渑池县东北，至洛阳西南而入洛水。瀍水：发源于今河南孟津县西北，东南流经洛阳而东入洛水。惟：只。食：龟兆，吉兆。

④伻（bēng）：使者。图：地图。

【译文】

周公跪拜叩头说："我向您阐述了定都洛邑的策略，您表现出谦逊的态度，似乎不愿接受上天让我们定都洛邑的打算，我就继太保之后，对洛邑进行了全面的视察，才开始为老百姓定下这个政策。我在乙卯这天，早晨到了洛邑。我先占卜了黄河北方的黎水地区，我又占卜了涧水以东、瀍水以西地区，只有洛地吉利。我又占卜了瀍水以东地区，也只有洛地吉利，现在派遣使者献上地图和卜兆。"

【原文】

王拜手稽首曰："公不敢不敬天之休，来相宅，其作周匹，休①！公既定宅，伻来，来视予卜，休恒吉②。我二人共贞③。公其以予万亿年敬天之休。拜手稽首诲言④。"

【注释】

①拜手：古代的一种跪拜礼。双膝下跪，两手相拱，俯首至手。稽首：古代的一种跪拜礼。双膝下跪，叩头至地。休：善命。相：视，勘察。宅：宫室宗庙的基地。其：将。匹：配，

辅。休：美，善。

②视：通"示"。恒：全都。

③共贞：二人共当此吉。贞：当。

④其：表示希望。以：与，和。万亿年：永久。诲：教诲。

【译文】

成王行礼之后，说："公敬重上帝赐给的福命，亲自来勘察地址，将营建与镐京相配的新邑，很好啊！您已经勘定了宫室宗庙的基地，派使者送来图样和卜兆，实在太好了，竟然全都是吉兆。让我们二人共同承当这一吉祥。希望您和我永远敬重上天所赐予的福命！我给您施礼了，感谢您的教诲。"

【原文】

周公曰："王，肇称殷礼，祀于新邑，咸秩无文①。予齐百工，伻从王于周，予惟曰庶有事②。今王即命曰：记功，宗以功作元祀③。惟命曰：汝受命笃，弼丕视功载，乃汝其悉自教工④。孺子其朋，孺子其朋，其往⑤！无若火始焰焰，厥攸灼叙，弗其绝⑥。厥若彝，及抚事如予，惟以在周工往新邑⑦。伻向即有僚，明作有功，惇大成裕，汝永有辞⑧。"

【注释】

①肇：开始。称：举行。殷礼：会见诸侯的大礼。殷，盛，大。咸：皆，都。秩：次序。文：通"紊"，紊乱。

②齐：率领。百工：百官。周：指镐京。惟：表示希望。庶：众。事：指祭祀的事。

③宗：宗人，掌管祭祀的官。功：有功的人。作：举行。元祀：大祀。④惟：又。笃：通"督"，督导。弼：辅佐。丕：

大大的，全面的。视：查阅。功载：记功的册籍。乃：于是，然后。其：将。悉：尽心。教工：教导百官。

⑤孺子：指成王。其：表示祈使，应当。朋：群，这里指百官群臣。

⑥若：像。焰焰：微微燃烧的样子，这里代指武庚禄父等殷商余孽。厥：其。攸：所。灼：烧。叙：剩余的。绝：断绝。

⑦厥：您。若：顺从。彝：常法。抚事：主持国事。惟：表示希望。以：率领。工：百官。

⑧伻：使。向：趋向。即：接近，亲近。有僚：即"友僚"。明：通"勉"，努力。惇：重视。裕：宽。辞：声誉。

【译文】

周公说："王啊，你首次举行盛大典礼接见诸侯，在新都洛邑举行祭祀大典，都已安排得有条不紊了。我率领百官，使他们在镐京听取王的意见，我想了想说：希望您可以带着大家一起去举行祭祀。现在王命令道：记下功绩，让宗人率领那些有功的大臣举行大祭祀就可以了。王又有命令道：你受命处理这件事情，现在要全面查阅记功册籍，然后亲自教导百官熟习礼仪。王啊！您应该和百官一起到洛邑来呀！不要看那火苗很微弱，哪怕烧到最后关头，它也决不熄灭。希望您要像我一样顺从常法，勤勉地主持政事，率领在镐京的官员一起到洛邑。使他们各司其职，紧密团结，勉力建立功勋，重视重大祭祀活动，形成宽厚政治氛围，您就会永久地为人称道了。"

【原文】

公曰："已！汝惟冲子，惟终①。汝其敬识百辟享，亦识其有不享②。享多仪，仪不及物，惟曰不享③。惟不役志于享，凡民惟曰不享，惟事其爽侮④。乃惟孺子颁，朕不暇听⑤。朕教汝于棐民彝，汝乃是不蘉，乃时惟不永哉⑥！笃叙乃正父，罔不若予，不敢废乃命⑦。汝往敬哉！兹予其明农哉⑧！彼裕我民，无远用戾⑨。"

【注释】

①已：感叹词。惟：为，是。冲子：同上文"孺子"，指成王。惟终：考虑先王未竟的事业。

②其：表示祈使，应当。识：记。百辟：诸侯。享：诸侯朝贡之礼。

③惟：表示顺承，相当于"则"。多：重视。仪不及物：物有余而礼不足。

④役志：用心。爽：差错，错乱。侮：怠慢，轻慢。

⑤惟：表示希望。颁：分担。暇：空闲。

⑥于：以。棐：辅助。彝：常法。乃是：若是，如果。蘉（máng）：勉力。乃：你的。时：统治时间。永：长久。

⑦笃：厚，深。叙：顺。正父：同姓诸侯。罔不：无不。若：像。予：我。废：废弃。乃：你的。

⑧兹：这。明：通"勉"，努力。

⑨彼：往。裕：宽容。戾：至，归附。

【译文】

周公说："唉！您虽然还在年幼，也该考虑先王未竟的功业。您应该认真查看诸侯的贡礼，也要记下那些不朝贡的。朝贡要注重礼节，假如朝贡的礼物多但是却不注重礼仪，那么只能说和不朝贡也没什么两样。诸侯对朝贡不用心，老百姓就会认为可以不用朝贡，这样，他们就会轻慢您的号令，政事将会出现错乱。希望您赶紧来分担政务，我没有闲暇管理这么多政事啊！我教给您管理百姓的方法，如果您不努力，您的统治就不会长久！厚待您的同姓宗族，使他们无不像我一样，他们就不敢废弃您的命令了。您到了新邑，一定要努力施行教化！现在我们要去努力从事农业生产！您能宽待我们的百姓，远方的人因此也就归附了。"

【原文】

王若曰："公！明保予冲子①。公称丕显德，以予小子扬文武烈，奉答天命，和恒四方民，居师②；惇宗将礼，称秩元祀，咸秩无文③。惟公德明光于上下，勤施于四方，旁作穆穆，迓衡不迷，文武勤教，予冲子夙夜毖祀④。"王曰："公功棐迪笃，罔不若时⑤。"

【注释】

①若：这样。明：通"勉"，努力。保：辅佐，辅助。予冲子：我这个年轻人。成王谦称。

②称：称说。丕：大。显德：显明的美德。以：使。扬：宣扬。烈：事业。和恒：和顺安定。师：京师洛邑。

③惇：厚。宗：同族。将：遵行。称：举行。秩：次序。元祀：大祀。文：通"紊"，紊乱。

④惟：句首语气助词。明光：光辉照耀。上下：天地。旁：广大，普遍。穆穆：美好，指美政。迓：迎接。衡：权柄。文武：文武百官。夙夜：早晚。毖：慎。

⑤功：通"攻"，善于。棐：辅助。迪：教导。笃：厚。若：顺。时：通"是"，这。

【译文】

王这样说："周公啊！请努力辅助我呀。你能发扬前人的贤明美德，使我继承文王、武王的事业，尊奉上天的教诲，使四方百姓和顺安定，居住在洛邑；厚待同姓诸侯，隆重举行祭祀大典，一切都有条不紊。你的功德光照天地，辛勤劳苦地治理天下四方，政事普遍祥和美好，操纵大权而不迷乱，文武百官尽心尽力推行教化，我这年轻人就早晚谨慎进行祭祀好了。"王说："公善于辅导，我真的无不顺从。"

【原文】

王曰："公！予小子其退即辟于周，命公后①。四方迪乱未定，于宗礼亦未克敉，公功迪将，其后，监我士师工，诞保文武受民，乱为四辅②。"王曰："公定，予往已③。公功肃将祇欢，公无困哉！我惟无斁其康事，公勿替刑，四方其世享④。"

【注释】

①其：将。退：返回镐京。即：就。辟：君位。周：镐京。后：留守新邑。

②迪：教导。乱：治理。宗礼：指元祀。克：能。敉：通"弥"，完成。功：通"攻"，善于。将：扶持。后：继续留守洛邑。士、师、工：指各级官员。诞保：大力治理。文武：指周文王、周武王。四辅：四种治事大臣。

③定：止，留下来。已：句末语气助词。

④功：通"攻"，善于。肃：敬。将：行。祇：敬。欢：高兴。斁：厌倦，懈怠。康事：即"更事"，更习吏事。替：废弃。刑：通"型"，示范。享：朝享。

【译文】

王说："周公啊！我现在就回镐京就位，请你继续治理新都洛邑。四方经过教导治理，还没有安定，祭祀也没有完成，你善于教导扶持，要继续留下来监督我们的各级官员，安定文王、武王所接受的殷民，与四位辅佐大臣共同治理国家。"王说："你留下吧！我要往镐京去了。你是最善于祭祀礼仪的，不要觉得有什么为难的！我当努力学习政事，你也要多加指导示范，四方诸侯才会世世代代地朝享我们。"

【原文】

周公拜手稽首曰："王命予来，承保乃文祖受命民，越乃光烈考武王，弘朕恭①。孺子来相宅，其大惇典殷献民，乱为四方新辟，作周恭先②。曰：其自时中乂，万邦咸休，惟王有成绩③。予旦以多子越御事笃前人成烈，答其师，作周孚先④。考朕昭子刑，乃单文祖德⑤。伻来毖殷，乃命宁予以秬鬯二卣⑥。曰：明禋，拜手稽首，休享⑦。予不敢宿，则禋于文王、武王⑧。惠笃叙，无有遘自疾，万年厌于乃德，殷乃引考⑨。王伻殷乃承叙万年，其永观朕子怀德⑩。"

【注释】

①拜手：古代的一种跪拜礼。双膝下跪，两手相拱，俯首至手。稽首：古代的一种跪拜礼。双膝下跪，叩头至地。承：承继。保：保护。乃：你们。文祖：文王。越：与，和。光烈：大业，伟绩。考：先父。弘：光大。恭：恭敬奉行。

②孺子：指成王。其：将。惇典：厚其礼敬。献民：贤民。辟：诸侯国君。恭：礼敬。先：先导、表率。

③时：通"是"，这。中：土中，指洛邑。乂：治。惟：表示希望。绩：功绩。

④以：与。多子：众卿大夫。越：与，和。御事：治事大臣。笃：厚。烈：功业。答：通"合"，集合。师：众。周孚：

周王朝的外城，这里代指洛邑。孚，通"郭"，外城。

⑤考：成。昭：告诉。刑：法。单：大，光大。文祖：周文王。

⑥毖：慰劳。殷：殷民。宁：问候。秬鬯（jù chàng）：古代以黑黍和郁金酿造的酒，用于祭祀降神及赏赐有功的诸侯。卣（yǒu）：古代盛酒的一种器具。

⑦明禋：明洁诚敬的献享。休：美好。享：祭献。

⑧宿：经宿，隔夜，这里指怠慢。

⑨惠：仁。笃：厚。叙：顺。遘：遇。疾：病。万年：永久。厌：满足。乃：你的。乃：才。引考：长寿。

⑩承叙：承顺。子：众民。

【译文】

周公跪拜叩头说："王命令我到洛邑来，继续保护您的先祖文王所受的殷民，与光大你们先王武王的功业，我都恭敬奉行。王来视察洛邑的时候，厚待殷商贤良的臣民，重新分封四方诸侯，在礼法上开了先河。我曾经说过：要是从洛邑治理天下，四方诸侯都会感到高兴，大王也会成就功绩。我姬旦率领众位卿大夫和治事官员，继续经营先王的功业，集合众人，作修建洛邑的先导。实现我告诉您的这一法则，就能发扬光大先祖文王的美德。您派遣使者来洛邑慰劳殷人，又送来两卣黍香酒问候我。使者传达王命说：明洁诚敬地举行祭祀，行跪拜叩头大礼恭敬地祭祀先王。我不敢怠慢，即刻以天子之礼祭祀文王和武王。您如此的仁厚孝顺，就不会遇到什么疾病，民众永远享受您的德泽，殷民才能长久生存。王使殷民永久的承顺周命，他们就会心怀大德，永不反叛。"

【原文】

戊辰，王在新邑烝祭，岁，文王骍牛一，武王骍牛一①。王命作册逸祝册，惟告周公其后②。王宾杀禋咸格，王入太室，裸③。王命周公后，作册逸诰，在十有二月④。惟周公诞保文武受命，惟七年⑤。

【注释】

①戊辰：成王七年十二月晦日。烝：冬祭。岁：岁终。骍（xīng）：赤色。

②作册：古官名。逸：人名。祝册：宣读册文以告神。后：继续留守洛邑之事。

③王宾：前来助祭的诸侯。杀：杀牲。禋：禋祀。格：至。太室：太庙中央之室。裸（guàn）：以酒灌地降神之礼。

④诰：诰喻天下。

⑤诞保：大力治理。惟：有。

【译文】

戊辰这天，成王在洛邑举行冬祭，当时正值岁终，祭祀文王用一头红色的牛，祭祀武王也用一头红色的牛。成王命令名字叫逸的作册官宣读册文，向文王、武王报告周公继续留守洛邑的事。前来助祭的诸侯在杀牲祭祀先王的时候都来到了，成王步入太室行裸礼。成王命令周公继续治理洛邑，并让作册官将这件大事告喻天下，这件事发生在十二月。周公接受文王、武王所受的大命，计时七年。

多 士

【原文】

成周既成，迁殷顽民，周公以王命诰，作《多士》①。

【注释】

①成周：古地名，即西周的东都洛邑。顽民：不服从周王朝统治的殷商遗民。诰：告诫。

【译文】

洛都已经建成，周王朝把不服从统治殷商遗民迁移到这里，周王用成王的命令告诫他们，史官记下写成《多士》。

【原文】

惟三月，周公初于新邑洛，用告商王士①。王若曰："尔殷遗多士！弗吊旻天，大降丧于殷②。我有周佑命，将天明威，致王罚，敕殷命终于帝③。肆尔多士！非我小国敢弋殷命④。惟天不畀允罔固乱，弼我，我其敢求位⑤？惟帝不畀，惟我下民秉为，惟天明畏⑥。"

【注释】

①惟：句首语气助词。三月：指周公摄政七年三月，也即成王改元后的第一年。于：在。用：以。商王士：泛指殷商旧臣。

②若：这样。尔：你们。多士：百官。弗：不。吊：善。

旻（mín）天：指上天。降丧：降下灾祸。

③有周：周朝。有，前缀词，无实义。佑命：佑助天命。将：奉。明威：圣明威严的旨意。致：行。教：告诫。

④肆：现在。弋（yì）：取代。

⑤惟：句首语气助词。畀（bì）：给予。允：信。罔：诬罔。固：通"怙"。弼：辅助。其：岂，怎么。

⑥惟：因为。秉：秉承。为：行事。明畏：圣明威严。畏，通"威"。

【译文】

周成王元年三月，周公初往新都洛邑，用成王的命令告诫殷商的旧臣。周公代王这样说："你们这些殷商的旧臣们！纣王不敬重上天，上天才把灾祸降给殷国。我们周国佑助天命，奉行上天的旨意，诛罚有罪，宣告你们殷商的国命被上天终绝了。现在，我要告诉你们这些殷商的旧臣，不是我们小小的周国敢于取代殷命。上天不把大命给予那信诬怙恶的人，所以才辅助我们，我们岂敢擅求王位呢？正因为上天不把大命给予信诬怙恶的人，我们下民的所作所为，更应当敬畏天命。"

【原文】

"我闻曰：'上帝引逸①。'有夏不适逸，则惟帝降格，向于时夏②。弗克庸帝，大淫泆有辞③。惟时天罔念闻，厥惟废元命，降致罚④。乃命尔先祖成汤革夏，俊民甸四方⑤。自成汤至于帝乙，罔不明德恤祀⑥。亦惟天丕建保乂有殷，殷王亦罔敢失帝，罔不配天其泽⑦。在今后嗣王，诞罔显于天，矧曰其有听念于先王勤家⑧。诞淫厥泆，罔顾于天显民祗，惟时上帝不保，降若兹大丧⑨。惟天不畀不明厥德，凡四方小大邦丧，罔非有辞于罚⑩。"

【注释】

①引：限制。逸：放纵。

②有夏：即夏。适：节制。惟：句中语气助词。格：教令。向：劝。时：通"是"，这。

③克：能。庸：用。淫泆：放纵。有辞：有怨言。

④惟时：于是。罔：不。惟：句中语气助词。元命：天命，大命。致：行。

⑤乃：于是，就。成汤：商代的第一个王。革：代替。俊民：贤人。甸：治理。

⑥帝乙：商纣王之父。罔不：无不。明：通"勉"，努力。恤：慎。

⑦惟：因为。丕：大。建：建立。保：安。乂：治。失帝：违失天意。其：之。泽：恩泽。

⑧后嗣王：即商纣王。诞：大。显：明。勤家：勤劳家国。

⑨罔顾：不顾。天显：天命。祗：通"痕"，病患。惟时：于是。若兹：若此。

⑩惟：句首语气助词。不明厥德：不努力施行德政的人。罔非：无不是。

【译文】

"我听说：'上帝制止骄奢淫逸。'夏桀不节制自己的放纵行为，上帝就降下教令，来劝导夏桀。他对上帝的教导置若罔闻，依旧大肆游乐，并且说了些侮慢上帝的言辞。因此，上帝也不能不念不问，考虑废止夏国的大命，降下了惩罚。于是命令你们的先祖成汤代替夏桀，任用贤人治理四方。从成汤到帝乙，无不力行德政，谨慎祭祀上天。也因为上天的支持殷国才得以安治，殷国的先王也没人敢违背天意，也没有人不努力报答上天的恩泽。之后继位的纣王，不明上天的旨意，更不必说听从先王勤劳家国的训导。他大肆放纵淫乱，不顾上天教导和百姓疾苦，因此，上帝便不再保佑殷国，降下这样的亡国大祸。上帝不把大命给予不努力施行德政的人，凡是四方大大小小国家的灭亡，无不是因为怠慢上帝而被惩罚。"

【原文】

王若曰："尔殷多士，今惟我周王丕灵承帝事，有命曰：割殷。告敕于帝。惟我事不贰适，惟尔王家我适①。予其曰惟尔洪无度，我不尔动，自乃邑②。予亦念天即于殷大戾，肆不正③。"王曰："猷！告尔多士，予惟时其迁居西尔，非我一人奉德不康宁，时惟天命，无违④。朕不敢有后，无我怨⑤。惟尔知，惟殷先人，有册有典，殷革夏命⑥。今尔又曰：夏迪简在王庭，有服在百僚⑦。予一人惟听用德，肆予敢求尔于天邑商，予惟率肆矜尔⑧。非予罪，时惟天命⑨。"

【注释】

①若：这样。尔：你们。多士：百官。惟：只，仅。丕：大。灵：善。承：承顺。事：灭商之事。割：通"害"，取。告敕：禀告整饬已毕。惟：句首语气助词。适：通"敌"。惟：只。

②其：怎么。惟：想到。洪：大。度：法度。自：从。乃邑：你们的封邑。

③即：就。戾：罪。肆：所以。正：治罪。

④猷：发语词。其：将。尔：你们。奉德：根据道德原则办事。康宁：安宁。时：通"是"，这。惟：为，是。

⑤后：迟。

279

⑥惟：句首语气助词。册、典：典籍。革：代替。

⑦迪：进用。简：选拔。服：职务、职位。百僚：百官。

⑧惟：只。肆：因此。求：招来，招致。天邑商：即"大邑商"，商的都城。惟：句中语气助词。率：用。肆：宽赦。矜：怜悯。

⑨时：通"是"，这。惟：为，是。

【译文】

周公代王这样说："你们殷国的众臣们，现在只有我们周王能够很好地奉行上帝的使命，上帝有命令说：灭掉殷国。我们完成了这个命令，并报告给上帝。我们不是把殷国所有人当作敌人，只把你们王家当作敌人。我怎么会料想到你们不守法度，我不针对你们，而你们自己率先发难。我也考虑到天意已经狠狠地惩罚殷国，便不治你们的罪了。"周公代王说："啊！告诉你们众位官员，我之所以要把你们迁居西方，并不是我不让你们安定，这是天命，不得违背。我不敢急慢天命，你们不要怨恨我。你们知道，殷人祖先的典籍，记载着殷国代替了夏国的大命。现在你们又说：当年夏国的旧臣都被选拔留在殷朝王庭，在百官之中都有职事。我只接受、任用有德的人，所以才把你们从大邑商招来，宽赦怜悯你们。这不是我的过错，这是天命。"

【原文】

王曰："多士，昔朕来自奄，予大降尔四国民命①。我乃明致天罚，移尔遐逖，比事臣我宗多逊②。"王曰："告尔殷多士，今予惟不尔杀，予惟时命有申③。今朕作大邑于兹洛，予惟四方罔攸宾，亦惟尔多士攸服奔走，臣我多逊④。尔乃尚有尔土，尔乃尚宁干止⑤。尔克敬，天惟畀矜尔；尔不克敬，

尔不啻不有尔土，予亦致天之罚于尔躬⑥！今尔惟时宅尔邑，
继尔居，尔厥有干有年于兹洛⑦。尔小子乃兴，从尔迁⑧。"
王曰："又曰时予，乃或言尔攸居⑨。"

【注释】

①奄：古国名，在今山东曲阜以东。降：下达。四国：
指参加叛乱的管蔡商奄四国殷商之民。

②致：行。遏：远。逖：远。比：近来。事：服事。臣：
臣服。我宗：指周王朝。逊：顺。

③惟：句中语气助词。时：通"是"，这。有：同"又"。
申：重申。

④兹：此。惟：考虑。四方：四方诸侯。攸：所。宾：
朝贡。服：服事。奔走：奔走效劳。臣：臣服。逊：顺。

⑤尚：犹，还。宁：安。干：劳作之事。止：休息。

⑥畀：给予。矜：怜爱。不啻（chì）：不但。躬：身。

⑦惟：应当。时：通"是"，这。宅：居住。居：事业。
有年：长久。兹：此。

⑧小子：子孙。

⑨时：顺从。乃：才。或：克，能。攸：所。

【译文】

周公代王说："殷商的众臣们，前不久我从奄地来，对你
们管、蔡、商、奄四国的殷民特地下达过命令。我是奉行上
帝的命令来征伐你们的，把你们从远方迁徙到这里，近来你
们臣服我们周族也很恭顺。"周公代王说："告诉你们殷商的
众臣，现在我不杀害你们，我再重申这个命令。现在我在这
洛地建了一座大都邑，这是考虑到四方诸侯没有地方朝贡，
也是你们奔走效劳很恭顺的缘故。你们仍然可以保有你们的
土地，你们也可以安定地劳作和休息。只要你们能够恭恭敬

敬，上天也会怜爱你们；倘若你们不恭敬，你们不但不能保有你们的土地，我也将会把上天的惩罚加到你们身上。现在你们应当好好地住在你们的城里，继续你们的事业，你们就能长久地在此劳作并得到丰收。从你们迁来洛邑开始，你们的子孙也将兴旺发达。"周公代王说："顺从我！顺从我！才能够说你们可以长久安居下来。"

无 逸

【原文】

周公作《无逸》。

【译文】

周公作了《无逸》。

* * *

【原文】

周公曰:"呜呼!君子所,其无逸①。先知稼穑之艰难,乃逸,则知小人之依②。相小人,厥父母勤劳稼穑,厥子乃不知稼穑之艰难,乃逸乃谚③。既诞,否则侮厥父母曰:昔之人无闻知④。"

【注释】

①君子:君主。所:居其位。其:表示祈使,应当。无:通"毋",不要。逸:安逸,安乐。

②稼穑:农事。乃:才。小人:下层民众。依:通"隐",苦衷,痛苦。

③相:观察。厥:其,他们。乃:却,竟然。谚:同"喭",粗鲁。

④诞:放诞无礼。否则:于是。昔之人:指老一辈。

【译文】

周公说:"啊!在位的君王,切不可安逸享乐。先了解耕种收获的艰难，然后才处在逸乐的境地，就会知道老百姓的痛苦。看那些老百姓，他们的父母勤劳地耕种收获，他们的儿子却不知道耕种收获的艰难，贪图安逸，粗鲁不恭。乃至放诞无礼，于是就轻侮他们的父母说：你们这些老人，无知无识什么都不懂。"

【原文】

周公曰："呜呼！我闻曰：昔在殷王中宗，严恭寅畏，天命自度，治民祗惧，不敢荒宁①。肆中宗之享国七十有五年②。其在高宗，时旧劳于外，爰暨小人③。作其即位，乃或亮阴，三年不言④。其惟不言，言乃雍⑤。不敢荒宁，嘉靖殷邦⑥。至于小大，无时或怨⑦。肆高宗之享国五十有九年。其在祖甲，不义惟王，旧为小人⑧。作其即位，爰知小人之依，能保惠于庶民，不敢侮鳏寡⑨。肆祖甲之享国三十有三年。自时厥后立王生则逸。生则逸，不知稼穑之艰难，不闻小人之劳，惟耽乐之从⑩。自时厥后，亦罔或克寿⑪。或十年，或七八年，或五六年，或四三年。"

【注释】

①中宗：商王太戊，商汤的玄孙和太庚的儿子。严：庄严。恭：谦恭。寅：敬。度：衡量。祗惧：恭敬谨慎。荒宁：荒废政务，贪图安逸。

②肆：故，所以。有：同"又"。

③高宗：商王武丁。时：指武丁做太子时。旧：久。爰：于是。暨：惠及。

④作：及，等到。乃：他。或：克，能。亮阴：居丧守孝。

⑤其：代指高宗。惟：只是。雍：和谐。

⑥嘉靖：安定。

⑦小大：小民及群臣。时：通"是"，指高宗。或：有。

⑧祖甲：商王武丁之子，祖庚之弟。据说武丁欲立祖甲，祖甲以王废长立少，不义，逃亡民间。武丁死，祖庚立；祖庚死，祖甲立。惟：为。旧：久。

⑨依：通"隐"，苦衷，痛苦。保惠：保护并施以恩惠。鳏寡：泛指孤苦无依的人。

⑩时：通"是"，此。立王：在位的君王。惟：只。耽乐：沉湎享乐。

⑪罔或：没有。克：能。寿：长久。

【译文】

周公说："啊！我听说：过去殷王中宗，庄重敬畏，以天命作为衡量自己行为的准则，治理百姓，恭敬谨慎，不敢荒废政事，贪图安逸。所以中宗在位七十五年。到了高宗时期，他长期在外服役，惠爱百姓。等到他即位，居丧守孝，三年不言。他不说则已，一旦说话总能使人信服。他不敢荒废政事、贪图安逸，因此国家被治理得太平安康。从民众到群臣，没有怨恨他的。所以高宗在位五十九年。到了太甲时期，他以为代兄称王不合情理，逃亡民间，做过很久的平民百姓。等到他即位后，明白平民的疾苦，能够爱护民众并施以恩惠，对于孤苦无依的人也不敢轻慢。所以太甲在位三十三年。从这以后在位的殷王生来就安闲逸乐。生来就安闲逸乐，不知耕种收获的艰难，不知民众的疾苦，只是追求过度的享乐。从这以后，在位的殷王也没有能够长寿的。有的十年，有的七八年，有的五六年，有的三四年。"

【原文】

周公曰："呜呼！厥亦惟我周太王、王季，克自抑畏①。

文王卑服，即康功、田功②。徽柔懿恭，怀保小民，惠鲜鳏寡③。自朝至于日中、昃，不遑暇食，用咸和万民④。文王不敢盘于游田，以庶邦惟正之供⑤。文王受命惟中身，厥享国五十年⑥。"

【注释】

①惟：只。太王：古公亶父，周文王之祖父。王季：周文王的父亲。克：能够。抑畏：谦抑敬畏。

②卑服：从事于卑下的工作。即：从事。康功：平整道路之事。田功：农事。

③徽：善良。柔：仁慈。懿：美好。恭：敬。怀保：安抚保护。惠鲜：犹惠赐。

④朝：早晨。日中：中午。昃（zè）：太阳偏西，黄昏。遑：闲暇。用：以。咸：同"諴"，和。

⑤盘：耽。田：同"畋"，狩猎。庶邦：众邦，指臣服于周的诸侯国。正：通"征"，税。供：奉。

⑥惟：是。中身：中年。

【译文】

周公说："啊！只有我们周家的太王、王季能够谦逊谨慎、敬畏上天。文王也曾从事过卑下的劳作，整修道路、耕种田地。他和蔼、仁慈、善良、恭敬，能够使百姓和睦、安定，惠及孤苦无依的人。从早晨到中午、晚上，一直忙碌没有闲暇吃饭，为的就是万民和谐安定。文王不敢用众国赋税沉溺于游乐、田猎。文王中年受命为君，在位长达五十年。"

【原文】

周公曰："呜呼！继自今嗣王，则其无淫于观、于逸、于游、于田，以万民惟正之供①。无皇曰：'今日耽乐②。'乃非民攸训，非天攸若，时人丕则有愆③。无若殷王受之迷乱，酗于酒德哉④！"周公曰："呜呼！我闻曰：'古之人犹胥训告，胥保惠，胥教诲，民无或胥诪张为幻⑤。'此厥不听，人乃训之，乃变乱先王之正刑，至于小大⑥。民否则厥心违怨，否则厥口诅祝⑦。"

【注释】

①嗣王：成王。其：表示希望。淫：过度。观：游览。逸：安逸享受。游：游玩。田：田猎。正：通"征"，税。供：奉。

②皇：暇。耽乐：沉迷于享乐。

③攸：所。训：效法，榜样。若：顺。时：通"是"，这。丕则：于是。愆：过错。

④无若：不要像。受：即商纣王。酗：纵酒。

⑤犹：尚，还。胥：互相。训告：劝导。保惠：保护并施以恩惠。或：有。诪（zhōu）张：欺诳。幻：欺诈，惑乱。

⑥正刑：政令和刑罚。

⑦否则：无所适从。违：恨。诅祝：诅咒。

【译文】

周公说："啊！从今以后的继位君王，希望他们不要把民众供奉的赋税，浪费在过度的嬉游和田猎之中。不要自我宽解说：'只是今天玩乐一下。'这不是万民所效法的，也不是顺从上天的行为，这样的人就有罪过了。不要像商纣王那样迷惑昏乱，以酗酒为德啊！"周公说："啊！我听说：'古时的人还能互相劝导，互相扶持，互相教诲，所以老百姓没有互相欺骗、互相诈惑的。'不依照这样，官员就会竞相效仿，就会变乱先王的正法，以至于大大小小的法令。民众无所适从，于是就内心怨恨，口头诅咒了。"

【原文】

周公曰:"呜呼!自殷王中宗及高宗及祖甲及我周文王,兹四人迪哲①。厥或告之曰:'小人怨汝詈汝②。'则皇自敬德③。厥愆,曰:'朕之愆,允若时。'不啻不敢含怒④。此厥不听,人乃或诪张为幻,曰小人怨汝詈汝,则信之,则若时,不永念厥辟,不宽绰厥心,乱罚无罪,杀无辜⑤。怨有同,是丛于厥身⑥!"周公曰:"呜呼!嗣王其监于兹⑦!"

【注释】

①迪哲:蹈行圣明之道。

②或:有的人。詈:骂。

③皇:更加。

④愆:过错。允:确实。若时:如此。

⑤辟:法度。宽绰:心胸开阔。辜:罪。

⑥同:会同。丛:聚集。

⑦嗣王:指周成王。监:通"鉴",鉴戒。兹:此。

【译文】

周公说:"啊!从殷王中宗,到高宗,到太甲,到我们周的文王,这四位君王都能蹈行圣明之道。有人告诉他们说:'民众在怨恨你、咒骂你。'他们就更加敬修德行。有人举出他们的过错,他们就说:'这确实是我的过错。'不但不会有怒气,还很愿意听到这样的话。如果不听这些话,人们就会互相欺骗、互相诈惑,只要听到有人在怨恨你、咒骂你,你就会相信,认为真的是这样,你就会不把国家法度放在心上,变得心胸狭窄,随意惩罚没有罪过的人,滥杀没有罪过的人。民众的怨恨一旦汇合起来,就会全部集中到你的身上。"周公说:"啊!你要以此为鉴戒啊!"

君 奭

【原文】

召公为保，周公为师，相成王为左右。召公不说，周公作《君奭》①。

【注释】

①保：太保，三公之一。师：太师，三公之一。相：辅佐。左右：君王身边的辅佐大臣。说：通"悦"，高兴。君奭：君为尊称，奭为召公之名。

【译文】

周成王时，召公担任太保，周公担任太师，如左膀右臂辅佐成王。召公不高兴，周公作了《君奭》。

【原文】

周公若曰："君奭！弗吊，天降丧于殷，殷既坠厥命①。我有周既受，我不敢知曰厥基永孚于休②。若天棐忱，我亦不敢知曰其终出于不祥③。呜呼！君已曰时我，我亦不敢宁于上帝命，弗永远念天威越我民④。罔尤违，惟人⑤。在我后嗣子孙，大弗克恭上下，遏佚前人光在家，不知天命不易，天难谌，乃其坠命，弗克经历⑥。嗣前人，恭明德，在今予小子旦非克有正，迪惟前人光施于我冲子⑦。"又曰："天不可信，我道惟宁王德延，天不庸释于文王受命⑧。"

【注释】

①若：这样。弗：不。吊：善。坠：丧失。

②基：基业。孚：保，安。休：美好。

③棐：辅助。忱：诚。

④时：通"是"，这。宁：安。天威：天命。越：与，和。

⑤罔：无。尤违：过失，过错。惟：在于。

⑥在：察。大：程度副词。上下：指天命和人民。遏：绝。佚：失去。光：光辉的功德。家：指周王朝。乃其：于是，就。经历：长久。

⑦旦：周公名。正：表率。迪：句首语气助词。惟：只。施：延。冲子：幼子，指周成王。

⑧道：语气助词。宁王：文王。延：延续。庸释：舍弃。

【译文】

周公这样说："爽啊！商纣王不敬重上天，给殷国降下了亡国的大祸，殷国已经丧失上天所赐予的福命。我们周国已经接受了，我不敢确信我们的基业会长期保持美好。虽然上天诚心辅助我们，我也不敢说我们最终会有什么不祥。啊！您曾经说过，我能够担负起治理周国的重任，但我也不敢安然享受上帝赐给的福命，不去顾念天命和我们的人民。天没有过错，一切只在于人。我看我们的后代子孙，不仅不能做到敬天理民，反而容易丢弃前人创造的光辉业绩，不知道天命难测，不可相信，导致失去天命，国家不能长久。我们能做的就是继承前人，奉行明德。现在我姬旦不能做别人的表率，只能把前人的光辉传给我们的后代。"周公又说："上天不可信赖。我们只能继承文王的德业，想必上天也不会废弃文王所接受的福命。"

【原文】

公曰："君奭！我闻在昔成汤既受命，时则有若伊尹，格于皇天^①。在太甲，时则有若保衡^②。在太戊，时则有若伊陟、臣扈，格于上帝^③；巫咸乂王家^④。在祖乙，时则有若巫贤^⑤。在武丁，时则有若甘盘^⑥。率惟兹有陈，保乂有殷，故殷礼陟配天，多历年所^⑦。天惟纯佑命，则商实百姓王人，罔不秉德明恤，小臣屏侯甸，矧咸奔走^⑧。惟兹惟德称，用乂厥辟，故一人有事于四方，若卜筮，罔不是孚^⑨。"

【注释】

①时：当时。若：其，那。伊尹：名挚，商汤之时的辅政大臣。格：至，到达。

②太甲：商汤嫡长孙，太丁之子。保衡：官名，大王身边的辅助大臣，指伊尹。

③太戊：商王太甲之孙，太庚之子。伊陟：商王太戊的辅政大臣。臣扈：商王太戊的辅政大臣。

④巫咸：太戊身边的贤臣。乂：治理。

⑤祖乙：太戊之孙。巫贤：祖乙的贤臣。

⑥武丁：小乙之子。甘盘：武丁的贤臣。

⑦率：大抵。惟：有。兹：此，这。陈：道。陟：登，升。历：久。所：助词。

⑧纯：专一。佑命：辅佐王命。实：之。百姓：商的异姓官员。王人：商的同姓官员。罔不：无不。秉：奉持。明：通"勉"，努力。恤：谨慎。小臣：朝廷上的大臣。屏：并。侯甸：诸侯国的官员。矧：亦，也。咸：都。奔走：效劳。

⑨惟：句首语气助词。兹：此，指上述群臣。惟：句中语气助词。用：以。乂：通"艾"，辅助。厥：其，他们的。辟：君主。一人：指君王。若：好像。孚：信。

【译文】

周公说："奭啊！我听说从前成汤既已接受天命，当时有伊尹辅佐，感通上天。在太甲，当时有保衡。在太戊，当时有伊陟和臣扈辅佐，感通上天，又有巫咸治理王国。在祖乙，当时有巫贤。在武丁，当时有甘盘。正是有了这些贤臣，辅佐君王治理殷国，所以君王死后他们的神灵都配天称帝，殷朝的统治才能那么长久。上天专一辅佐王命，那么殷商异姓和同姓的官员们，没有人不秉持美德，小心谨慎，君王的小臣和诸侯的官员，也都奔走效劳。这些官员各称其德，辅助他们的君王，所以君王施政四方，如同卜筮一样，没有人不相信。"

【原文】

公曰："君奭！天寿平格，保乂有殷，有殷嗣，天灭威①。今汝永念，则有固命，厥乱明我新造邦②。"

【注释】

①寿：久。平格：公正至善。乂：治理。嗣：世代相继。灭：停止。威：惩罚。

②固命：定命。乱：治理。明：光大。

【译文】

周公说："奭啊！公正至善的人上天也会使他长寿，安治殷国，于是殷国世代相继，上天也不降给惩罚。现在您要永远想着这些，就会有一定的寿数，能够治理并光大我们这个新建立的国家。"

【原文】

公曰："君奭！在昔上帝割申劝宁王之德，其集大命于厥躬①？惟文王尚克修和我有夏②。亦惟有若虢叔，有若闳夭，有若散宜生，有若泰颠，有若南宫括③。"又曰："无能往来，兹迪彝教，文王蔑德降于国人④。亦惟纯佑秉德，迪知天威，乃惟时昭文王迪见冒，闻于上帝，惟时受有殷命哉⑤！武王惟兹四人尚迪有禄⑥。后暨武王诞将天威，咸刘厥敌⑦。惟兹四人昭武王惟冒，丕单称德⑧。今在予小子旦，若游大川，予往暨汝奭其济⑨。小子同未在位，诞无我责收，罔勖不及，耈造德不降，我则鸣鸟不闻，矧曰其有能格⑩？"

【注释】

①割：通"曷"，为什么。申：重，一再。劝：劝勉。宁王：文王。集：降下。躬：自身。

②惟：因为。修和：施行教化和合众邦。有夏：即夏，指中国。

③虢叔、闳夭、散宜生、泰颠、南宫括：都是周文王时的贤臣。

④往来：奔走效劳。迪：导。彝：常。蔑：无。

⑤惟：因为。纯佑：贤臣良佐。天威：天命。时：通"是"，这。昭：辅助。冒：通"勖"，勉励。

⑥有禄：还活着。

⑦暨：与，和。诞：大。将：奉行。刘：通"刈"，杀。

⑧丕：大。单：通"殚"，尽。称：称赞。

⑨今在：现在。其：或许。济：渡过。

⑩小子：周公自称。同：即"侗"，幼稚。未：同"昧"，昏昧。诞：句首语气助词。收：通"纠"，纠正。勖：勤勉。不及：不足。耈造德：指召公。造：成。降：和睦相处。鸣

鸟：凤凰，比喻高论。格：至，感知天意。

【译文】

周公说："嗳啊！过去上帝为什么一再劝勉文王注重品德修养，降下大命在他身上呢？因为文王能够施行教化和合众邦。同时也是因为有虢叔、闳夭、散宜生、泰颠、南宫括这些贤人。"又说："如果没有这些贤臣奔走效劳，努力施行常教，文王也不可能将恩德降给国人了。也因为这些贤臣秉持美德，知晓天命，因此努力辅助文王，被上帝知道了，文王这才承受了殷国的大命啊。武王的时候，这四个贤臣还活着。后来，他们和武王奉行天命，完全消灭了他们的敌人。也是因为这四个人努力辅助武王，于是天下普遍赞美武王的恩德。现在我姬旦好像游于大河，你我要同心协力才能安全渡过。我昏昧愚暗，却身居大位，你不督责、纠正我，就没有人指出我的不足了，你我不能和睦相处，我就听不到你治国的见解，何况说要感通上天呢？"

---◆---

【原文】

公曰："呜呼！君肆其监于兹①！我受命无疆惟休，亦大惟艰②。告君乃猷裕我，不以后人迷③。"公曰："前人敷乃心，乃悉命汝，作汝民极④。曰：'汝明勖偶王在亶，乘兹大命，惟文王德丕承，无疆之恤⑤。'"

【注释】

①肆：今，现在。监：明察。

②无疆：无限。惟：有。休：美。

③告：请求。猷裕：教导。以：使。

④前人：即武王。敷：布。乃：其，他的。悉：详尽。极：榜样，楷模。明勖：努力。偶：辅佐。乘：接受。惟：考虑。

承：承继。恤：忧患。

【译文】

周公说："啊！您现在应该能明察到这一点！我们接受的大命，虽然无限美好，但也有无穷的艰难。希望您能教导我，不要使后人迷惑呀！"周公说："武王曾经表明过他的心意，详尽地告诉了您，要做民众的表率。武王说：'您要诚心努力辅助成王，接受天命，继承文王的德业，随时随地把它放在心上。'"

【原文】

公曰："君！告汝，朕允保奭①。其汝克敬以予，监于殷丧大否，肆念我天威②。予不允惟若兹诰，予惟曰：'襄我二人，汝有合哉③？'言曰：'在时二人④。'天休兹至，惟时二人弗戡⑤。其汝克敬德，明我俊民，在让后人于丕时⑥。呜呼！笃棐时二人，我式克至于今日休⑦？我咸成文王功于不怠，丕冒，海隅出日，罔不率俾⑧。"

【注释】

①允：信。保：太保。

②其：表示希望。以：与。否：厄。肆：长。天威：天命。

③允：语气助词。惟：只。若兹：如此。襄：除掉。

④时：通"是"，这。

⑤天休：天赐福佑。兹：通"滋"，更加。戡：通"堪"，胜任。

⑥其：表示希望。明：举荐。俊民：贤人。让：通"襄"，襄助。后人：即成王。丕时：犹丕承，很好地继承。

⑦笃：厚。棐：辅助。时：通"是"，这。我：指周王朝。式：用。克：能够。休：美好。

⑧咸：皆。丕：大。冒：通"勖"，努力。海隅出日：指荒远偏僻的地方。率：顺。俾：从。

【译文】

周公说："奭啊！告诉您，我是非常相信您太保奭的。希望您和我都能以殷国丧亡的大祸为鉴，长想上天的惩罚。我不只这样说，我还想说：'除了我们二人，您还有志同道合的人吗？'您会说：'只有我们二人了。'上天赐予的福命越来越多，仅仅我们两个人是不能承受的。希望您能够敬重贤德，提拔杰出的人才，帮助我们后人能够很好地继承前人的德业。啊！如果不是我们两个人同心协力，我们国家能达到今天的休美境地吗？让我们一起努力来成就文王的功业吧！哪怕是荒远偏僻的地方，也没有人不顺从我们。"

【原文】

公曰："君！予不惠若兹多诰，予惟用闵于天越民①。"公曰："呜呼！君！惟乃知民德亦罔不能厥初，惟其终②。祗若兹，往敬用治③！"

【注释】

①不惠：不聪明。闵：忧虑。越：与，和。
②德：行为。罔：不。
③祗：敬。用：以。

【译文】

周公说："君奭啊！我不够聪慧，说了这么多，完全是担心天命和民心。"周公说："啊！奭！您知道老百姓的行为，开始时没有不好好干的，但往往不能坚持到最后。我们要谨慎对待这件事，要勤劳恭敬地去治理国家啊！"

蔡仲之命

【原文】

蔡叔既没，王命蔡仲，践诸侯位，作《蔡仲之命》①。

【注释】

①没：通"殁"，死亡。命：册命。践：继承。

【译文】

蔡叔去世后，成王策命蔡仲为诸侯，写下了《蔡仲之命》。

【原文】

惟周公位冢宰，正百工，群叔流言①。乃致辟管叔于商；囚蔡叔于郭邻，以车七乘；降霍叔于庶人，三年不齿②。蔡仲克庸祗德，周公以为卿士③。叔卒，乃命诸王邦之蔡④。

【注释】

①惟：句首语气助词。位：担任。冢宰：官名，也叫大宰，周代百官之长。正：即统领。百工：百官。群叔：指管、蔡等人。流言：散布谣言。

②乃：于是。致辟：诛戮。辟，法。管叔：名鲜，因受封于管，故称管叔或管叔鲜，周初三监之一。商：商朝都城。蔡叔：名度，因受封于蔡，故称蔡叔或蔡叔度，周初三监之一。郭邻：地名。霍叔：名处，因受封于霍，故称霍叔或霍叔处，

周初三监之一。庶人：平民。齿：录用。即三年之后才可以被录用。

③蔡仲：即蔡叔度之子胡。克：能够。庸：常。祗：敬。卿士：这里指鲁国的卿士，辅佐周公之子伯禽。

④乃：于是。命：请命。诸：之于。邦：分封。

【译文】

周公身居大宰、统帅百官的时候，管叔、蔡叔等几个兄弟在国中散布流言。周公于是率兵征讨，在商都杀了管叔；囚禁了蔡叔，用七辆车把他送到郭邻；把霍叔降为平民，三年不予录用。蔡仲能够经常重视德行，周公任用他为鲁国卿士。蔡叔死后，周公便向成王请命，封蔡仲于蔡国。

———————◆———————

【原文】

王若曰："小子胡①！惟尔率德改行，克慎厥猷，肆予命尔侯于东土②。往即乃封，敬哉③！尔尚盖前人之愆，惟忠惟孝④。尔乃迈迹自身，克勤无怠，以垂宪乃后⑤。率乃祖文王之彝训，无若尔考之违王命⑥！"

【注释】

①胡：蔡仲名。

②惟：因为。尔：你。率：遵循。克：能。慎：谨慎。猷：道。肆：故，所以。侯：用作动词，封为诸侯。东土：蔡国在周都的东方，所以称东土。

③往：前往。即：就，就任。封：封国。敬：谨慎。

④尚：庶几，表示希望。盖：掩盖。前人：指蔡叔度。愆：罪过。

⑤乃：其，句中语气助词。迈迹：开创事业。自：从。身：

自己。克：能。怠：懈怠。垂宪：犹言垂范。乃后：你的后代。

⑥率：遵循。乃祖：你的祖父。彝训：文王对后辈经常训导的话。彝，常。无：通"毋"，不要。若：像。尔考：你的父亲，指蔡叔度。

【译文】

成王这样说："年轻的姬胡！由于你遵循祖德，不与父亲同流合污，谨守臣子之道，所以封你为蔡地诸侯。前往你的封地去吧，做什么事都要谨慎呀！你要多做善事掩盖前人的罪过，忠诚国家，孝敬长辈。你要努力开创事业，勤劳不怠，为你的后代做个好的榜样。你要遵循你祖父文王的训导，不要像你的父亲那样违背王命！"

【原文】

"皇天无亲，惟德是辅；民心无常，惟惠之怀①。为善不同，同归于治；为恶不同，同归于乱②。尔其戒哉！慎厥初，惟厥终，终以不困；不惟厥终，终以困穷③。懋乃攸绩，睦乃四邻，以蕃王室，以和兄弟，康济小民④。率自中，无作聪明乱旧章；详乃视听，罔以侧言改厥度⑤。则予一人汝嘉⑥。"王曰："呜呼！小子胡。汝往哉！无荒弃朕命⑦。"

【注释】

①无亲：无亲疏之分。惟：只。是：结构助词。辅：辅佐。惠：仁爱，宽厚。之：结构助词。怀：归向，拥护。

②归：趋于。治：治理。乱：祸乱。

③其：表示希望。戒：警戒。慎：谨慎。厥：其。初：开始。惟：思。终：结果。困：困窘。

④懋：勉力。乃：你的。攸：所。绩：功。睦：和睦。四邻：

指蔡国的四方邻国。蕃:通"藩",保卫。兄弟:谓同姓诸侯国。康济:安居成业。康,安。济,成。

⑤率:遵循。自:用。中:中道,不偏不倚的正道。无:通"毋",不要。旧章:指先王的成法。详:审察。视听:见闻。罔:无。以:因为。侧言:片面之言。厥:其,你的。度:法度。

⑥嘉:赞赏。

⑦荒弃:废弃。命:即上述训命。

【译文】

"皇天对人没有亲疏之分,只辅助有德的人;民心也不是固定不变,他们只拥护仁爱的君主。做善事的方式虽然各不相同,最终都能安治国家;做恶事的手段虽然各不相同,最终都会给国家带来祸乱。你要警戒呀! 既能谨慎对待每件事情的开始,又能考虑它的结局,结局就不会困窘;若不考虑它的结局,最终就会陷入困窘的境地。努力去建功业,与你周边的国家和睦相处,以保卫周王室,使兄弟国家之间亲密和谐,使百姓安居成业。要遵循正道,不要自作聪明扰乱先王成法;要审察你的所见所闻,不要因片面之言改变法度。这样,我就会赞美你。"成王说:"啊! 年轻的姬胡。你去吧! 不要废弃我的教导!"

多 方

【原文】

成王归自奄，在宗周，诰庶邦，作《多方》①。

【注释】

①归：返回。自：从。奄：古国名。宗周：镐京。多方：众诸侯国。

【译文】

周成王从奄地返回镐京，告诫诸侯国，史官记录写下了《多方》。

【原文】

惟五月，丁亥，王来自奄，至于宗周①。周公曰："王若曰：猷！告尔四国多方惟尔殷侯尹民②。我惟大降尔命，尔罔不知③。洪惟图天之命，弗永寅念于祀，惟帝降格于夏④。有夏诞厥逸，不肯戚言于民，乃大淫昏，不克终日劝于帝之迪，乃尔攸闻⑤。厥图帝之命，不克开于民之丽，乃大降罚，崇乱有夏⑥。因甲于内乱，不克灵承于旅，罔丕惟进之恭，洪舒于民⑦。亦惟有夏之民叨懫日钦，劓割夏邑⑧。天惟时求民主，乃大降显休命于成汤，刑殄有夏⑨。"

【注释】

①惟：句首语气助词。五月：成王执政第二年五月。自：

从。奄：古国名。宗周：镐京。

②猷：发语词。四国：指管、蔡、商、奄四国。多方：众诸侯国。惟：与，和。殷侯：殷国诸侯。尹民：治民的长官。

③惟：句中语气助词。降：下达。罔：无，不要。

④洪惟：句首语气助词。图：大。寅：敬。祀：祭祀之礼。惟：因此。格：告。此处指谴告。

⑤诞：大。逸：放纵。威言：恤民的言论。乃：竟然。淫昏：淫逸昏乱。克：能。劝：劝勉。迪：教导。攸：所。

⑥开：明。丽：归附。崇：重。

⑦甲：通"狎"，习。灵承：善于顺应。旅：众。罔丕：无不。丕：通"不"。惟：只。进：通"赆"，财货。恭：通"供"，进贡。洪：大。舒：通"荼"，荼毒。

⑧惟：因为。叨：贪婪。懫（zhì）：忿戾。钦：兴。剿割：残害。剿，害。

⑨惟时：于是。显休：光荣而美好。殄：绝。

【译文】

五月丁亥这天，成王从奄地回来，到了镐京。周公说："成王这样说：啊！告诉你们四国、众诸侯以及你们殷国诸侯治民的长官，我郑重地向你们下达教令，你们不可不知。想当初夏桀夸大天命，不常重视祭祀，上帝就对夏国降下谴告。而夏桀大肆逸乐，不肯抚恤民众，竟然大行淫乱，一天都不按照上帝的教导行事，这些是你们所听说过的。夏桀夸大天命，不知道怎么让百姓归附自己，于是上帝降下惩罚，大乱夏国。这是因为夏桀习于让妇人治理政事，不能很好地顺从民众，只知搜刮民财，毒害人民。也由于夏民也跟着贪婪残暴，风气越来越坏，竟至于残害同胞手足。上天于是寻求可以做人民君主的人，把天命给了成汤，命令成汤消灭夏国。"

【原文】

"惟天不畀纯，乃惟以尔多方之义民不克永于多享；惟夏之恭多士大不克明保享于民，乃胥惟虐于民，至于百为，大不克开①。乃惟成汤克以尔多方简，代夏作民主②。慎厥丽，乃劝；厥民刑，用劝；以至于帝乙，罔不明德慎罚，亦克用劝；要囚殄戮多罪，亦克用劝；开释无辜，亦克用劝③。今至于尔辟，弗克以尔多方享天之命，呜呼④！"

【注释】

①惟：句首语气助词。畀：给予。纯：大福，大命。惟：因为。义民：贤人。克：能够。恭：通"供"，谓所供职位。明：通"勉"，努力。保：安。胥：皆。惟：为。百为：无所不为。开：明。

②惟：只有。简：选择。

③丽：施行。刑：刑罚。要囚：幽囚。殄戮：杀戮。开释：开脱。无辜：无罪。

④尔：你们。辟：君主，指纣王。

【译文】

"上天没有赐天命给众位诸侯，就是因为你们各国诸侯的贤人不想让你们享受上天的大命；夏国的官员太不懂得保护和劝导人民，竟然都对人民施行暴虐，至于无所不为，太不明智了；只有成汤那时有各国邦君的选择，代替夏桀作了君主。他谨慎地施行教令，劝勉民众走向正途；他惩罚罪人，劝勉民众弃恶从善；从成汤到帝乙，无不宣明德教，慎施刑罚，都是为了劝勉民众；他们囚禁、杀死重大罪犯，也是为了劝勉民众；他们释放无罪的人，也是为了劝勉民众。现在到了你们的国君纣王，不能够和你们各国邦君享受上天的大命，实在可悲啊！"

【原文】

"王若曰：诰告尔多方，非天庸释有夏，非天庸释有殷①。乃惟尔辟以尔多方大淫，图大之命屑有辞②。乃惟有夏图厥政不集于享，天降时丧，有邦间之③。乃惟尔商后王逸厥逸，图厥政不蠲烝，天惟降时丧④。惟圣罔念作狂，惟狂克念作圣⑤。天惟五年须暇之子孙，诞作民主，罔可念听⑥。天惟求尔多方，大动以威，开厥顾天⑦。惟尔多方罔堪顾之⑧。惟我周王灵承于旅，克堪用德，惟典神天⑨。天惟式教我用休，简畀殷命，尹尔多方⑩。"

【注释】

①诰告：诏告。庸释：舍弃。

②惟：是。辟：君主。以：与。大淫：过分。图：夫。屑：琐碎。有辞：有怨言。

③图：为。集：止。享：劝。时：通"是"，这。有邦：这里指商。间：代替。

④后王：商纣王。逸：纵恣无度。蠲：清洁。烝：祭祀活动。丧：丧亡。

⑤惟：虽然。圣：聪慧明达的人。念：顾念。作：为。狂：愚昧无知的人。

⑥须：等待。暇：宽暇。子孙：指纣王。诞：其。听：听从，接受。

⑦大动以威：指天降灾祸以示警告。以，用。开：启发。厥：其，指多方。顾天：仰承天意。

⑧罔堪：不堪。

⑨惟：只。灵承：善于顺应。旅：众。典：主持。神天：

神与上天。

⑩惟：因此。式：用。教：告。休：福命。简：选择。畀：给。尹：掌管治理。

【译文】

"王这样说：告诉你们各位诸侯，并不是上天要舍弃夏国，也不是上天要舍弃殷国。是因为你们夏、殷的君王和你们各国诸侯大肆荒淫享乐，夸大天命，屡有怨言；是因为夏桀为政不能很好地祭祀上天，于是上天降下了这亡国大祸，让殷国代替了夏桀；是因为你们殷商的后王纵情享乐，为政祭祀贡品不清洁，于是上天降下这亡国大祸。虽然自己聪慧明达，如果不把上帝的意指放在心上，就是愚昧无知，自己愚昧无知，但如果把上帝的意指放在心上，就是聪慧明达的人。上帝用五年时间使商纣王悔悟，让他继续做民众的君主，但他依旧不听从天意。上帝又用这样的方法要求你们众诸侯国，降下灾祸以示警告，启发你们顾念天意，你们也没有顾念它。只有我们周王善于顺从民众，广施德教，主持神明祭祀。上帝因而就把福命降给我们，选择我周王，赐予我们殷国的大命，统治众国诸侯。"

【原文】

"今我曷敢多诰，我惟大降尔四国民命①。尔曷不忱裕之于尔多方②？尔曷不夹介乂我周王享天之命③？今尔尚宅尔宅，畋尔田，尔曷不惠王熙天之命④？尔乃迪屡不静，尔心未爱⑤。尔乃不大宅天命，尔乃屑播天命，尔乃自作不典，图忱于正⑥。我惟时其教告之，我惟时其战要囚之，至于再，至于三⑦。乃有不用我降尔命，我乃其大罚殛之⑧！非我有周秉德不康宁，乃惟尔自速辜⑨！"

【注释】

①曷：何，怎么。惟：只。

②忱裕：劝导。

③夹介：辅助。乂：通"艾"，辅助。

④尚：还。宅尔宅：前一个"宅"作动词，居住；后一个"宅"作名词，住宅。畎：平治田地。惠：顺从。熙：广，光大。

⑤乃：竟然。迪：教导。静：安定。爱：纯善。

⑥乃：如果。宅：度，考虑。屑播：轻易抛弃。典：法。图：图谋。忱：攻击。正：官长。

⑦惟时：于是。其：将。战：用战争讨伐叛乱。要囚：幽囚。再：第二次。

⑧乃：如果。有：同"又"。乃：就。殛：诛杀。

⑨康宁：安宁。惟：是。速：招致。辜：罪。

【译文】

"现在我还说什么呢，我只好向你们发布教令。你们为什么不劝导各国臣民？你们为什么不辅助我周王共享天命呢？现在你们还住在你们的住处，整治你们的田地，你们为什么不顺从周王宣扬上帝的大命呢？你们竟然屡次教导还不安定，你们内心还不纯善。你们竟然不度量天命，竟然完全抛弃天命，你们竟然自作不法，图谋攻击长官。我因此教导你们，讨伐你们，囚禁你们，一而再，再而三。假如还有人不服从我的命令，那么我就要重重惩罚你们，甚至诛杀你们！这并不是我们周国不秉德安邦，实在是你们自己招致惩罚！"

【原文】

"王曰：呜呼！猷！告尔有方多士暨殷多士①。今尔奔走臣我监五祀，越惟有胥伯小大多正，尔罔不克臬②。自作不和，尔惟和哉③！尔室不睦，尔惟和哉！尔邑克明，尔惟克勤乃事④。尔尚不忌于凶德，亦则以穆穆在乃位，克阅于乃邑谋介⑤。尔乃自时洛邑，尚永力畋尔田，天惟畀矜尔⑥。我有周惟其大介赉尔，迪简在王庭⑦。尚尔事，有服在大僚⑧。"

【注释】

①猷：发语词。有：前缀词，无实义。方：一方土地的诸侯。多士：百官。暨：与，和。

②奔走：效劳。监：指灭殷商后设立监督殷民的"三监"。五祀：五年。越惟：发语词。胥：徭役，亦即赋税。伯：通"赋"，赋税。正：通"征"，征调。臬：法度，准则。

③作：造成。和：和睦，融洽。惟：考虑。

④室：家庭。邑：封邑。明：勤勉。乃：你的。

⑤不：通"丕"，大。忌：顾忌，畏惧。凶德：违背仁德的恶行。穆穆：恭恭敬敬的样子。阅：久。介：福。

⑥乃：如果。时：通"是"，这。惟：句中语气助词。畀：赐予。矜：怜悯。

⑦惟：句中语气助词。其：将。介：助。赉：赏赐。迪：进。简：选拔。⑧尚：努力。事：职事。服：职位。僚：官。

【译文】

"王说：啊！告诉你们诸侯国官员和殷国的官员。到现在你们奔走效劳，臣服我周国已经五年了，所有的徭役赋税和大大小小的政事，你们没有不遵守法规的。你们自己之间造成了不和睦，你们应该和睦起来！你们的家庭不和睦，你们也应该和睦起来！你们封邑中的民众勤勉，你们也应该勤勉于自己的职事。如果你们还惧怕自己犯错受惩罚，就要恭恭敬敬地在你们的位置上，长久地为你们的封邑谋福。如果你们想在洛邑生活，那就尽力耕作你们的田地，上天也会怜悯你们。我们周国将会大大地赏赐你们，把你们选拔到朝廷，努力做好你们的职事，你们就可以担任重要官职。"

【原文】

王曰："呜呼！多士，尔不克劝忱我命，尔亦则惟不克享，凡民惟曰不享①。尔乃惟逸惟颇，大远王命，则惟尔多方探天之威，我则致天之罚，离逖尔土②。"王曰："我不惟多诰，我惟祗告尔命③。"又曰："时惟尔初！不克敬于和，则无我怨④。"

【注释】

①多士：百官。劝：勉力。忱：信从。惟：句中语气助词。享：享受禄位。

②乃：如果。逸：放荡。颇：邪恶。远：远弃。惟：是。探：试探。离逖：远远离开。逖，远。

③惟：想。惟：只。祗：敬。命：天命。

④惟：谋划。于：与。

【译文】

王说："啊！众位官员，如果你们不努力信从我的教命，你们也就不能享有禄位，民众也将认为你们不能享有禄位。如果你们一味放纵邪恶，大大地违抗王命，那就是你们各国妄图试探上天的惩罚，我就要施行上天的惩罚，把你们赶走，永远地离开你们的故土。"王说："我不想重复地说了，我只是认真地把天命告诉你们。"又说："从头开始好好地谋划吧！你们若不能恭敬对待天命，和睦相处，那么就不要怨我了。"

立 政

【原文】

周公作《立政》。

【译文】

周公作了《立政》。

【原文】

周公若曰："拜手稽首，告嗣天子王矣①。"用咸戒于王曰："王左右常伯、常任、准人、缀衣、虎贲②。"周公曰："呜呼！休兹知恤，鲜哉③！古之人迪惟有夏，乃有室大竞，吁俊尊上帝迪，知忱恂于九德之行④。乃敢告教厥后曰：'拜手稽首后矣⑤！'曰：'宅乃事，宅乃牧，宅乃准，兹惟后矣⑥。谋面，用丕训德，则乃宅人，兹乃三宅无义民⑦。'"

【注释】

①拜手：古代的一种跪拜礼。双膝下跪，两手相拱，俯首至手。稽首：古代的一种跪拜礼。双膝下跪，叩头至地。嗣天子：周成王。王：亲政。

②用：因。咸：通"箴"，劝告，劝诫。左右：身边大臣。常伯：治民之官。常任：治事之官。准人：执法之官。缀衣：掌管国王衣服的官。虎贲：守卫王宫的武官。

③休：美。恤：忧虑。鲜：少。

④迪：语气助词。惟：只。有夏：夏国。有，前缀词，

无实义。乃：其，指夏朝。有室：卿大夫。竞：强。吁：呼吁。俊：通"骏"，长久地。迪：教导。忱恂：诚信。九德：九种德行。即《皋陶谟》中的"宽而栗，柔而立，愿而恭，乱而敬，扰而毅，直而温，简而廉，刚而塞，强而义"。

⑤乃：代指卿大夫。后：君王。

⑥宅：度量，考察。乃：你的。事：即常任。牧：即常伯。准：即准人。兹：如此。惟：为，是。

⑦谋面：以貌取人。丕：通"不"。训：通"顺"，依循。宅人：任人唯亲。三宅：常伯、常任、准人。义民：贤人。义，贤。

【译文】

周公这样说："老臣在这里行礼了，正式禀告天子，您已经亲政了。"周公因而劝诫成王说："大王身边有常伯、常任、准人、缀衣和虎贲诸位重臣。"周公说："啊！处于顺境的时候依然知道谨慎处事，这样的人很少啊！古代只有夏代的君王，他们的卿大夫很强大，夏王还呼吁他们长久地遵循上帝的教导，使他们诚实地按照九德的准则行事。卿大夫们禀告夏王：'我们在这里行礼了！'然后劝诫君王说：'考察任用好常任、常伯、准人这类官员，如此才称得上君王。以貌取人，不依循德行，而是任人唯亲，那么常任、常伯和准人就没有贤人了。'"

【原文】

"桀德，惟乃弗作往任，是惟暴德，罔后①。亦越成汤陟，丕釐上帝之耿命，乃用三有宅，克即宅，曰三有俊，克即俊②。严惟丕式，克用三宅三俊，其在商邑，用协于厥邑；其在四方，用丕式见德③。呜呼！其在受德，暋，惟羞刑暴德之人，同于厥邦④；乃惟庶习逸德之人，同于厥政⑤。帝钦罚之，乃伻我有夏，式商受命，奄甸万姓⑥。"

【注释】

①德：升于帝位。惟：句首语气词。乃：他。弗：不。作：用。往任：往日任人的法则。是：这，指夏桀。惟：只。暴德：以暴虐为德。罔：没有。

②越：及，到了。陟：升，指即帝位。丕：大。釐（xī）：受福。耿：明。乃：因此。三有宅：常伯、常任、准人。有，前缀词。克：能够。宅：胜任职位。三有俊：三宅之下的属官。

③严：严格。惟：念。丕：大。式：法度。协：协和。厥：其。见：现，显现。

④受：纣王。德：升于帝位。惟：只。羞刑：惯用刑法。同：会集。

⑤庶：众多。习：左右亲幸的人。逸德：失德。

⑥钦：敬，重重地惩罚。乃：才。有夏：周人自称。式：代替。奄：拥有。甸：治理。万姓：万民。

【译文】

"夏桀即位后，他不用往日任用官员的法则，只用些暴虐的人，最终导致夏朝灭亡。到了成汤登上帝位，天帝赐予福命，他选用常伯、常任、准人三宅官员，所用之人都能各尽其职，选用三宅属官，也能各称其职。之后严格地按照这种选官制度选用三宅三俊官员，他们在商都，则能够协和都城臣民；在天下四方，则能够用这种制度显现他们的德行。啊！商纣王登上帝位，性格强横，把那些惯用刑法和暴虐的人，会集在他的国家里；竟然用众多亲幸和失德的人，共同治理他的政事。上帝于是重重地惩罚他，让我们周王代替商纣王接受上天的大命，安抚治理天下的百姓。"

【原文】

"亦越文王、武王，克知三有宅心，灼见三有俊心，以敬事上帝，立民长伯①。立政：任人、准夫、牧作三事②；虎贲、缀衣、趣马、小尹、左右携仆、百司庶府③；大都小伯、艺人、表臣百司、太史、尹伯，庶常吉士④；司徒、司马、司空、亚旅⑤；夷、微、卢烝⑥；三亳、阪尹⑦。文王惟克厥宅心，乃克立兹常事司牧人，以克俊有德⑧。文王罔攸兼于庶言，庶狱庶慎，惟有司之牧夫是训用违⑨；庶狱庶慎，文王罔敢知于兹⑩。亦越武王，率惟敉功，不敢替厥义德，率惟谋从容德，以并受此丕丕基⑪。"

【注释】

①越：及，到了。灼见：明白。长伯：官长。

②立政：建立官长。

③趣马：负责养马的官。小尹：趣马的属官。左右携仆：君王的近侍官员。百司庶府：泛指各种王室内官。百、庶，表示众多。司、府，都是官名。

④大都小伯：大都小都的官长。艺人：征收赋税的官。表臣百司：外臣百官。太史：史官之长。尹伯：泛指各官的官长。庶常吉士：意思是上列各官都是祥善之人。庶，众。常，祥。吉，善。

⑤亚旅：大夫。

⑥夷：东方的少数民族部落。微：南方的少数民族部落。卢：西方的少数民族部落。烝：即少数民族的君王。

⑦三亳：北亳为成皋、南亳为轩辕、西亳为降谷，都是殷商故都。阪尹：古代阪地的官长。

⑧宅心：指考察他们的行为是否符合九德。兹：此。常事司牧：泛指各类官员。俊：通"骏"，长久地。

⑨罔：无。攸：所。庶：众官。言：教令。庶狱庶慎：各种狱讼案件和各种刑罚。惟：只。有司：主管机构。之：和。牧夫：主管官员。是：这。训：教令。用违：用与不用。

⑩罔敢知于兹：对司法方面的事不加干预。

⑪率惟：语气助词。敉：完成。功：文王的事业。替：废弃。义德：善德。容德：宽容的美德。丕丕：大而又大。基：基业。

【译文】

"到了文王、武王，他们能够知道三宅需要具备什么样的品德，三俊需要具备什么样的品德，于是敬奉上帝，为百姓建立官长。设立的官职有：任人、准夫、牧负责治民、治事、刑罚三事；有守卫王宫的、掌管衣服的、养马的以及左右近臣和其他百官；有大小诸侯的国君、征收赋税的官、外臣百官、史官、各内官之长，他们都各司其职，把事情处理得很好。还有司徒、司马、司空、大夫；东方、南方、西方也都设立了君主；殷商旧地也设立了相应的官长。文王因能够明白三宅需要具备什么样的品德，于是就能设立这些官员，使他们长久地在位管理事务。文王不干涉各种官员的管理教令，各种狱讼案件和各种刑罚，由其主管机构和主管官员决定这个教令用与不用；对于各种狱讼案件和各种刑罚，文王不加干预。到了武王，完成了文王的事业，不敢丢弃文王的善德，努力奉行文王宽容的美德，因此，文王和武王共同完成了这伐商建周的伟大功业。"

【原文】

"呜呼！孺子王矣！继自今我其立政①。立事、准人、牧夫，我其克灼知厥若，丕乃俾乱②。相我受民，和我庶狱庶慎，时则勿有间之，自一话一言③。我则末惟成德之彦，以乂我受民④。呜呼！予旦已受人之徽言，咸告孺子王矣⑤。继自今文子文孙，其勿误于庶狱庶慎，惟正是乂之⑥。自古商人亦越我周文王立政，立事、牧夫、准人，则克宅之，克由绎之，兹乃俾乂，国则罔有⑦。立政用憸人，不训于德，是罔显在厥世⑧。继自今立政，其勿以憸人，其惟吉士，用劢相我国家⑨。"

【注释】

①孺子：指成王。继自今：从今以后。其：将。

②灼：明。若：善。丕乃：于是。俾：使。乱：治理。

③相：辅助。受民：从上天和祖先那里接收的民众。和：平治。时：通"是"，这些事。间：代替。

④末：终，引申为始终。惟：有。成德：指具备九德。彦：指有才学、德行的人。乂：治理，安定。

⑤徽言：美言，善言。咸：都。

⑥文子文孙：贤子贤孙。误：事事过问的错误。正：官长。是：结构助词。

⑦宅：考察。由绎：扶持。有：通"尤"，过错。

⑧憸人：奸佞的人。训：依循。在：于。

⑨其：表示希望。用：以。惟：只。劢（mài）：努力。

【译文】

"唉！您现在已是君王了。从今以后，我们要这样设立官员。设立事、准人、牧夫，我们要能充分了解他们的优点，才能让他们治理政事。管理我们所接受的人民，平治我们各种狱讼和各种刑罚的事务，这些事务我们不要包办代替，甚至一言一语都不要干涉。那么，我们就终会有德才兼备的人，来治理我们的百姓。唉！我姬旦已经把前人的美言全部告诉您了。从今以后，继承的贤子贤孙，千万不要在各种狱讼和各种刑罚上犯这种错误，这些事就让主管官员去治理。从古时的商代先王到我们周的文王设立官员，设立事、牧夫、准人，就是能够考察他们，能够扶持他们，这样让他们治理国事才没有失误。假如设立官员，任用贪利奸佞的小人，不依循于德行，这样君王的德政终究无法推行。从今以后设立官员，千万不可任用贪利奸佞的小人，只任用善良贤能的人，来努力治理我们的国家。"

【原文】

"今文子文孙，孺子王矣！其勿误于庶狱，惟有司之牧夫①。其克诘尔戎兵，以陟禹之迹，方行天下，至于海表，罔有不服②。以觐文王之耿光，以扬武王之大烈③。呜呼！继自今后王立政，其惟克用常人④。"周公若曰："太史！司寇苏公，式敬尔由狱，以长我王国⑤。兹式有慎，以列用中罚⑥。"

【注释】

①其：表示希望。误：事事过问的错误。有司：泛指官吏。之：和。牧夫：牧民的官。

②诘：治。戎兵：军队。陟：登，循。方：通"旁"，遍。海表：海外。

③觐：显扬。耿光：光辉。烈：功业。

④惟：表示希望。常人：善人。

⑤苏：地名；公：爵位；苏公指苏忿生，他在武王时期担任司寇。式：法，做状语，依法。由：掌管。

⑥有：通"又"。中罚：合乎法度。

【译文】

"现在，先王贤明的子孙，您已做君王了！您不要干涉司法刑狱方面的事情，只让负责的官员去治理。您要治理好军队，循着大禹的足迹，统一天下，直至海外，没有人不臣服。以此显扬文王圣德的光辉，继承发扬武王伟大的功业。啊！从今以后，继位君王设立官员，必须任用善良贤明的人。"周公这样说："太史！司寇苏公，要谨慎地处理狱讼案件，使我们的国家长治久安。要更加谨慎地处理狱讼案件，依据常例，使每一件都合乎法度。"

周　官

【原文】

成王既黜殷命，灭淮夷，还归在丰，作《周官》①。

【注释】

①黜：废、灭。丰：周文王时国都。

【译文】

周成王已经灭了殷商，继而平叛淮夷，返回丰都，史官写下了《周官》。

◆

【原文】

惟周王抚万邦，巡侯甸，四征弗庭，绥厥兆民①。六服群辟，罔不承德②。归于宗周，董正治官③。王曰："若昔大猷，制治于未乱，保邦于未危④"。曰："唐虞稽古，建官惟百⑤。内有百揆四岳，外有州牧侯伯⑥。庶政惟和，万国咸宁⑦。夏商官倍，亦克用乂⑧。明王立政，不惟其官，惟其人。今予小子，祗勤于德，夙夜不逮⑨。仰惟前代时若，训迪厥官⑩。"

【注释】

①惟：句首语气助词。抚：安抚。巡：巡行。侯甸：侯服、甸服，泛指各诸侯国。庭：朝廷，引申为朝见。绥：安定。厥：其。兆民：百姓。

②六服：侯服、甸服、绥服、要服、荒服，加上畿内为

六服。群辟：众多诸侯国君。罔不：无不。承德：服从德教。

③宗周：镐京。董正：督察整顿。

④若：像。大猷：治国大道。制治：制定政教。保：安。

⑤唐虞：尧和舜。稽古：稽考古制。建官：建立官职。惟：只。百：表示约数。

⑥百揆：冢宰、太宰。四岳：四方部落首领。州牧：州的长官。侯伯：泛指诸侯。

⑦庶政：各种各样的政事。和：和顺。咸：都。

⑧官倍：官职数增加一倍。义：治理。

⑨立政：建立官长。惟：在于。祗：敬。夙夜：早晚。逮：及。

⑩惟：思。时若：像这样。训迪：教诲启迪。

【译文】

周成王安抚天下四方，巡视侯服、甸服等诸侯，征讨四方不来朝见的诸侯，以安定天下的百姓。六服的诸侯，无人不接受他的德教。成王回到镐京，又督导整顿治事的官员。成王说："要像以前的治国大道，在国家还未出现动乱的时候制定政教，在未出现危机的时候安定国家。"又说："稽考古代尧舜时代，建立了上百个官职。内有百揆和四岳，外有州牧和侯伯。各种政事都很协和，天下四方太平安宁。夏朝和商朝时期，官职数量增加一倍，依然能够治理天下。明君设立官员，不在于官员的多少，而在于任用贤人。现在我恭敬勤奋施行德政，从早到晚都像有所不及。时常想着前代的做法，教育开导这些官吏。"

【原文】

"立太师、太傅、太保，兹惟三公，论道经邦，燮理阴阳，官不必备，惟其人①。少师、少傅、少保，曰三孤，贰公弘化，寅亮天地，弼予一人②。冢宰掌邦治，统百官，均四海③。司徒掌邦教，敷五典，扰兆民④。宗伯掌邦礼，治神人，和上下⑤。司马掌邦政，统六师，平邦国⑥。司寇掌邦禁，诘奸慝，刑暴乱⑦。司空掌邦土，居四民，时地利⑧。六卿分职，各率其属，以倡九牧，阜成兆民⑨。六年，五服一朝⑩。又六年王乃时巡，考制度于四岳⑪。诸侯各朝于方岳，大明黜陟⑫。"

【注释】

①惟：为，是。论：阐明。经：治理。燮理：调和治理。惟：在于。

②贰：副，这里是协助的意思。弘化：弘扬教化。寅：敬。亮：信。弼：辅助。

③冢宰：百官之长，亦称太宰。均：协调。

④司徒：官名，掌国家教化。敷：传布。五典：即五常之教。扰：安。兆民：百姓。

⑤宗伯：官名，掌管宗庙祭祀礼仪。和：调和。

⑥司马：官名，掌管军事。六师：六军。

⑦司寇：官名，掌管刑狱、纠察等事。诘：责罚。奸慝（tè）：指奸恶的人。刑：惩治。

⑧司空：官名，掌管土地。居：安居。时：按时节。

⑨分职：分清职守。倡：倡导。九牧：九州长官。阜：富厚。成：安定。

⑩五服：侯服、甸服、绥服、要服、荒服。朝：朝见。

⑪时：按时。巡：巡行。四岳：东岳泰山、南岳衡山、西岳华山、北岳恒山。

⑫方岳：四方之山岳。黜陟：指管理升降赏罚。

【译文】

"设立太师、太傅、大保，这是三公。他们负责阐明大道，治理国家，调和阴阳。三公职位不一定要齐备，但必须所任得人。设立少师、少傅、少保，称为三孤。他们协助三公弘扬教化，敬明天地神祇，辅助我治理天下。冢宰主管国家治理，统率百官，协调四方。司徒主管国家教化，传布五常之教，使百姓和睦相处。宗伯主管国家祭祀礼仪，调和上下尊卑的关系。司马主管国家军政，统率六军，平定诸侯。司寇主管国家刑狱，责罚奸邪为恶之人，惩治暴乱之徒。司空主管国家的土地，安置士农工商，按时发展地利。以上六卿分管职事，各自统率他的属官，以倡导九州治民之官，使天下百姓富足安康。每隔六年，五服诸侯来朝见一次。再隔六年，天子按照四时巡视天下四方，在四岳考正制度礼法。各方诸侯前往各自所属方岳朝见天子，天子对诸侯进行升降赏罚。"

【原文】

王曰："呜呼！凡我有官君子，钦乃攸司，慎乃出令，令出惟行，弗惟反①。以公灭私，民其允怀②。学古入官，议事以制，政乃不迷③。其尔典常作之师，无以利口乱厥官④。蓄疑败谋，怠忽荒政⑤。不学墙面，莅事惟烦⑥。"

【注释】

①钦：敬。乃：你们的。攸：所。司：职事。惟：在于。弗：不。反：违背，令出不行。

②允怀：归顺。

③古：古训。入官：从政，做官。议事：议论政事。制：古代的典章制度。

④其：表示希望。典常：旧典常法。师：法则。利口：巧言。

⑤蓄疑：积疑不决。怠忽：怠惰玩忽。荒：荒废。

⑥不学墙面：不学习就如同面对墙壁一样一无所见。莅：

临。惟：句中语气助词。

【译文】

成王说："唉！凡在职的大小官员们，要认真对待你们所管理的工作，慎重对待你们发布的政令，政令一出必须实行，不允许令出不行。大公无私，百姓才会归顺。先学古代成训再从政为官，议论政事依据法制，政事就不会迷乱。你们要以旧典常法作为法则，不要以巧言干扰那些官员。迟疑不决，必定败坏谋略，懈怠疏忽，必定荒废政事。不学习就如同面墙而站，什么也看不见，遇到事情就会烦乱。"

【原文】

"戒尔卿士，功崇惟志，业广惟勤，惟克果断，乃罔后艰①。位不期骄，禄不期侈，恭俭惟德，无载尔伪②。作德，心逸日休；作伪，心劳日拙③。居宠思危，罔不惟畏，弗畏入畏④。推贤让能，庶官乃和，不和政厖⑤。举能其官，惟尔之能；称匪其人，惟尔不任⑥。"

【注释】

①卿士：执政大臣。崇：高。惟：在于。广：大。克：能够。罔：无。

②位：居位，在位。禄：俸禄。侈：奢侈。惟：是。载：事，引申为从事。伪：不诚实。

③逸：安闲，自在。休：美好。劳：劳累。拙：笨拙，不灵巧。

④宠：贵宠。危：凶险。惟：思。畏：畏惧。弗畏入畏：如果不知道敬畏，就会进入可畏的境地。

⑤庶官：众官。乃：就。和：和谐，和睦。厖（máng）：

杂乱。

⑥举：推举。惟：是。称：推举。匪：通"非"，不。不任：不胜任。

【译文】

"告诉你们诸位大臣，功高在于有志，业大由于勤勉，遇事能够果敢决断，就不会有后来的艰难。地位高了不当骄傲，俸禄多了不当奢侈，恭敬勤俭是美德，不要做一些虚伪逢迎的事。多做善事心里自在，一天比一天顺心；弄虚作假心里别扭，处境一天不如一天。身居尊位的时候，要能够想到日后的危险，为人处事应当心怀敬畏，如果不知道敬畏，就会进入危险的境地。推举贤明而谦让能者，众官就会和谐，众官不和政事就会杂乱无章。推举的官员称职，那是你们的贤能；不称职，就是你们失职。"

- - - - - ◆ - - - - -

【原文】

王曰："呜呼！三事暨大夫，敬尔有官，乱尔有政，以佑乃辟①。永康兆民，万邦惟无斁②。"

【注释】

①三事：指常伯、常任、准人。暨：与，和。乱：治理。佑：辅助。乃：你的。辟：君主。

②康：安。惟：句中语气助词。斁：厌弃。

【译文】

成王说："唉！常伯、常任、准人三位官长和大夫们，你们要恪尽职守，治理好政事，来辅助你们的君主。使广大百姓长久安宁，天下四方就不会厌弃周朝了。"

君 陈

【原文】

周公既没，命君陈分正东郊成周，作《君陈》①。

【注释】

①君陈：周公的儿子，伯禽的弟弟。分：分居殷民。正：治理。东郊：洛邑的东郊。成周：邑名。

【译文】

周公去世后，周成王命令君陈分居殷民，治理东郊成周，史官写下了《君陈》。

【原文】

王若曰："君陈！惟尔令德孝恭①。惟孝友于兄弟，克施有政②。命汝尹兹东郊，敬哉③！昔周公师保万民，民怀其德④。往慎乃司！兹率厥常，懋昭周公之训，惟民其乂⑤。"

【注释】

①若：这样。惟：句首语气助词。尔：你。令德：美德。孝恭：孝顺恭谨。

②惟：因为。孝友：事父母孝顺，对兄弟友爱。施：移。

③尹：治理。兹：此。东郊：周公迁殷顽民之处。

④师保：教养。

⑤乃：你的。司：职事。率：遵循。厥：其，指周公。

常：常法。懋：努力。昭：发扬光大。训：教。惟：表示顺承，相当于"则"。其：将。乂：治理。

【译文】

成王这样说："君陈！你有孝顺恭敬的美德。因为你对父母的孝顺和对兄弟的友爱，我相信你也能将这些美德应用于官场之中。我现在命令你去治理东郊成周，你要谦虚谨慎呀！从前周公教化安抚民众，人们都怀念他的美德。去上任吧！慎重地对待你的职位，遵循周公所建立的常法，努力宣扬周公的教导，才能治理好天下万民。"

【原文】

"我闻曰：'至治馨香，感于神明。黍稷非馨，明德惟馨①。'尔尚式时周公之猷训，惟日孜孜，无敢逸豫②！凡人未见圣，若不克见；既见圣，亦不克由圣③。尔其戒哉！尔惟风，下民惟草④。图厥政，莫或不艰，有废有兴，出入自尔师虞，庶言同则绎⑤。尔有嘉谋嘉猷，则入告尔后于内，尔乃顺之于外，曰：'斯谋斯猷，惟我后之德⑥。'呜呼！臣人咸若时，惟良显哉⑦！"

【注释】

①至治：最好的政治。馨香：散播很远的香气。比喻德化远播。黍稷：泛指五谷。明德：美德。惟：只。

②尚：庶几，表示希望。式：效法。时：通"是"，这。猷训：训导。惟：表示希望。孜孜：勤勉，努力。无：不。逸豫：安逸享乐。

③圣：圣道。由：遵循。

④其：表示希望。惟：是。

⑤图：谋。莫或：没有。出入：反复。尔：你的。师：众。虞：商量。庶言：众言。绎：寻究深思。

⑥嘉：善。猷：同"谋"。后：君王。斯：这。惟：是。

⑦臣人：臣下。咸：都。若时：像这样。良：确实。显：显扬。惟：表示顺承，相当于"则"。

【译文】

"我听说：最好的治世之法，如同散播很远的香气，足以感动天上神明；五谷不能散播这种香气，只有美德才能散播这种香气。你应该效法周公的训导，日日孜孜不倦，不要沉溺于安逸享乐之中！凡人未见到圣道，好像不能见到一样；已经见到了圣道，又不能遵行圣人的教导，你要戒惧呀！你就像是风，百姓如同是草。谋划政事，没有不难的，有些事需要废除，有些事需要兴办，这需要你反复地同众人商讨，大家意见相同，还需寻究深思，才可施行。你有好谋划好策略，就要入宫向我报告，然后对外宣扬顺从君主，并且说：'这些好谋划好策略，都出自我们有德的君主。'啊！臣下都像这样行事，那么君王的美德就能显扬于天下！"

【原文】

王曰："君陈！尔惟弘周公丕训①！无依势作威，无倚法以削②。宽而有制，从容以和③。殷民在辟，予曰辟，尔惟勿辟；予曰宥，尔惟勿宥，惟厥中④。有弗若于汝政，弗化于汝训，辟以止辟，乃辟⑤。狃于奸宄，败常乱俗，三细不宥⑥。尔无忿疾于顽，无求备于一夫⑦。必有忍，其乃有济；有容，德乃大⑧。简厥修，亦简其或不修；进厥良，以率其或不良⑨。"

【注释】

①尔：你。惟：表示希望。弘：弘扬。丕：大。

②依势：依仗自己的势力和权位。倚：凭借，倚恃。削：苛刻。

③制：法制。从容：举动，举措。和：适中，恰到好处。

④在：处于。辟：法，刑法。辟：处罚。惟：表示希望。宥：宽宥，赦免。中：适中，合理。

⑤弗：不。若：顺。政：政令。化：感化，接受。训：教诲。辟以止辟：前一个意思是处罚，后一个意思是犯罪。乃：才。

⑥狃：习惯。奸宄：犯法作乱。常：即五常之教。三细：奸宄、败常、乱俗三者中的小罪。

⑦忿疾：愤怒憎恶。顽：愚昧无知。求备：求全责备。一夫：一人。

⑧忍：忍耐。乃：才。济：成功。

⑨简：选择，鉴别。厥：其。修：修德之人。进：任用。良：贤良的人。率：引导。

【译文】

成王说："君陈！你应当弘扬周公的教导！不要倚势作威作福，不要倚法苛待百姓。要宽大而有法制，举措要恰到好处。殷民犯了罪，我说要处罚，你不要不经审问就进行处罚；我说赦免，你也不要不经审察就直接赦免他；你应当公平合理地进行判决。有人不服从你的政令，不接受你的教化，只要能够通过惩罚来制止他人犯罪，那就该惩罚他。有人惯于做奸宄犯法的事，破坏常法，败坏风俗，只要有这三项罪行，就决不能宽宥。对于冥顽不灵的愚民，不要忿怒记恨，不要对他们求全责备；一定要有所忍耐，做事才能成功；有所宽容，德行才能光大。鉴别有德行的人，也要鉴别德行有亏的人；任用那些贤良的人，才能引导那些德行不足的人。"

【原文】

"惟民生厚，因物有迁，违上所命，从厥攸好①。尔克敬典在德，时乃罔不变②。允升于大猷，惟予一人膺受多福，其尔之休，终有辞于永世③。"

【注释】

①惟：句首语气助词。生：通"性"，天性。厚：淳朴，敦厚。迁：变化。攸：所。好：喜好。

②克：能。敬典：谨守法典。在：察。时：通"是"，这些人。乃：才。罔：无。

③允：果真。猷：道。惟：表示顺承，相当于"则"。膺受：承受。休：善。辞：赞誉。永世：世世代代，永远。

【译文】

"百姓本性敦厚，容易受外物的影响而有所改变，有时甚至违背君主的命令，根据自己的喜好行事。你能够敬重常法和省察自己的德行，这些人就没有什么不能改变的。你能够一直走在大道上，那么我也可以享受上天赐给的福气，你的美德也终将世代相传。"

顾　命

【原文】

成王将崩，命召公、毕公率诸侯相康王，作《顾命》①。

【注释】

①毕公：姬高，周文王的庶子，时任太师。相：辅佐。康王：姬钊，周朝第三任君主。

【译文】

周成王临终之际，命令召公、毕公率领诸侯辅佐康王，史官写下了《顾命》。

【原文】

惟四月，哉生魄，王不怿①。甲子，王乃洮颒水②。相被冕服，凭玉几③。乃同召太保奭、芮伯、彤伯、毕公、卫侯、毛公、师氏、虎臣、百尹、御事④。

【注释】

①惟：句首语气助词。哉：始。生魄：月未盛明时所发的光。不怿：不高兴，这里指病情加重。

②乃：于是，就。洮颒（táo huì）：盥手洗面。

③相：天子的侍从人员。被：通“披”，穿着。冕：王冠。服：礼服。凭：靠着。玉几：用玉镶嵌的几案。

④奭：召公。与芮伯、彤伯、毕公、卫侯、毛公为六卿。

师氏：官名。负责贵族子弟的教育。虎臣：守卫王宫的官员。百尹：百官的首长。御事：治事大臣。

【译文】

四月初，成王病情加重，心里很不痛快。甲子这天，成王洗了手和脸，侍从人员给成王戴上王冠，披上礼服，倚靠在玉几上。于是同时召见太保奭、芮伯、彤伯、毕公、卫侯、毛公、师氏、虎臣、百官的首长以及治事大臣。

【原文】

王曰："呜呼！疾大渐，惟几，病日臻①。既弥留，恐不获誓言嗣，兹予审训命汝②。昔君文王、武王宣重光，奠丽陈教，则肄肄不违，用克达殷集大命③。在后之侗，敬迓天威，嗣守文、武大训，无敢昏逾④。今天降疾，殆弗兴弗悟⑤。尔尚明时朕言，用敬保元子钊，弘济于艰难，柔远能迩，安劝小大庶邦⑥。思夫人自乱于威仪，尔无以钊冒贡于非几兹⑦。"

【注释】

①渐：加剧。惟：句中语气助词。几：危险。臻：到。

②既：到了。弥留：临终将死之时。誓：以言约束。嗣：后嗣，指康王。兹：此时，现在。审：详细。训：训导。汝：你们。

③昔：从前。宣：显扬。重光：比喻累世盛德，光辉相承。奠：定。丽：法令。陈：发布。教：教令。肄肄：努力。用：因此。克：能够。达：通"挞"，引申为讨伐。集：成就。大命：代指建立周王朝。

④侗：通"僮"，年幼无知的人，这里是成王谦称。迓：迎接，这里指奉行。天威：天命。嗣守：继承并遵守和保持。

329

昏逾：昏乱而越轨。

⑤今：现在。殆：几乎。弗：不。兴：起。悟：知觉。

⑥尚：庶几，表示希望。明：通"勉"，努力。时：承受。用：以。元子：太子。弘：大。济：渡过。柔：安定。能：亲善，和睦。迩：近。劝：教导。庶邦：众诸侯。

⑦夫人：众人。乱：治理。威仪：礼仪。以：使。冒：冒犯。贡：陷入。几：通"机"，理。兹：通"哉"，句末语气助词。

【译文】

成王感叹道："啊！我的病更加严重了，现在已经十分危险，过几天还会更加严重。已经到了临终时刻，恐怕以后再也听不到我对康王的教导了，现在，我详细地训导你们。我们的先君文王、武王，累世盛德，光辉相承，制定法律，发布教令，臣民都努力奉行，不敢违背，因而能够讨伐殷商，成就我周朝的大命。他们的后人，恭敬地奉行天命，继续遵守文王、武王的教导，不敢昏乱而偏离正轨。如今上天降下重病，我几乎不能起床没有知觉。你们要努力接受我的话，恭敬地保护我的太子姬钊，助他平安地度过艰难，稳定边疆，亲善近邻，安抚劝导大小诸侯。我希望你们都能以礼法来自我约束，切勿让姬钊触犯礼法而陷于非法的境地啊！"

【原文】

既受命，还，出缀衣于庭①。越翼日乙丑，王崩②。

【注释】

①既：已经。受：通"授"。还：退入后宫。缀衣：冕服。
②越：到了。翼日：第二天。

【译文】

成王传授完遗命，就退入后宫，近侍拿出成王的朝服放在宫廷上以供大臣们瞻拜。到了第二天乙丑日，成王就去世了。

【原文】

太保命仲桓、南宫毛俾爰齐侯吕伋，以二干戈、虎贲百人逆子钊于南门之外①。延入翼室，恤宅宗②。丁卯，命作册度③。越七日癸酉，伯相命士须材④。

【注释】

①太保：召公奭。仲桓、南宫毛：大臣名。俾：从。爰：于。吕伋：太公吕尚之子。虎贲：勇士，武士。逆：迎接。南门：都城的南门。

②延：请。翼室：侧室。恤：忧。宅：居。宗：主，主持丧事。

③作册：太史。度：商讨，这里指制定丧仪。

④越：及，到了。伯相：指召公、毕公。须：同"颁"。材：各种丧礼用品。

【译文】

召公命令仲桓和南宫毛跟从齐侯吕伋，二人各执干戈，率领百名勇士，在南门外迎接太子钊。请太子钊进入侧室，忧居主持丧事。丁卯这天，命令太史制定丧礼。到了第七天癸酉，召公和毕公命令官员布置各种丧礼用品。

【原文】

狄设黼扆、缀衣①。牖间南向，敷重篾席，黼纯，华玉，仍几②。西序东向，敷重底席，缀纯，文贝，仍几③。东序西向，敷重丰席，画纯，雕玉，仍几④。西夹南向，敷重笋席，玄纷纯，漆，仍几⑤。

【注释】

①狄：主持祭祀礼仪的官员。黼扆（yǐ）：画有斧形花纹的屏风。缀衣：冕服。

②牖：窗。敷：铺设。重：双层。篾席：竹席。黼纯：用白黑绢制成花纹，作边缘的装饰。纯：边缘。华玉：五色玉。仍几：保留原样的几案。

③西序：堂西墙。底席：细密的蒲席。缀纯：连缀杂彩以为缘边。文贝：有花纹的贝壳。

④东序：堂东墙。丰席：蒲席。画纯：以五彩画帛为镶边。雕玉：刻有花纹之玉。

⑤西夹：堂西的夹室。笋席：用青竹皮制成的席子。玄纷纯：用黑色丝绳缀饰的席边。漆：漆器。

【译文】

主持祭祀礼仪的官员摆放好饰有斧形花纹的屏风，并把先王遗下的礼服放在这里。门窗间朝南的位置，铺设了两层竹席，饰着黑白相间的丝织花边，五色玉放在朴拙的几案上。在西墙朝东的位置，铺设双层细密的蒲席，饰着彩色的花边，朴拙的几案上陈设着一些花纹贝壳。在东墙朝西的位置，铺设双层蒲席，饰着五彩花边，朴拙的几案上陈设着刻有花纹的玉器。在堂的西边夹室朝南的位置，铺设双层青竹篾席，饰着黑丝绳点缀的花边，朴拙的几案上陈设着漆器。

【原文】

越玉五重，陈宝，赤刀、大训、弘璧、琬琰，在西序①。大玉、夷玉、天球、河图，在东序②。胤之舞衣、大贝、鼖鼓，在西房③。兑之戈、和之弓、垂之竹矢，在东房④。

【注释】

①越玉：越地所献的玉。五重：五种。陈宝：陈列宝器。赤刀：武王伐纣时所用之刀。大训：记载先王训诰的典册。弘璧：大玉璧。琬琰：玉圭。

②大玉：华山出产的玉器。夷玉：东北地区所产的一种美玉。天球：雍州一带所产的美玉。河图：传说中八卦图的前身。

③胤：人名。负责制作舞衣。大贝：大贝壳。鼖（fén）鼓：大鼓，古代的一种军鼓。西房：正室西侧的房间。

④兑：人名，负责制作戈。和：人名，负责制作弓。垂：人名，负责制作竹矢。竹矢：竹制的箭。东房：正室东侧的房间。

【译文】

越地进献的玉摆了五种，镇国的大宝器也陈列出来，此外，红色大刀、先王典册，以及大璧、玉圭，陈列在西墙向东的地方。华山出产的大玉、东北地区进献的玉器、雍州进献的美玉、河图，陈列在东墙向西的地方。胤制作的舞衣、大贝壳、大军鼓，陈列在西房。兑制作的戈、和制作的弓、垂制作的竹箭，陈列在东房。

【原文】

大辂在宾阶面，缀辂在阼阶面，先辂在左塾之前，次辂在右塾之前①。

【注释】

①大辂（lù）：亦作"大路"，即玉辂。用玉装饰的车。宾阶：西阶。古时宾主相见，宾自西阶上，故称。缀辂：即金辂，用金属装饰的车。阼阶：东阶。主人站立的台阶。先辂：用象骨装饰的车。左塾：门侧堂屋。次辂：副车。

【译文】

成王的玉车放置在宾客们所走的西阶前，金车放置在主人走的台阶前，象车放在门左侧堂屋的前面，木车放在门右侧堂屋的前面。

【原文】

二人雀弁，执惠，立于毕门之内①。四人綦弁，执戈上刃夹两阶戺②。一人冕，执刘，立于东堂③。一人冕，执钺，立于西堂④。一人冕，执戣，立于东垂⑤。一人冕，执瞿，立于西垂⑥。一人冕，执锐，立于侧阶⑦。

【注释】

①雀弁：天子卫士所戴的一种赤黑色礼帽。惠：矛一类的兵器。毕门：庙门。

②綦（qí）弁：一种较雀弁次一等的青黑色礼帽。上刃：刃向上。夹：站在道路两旁。戺（shì）：台阶两旁砌的斜石。

③冕：比雀弁高一等的礼帽。刘：斧一类的兵器。东堂：大堂东侧。

④钺：大斧。

⑤戣（kuí）：三锋矛。垂：殿堂的侧边。

⑥瞿：当作合戣，是四棱矛。

⑦锐：矛一类的兵器。侧阶：北堂北下阶。

【译文】

二名卫士戴着赤黑色的礼帽，执三角矛，站在祖庙大门里边。四人戴着青黑色的礼帽，执着戈，戈刃向上，对面站在台阶两旁。一名戴着礼帽，手持大斧，站立在东堂的前面。一名戴着礼帽，拿着大斧，站立在西堂的前面。一名戴着礼帽，拿着三锋矛，站立在东堂外边。一名戴着礼帽，拿着四棱矛，站立在西堂外边。还有一名戴着礼帽，拿着矛，站立在北堂北面的台阶上。

【原文】

王麻冕黼裳，由宾阶隮①。卿士邦君麻冕蚁裳，入即位②。太保、太史、太宗皆麻冕彤裳③。太保承介圭，上宗奉同瑁，由阼阶隮④。太史秉书，由宾阶隮，御王册命⑤。曰："皇后凭玉几，道扬末命⑥。命汝嗣训，临君周邦，率循大卞，燮和天下，用答扬文、武之光训⑦。"王再拜，兴，答曰："眇眇予末小子，其能而乱四方以敬忌天威⑧！"

【注释】

①麻冕：一种麻制的礼帽。黼裳：一种绣着斧形花纹的礼服。宾阶：即西阶。隮：升，登。

②卿士：内朝官员。邦君：诸侯国国君。蚁裳：色黑如蚁的礼服。即位：各就各位。

③太宗：大宗伯。彤裳：红色的礼服。

④承：捧着。介圭：大圭。上宗：即大宗伯。同：酒杯。瑁：一种玉器。阼阶：即东阶。

⑤秉：持。书：写着成王遗命的册书。御：通"迓"，迎接。

册命：成王遗命。

⑥皇后：指成王。皇，大。后，君。道扬：宣布。末命：临终时的遗命。

⑦汝：你们。嗣：继。训：指文王、武王的大训。临君：治理。率循：遵循。下：法。燮和：治理。答扬：对扬，承受而称扬之。光训：明训。

⑧兴：起。眇眇：微小。此为康王谦称。予末小子：我小子，也是康王谦称。其：岂，怎么。乱：治理。敬忌：敬畏。

【译文】

康王戴着麻制的礼帽，穿着绣有斧形花纹的礼服，从西阶上来。众位卿士和诸侯戴着麻制的礼帽，穿着黑色礼服，进入中庭，各就各位。太保、太史、太宗都戴着麻制的礼帽，穿着红色礼服。太保捧着大圭，太宗捧着酒杯和天子专用的玉瓒，从东阶上来。太史拿着成王遗命，从西阶走上来，向王宣读册书遗命。太史说："先王靠在玉几上，宣布他临终的遗命。命令您继承文王、武王的大训，治理领导周国，遵守大法，协和天下，以宣扬文王、武王的明训。"康王拜了两拜，然后起来，回答说："我这个微不足道的年轻人，怎么能像先王那样敬畏天命，把天下治理好呢！"

【原文】

乃受同瑁，王三宿，三祭，三咤①。上宗曰："飨②！"太保受同，降，盥，以异同秉璋以酢③。授宗人同，拜④。王答拜。太保受同，祭，哜，宅，授宗人同，拜，王答拜⑤。太保受同，祭，降，哜，宅，授宗人同，拜，王答拜。太保降，收。诸侯出庙门俟⑥。

【注释】

①乃：于是，就。同：酒杯。瑁：一种玉器。宿：进。祭：
洒酒至地。咤：后退。

②飨：饮酒。

③降：下阶。盥：洗手。异同：另一种酒杯。璋：即璋瓒，
酒杯名。酢：报答，用酒回敬。

④宗人：大宗伯的助手。

⑤哜（jì）：尝。宅：通"咤"，后退。

⑥俟：等待。

【译文】

康王接受了酒杯和玉瑁，前进三次，祭酒三次，后退三
次。太宗说："请喝酒！"康王喝酒后，太保接过酒杯，走
下台阶，洗手，又登上堂，用另外一种璋瓒酒杯斟酒回敬，
然后把酒杯交给宗人，对康王行礼，康王也回拜。太保又从
宗人那里接过酒杯，祭酒，尝酒，后退，然后把酒杯交给宗
人，行礼，康王行礼回拜。太保走下台阶，行礼结束，撤去
所有陈设仪仗。诸侯卿士们都走出庙门，恭候康王视朝。

康王之诰

【原文】

康王既尸天子，遂诰诸侯，作《康王之诰》^①。

【注释】

①尸：主。遂：于是。诰：告诫。

【译文】

康王即位为天子，于是告诫诸侯，史官记录写下《康王之诰》。

【原文】

王出，在应门之内，太保率西方诸侯，入应门左，毕公率东方诸侯入应门右，皆布乘黄朱^①。宾称奉圭兼币，曰："一二臣卫，敢执壤奠^②。"皆再拜稽首。王义嗣，德答拜^③。

【注释】

①应门：王宫的正门。周制，天子五门，从外至内依次为皋门、库门、雉门、应门、路门。布乘：即黼黻，诸侯的礼服。黄朱：红中带黄。

②宾：通"傧"，接待诸侯和赞礼的官员。称：呼。奉：进献。圭：古代帝王诸侯在举行典礼时拿的一种玉器。兼：和。币：贡物。臣卫：诸侯自谦之辞。壤奠：本土所产的贡物。

③义嗣：据周制，康王为长子，理应接受王位故称义嗣。

德：升。

【译文】

康王走出祖庙，来到应门内。太保召公率领西方的诸侯进入应门左侧，毕公率领东方的诸侯进入应门的右侧，他们都穿着绣有花纹的礼服和黄红色的裤子。迎宾的官员传呼进献玉圭和贡物，诸侯走上前说："我等诸臣向大王进献土产。"诸侯都再拜叩头。康王以国王身份，升位答拜。

【原文】

太保暨芮伯咸进，相揖，皆再拜稽首①。曰："敢敬告天子，皇天改大邦殷之命，惟周文武诞受羑若，克恤西土②。惟新陟王毕协赏罚，戡定厥功，用敷遗后人休③。今王敬之哉！张皇六师，无坏我高祖寡命④！"

【注释】

①暨：与，和。咸：都。揖：拱手行礼。

②惟：只。诞：大。羑（yǒu）若：善于引导。羑，诱导。若，善。恤：抚恤，安定。

③惟：句首语气词。新陟王：指刚刚宾天的成王。

④毕：完全。协：合宜。戡：克，能够。定：安定。厥：其，代指周成王。敷遗：施予，留给。敷，普遍地。休：吉祥。张皇：整顿。六师：六军，泛指军队。高祖：周文王。寡：大。

【译文】

太保召公和芮伯同走向前，互相作揖后，同向康王再拜叩头。他们说："我们恭敬地禀告天子，皇天更改了殷商大命，我们周朝的先祖文王、武王承受大命，能够安定西方。刚刚宾天的成王，赏罚适度，能够成就自己的功业，把吉祥留给我们后人。现在大王要敬慎啊！要整顿王朝的军队，不要败坏我们高祖的大命。"

【原文】

王若曰："庶邦侯、甸、男、卫！惟予一人钊报诰①。昔君文武丕平，富不务咎，厎至齐信，用昭明于天下②。则亦有熊罴之士，不二心之臣，保乂王家，用端命于上帝③。"

【注释】

①报：答复。惟：句首语气助词。

②丕：大。平：成。富：仁厚。务：致力。咎：刑罚。齐信：中正诚信。用：因此。昭明：显扬。

③熊罴：比喻勇士。保乂：安治。端：正。

【译文】

康王这样说："侯、甸、男、卫的各路诸侯！现在我姬钊通告你们。先君文王、武王成功之后，仁厚慈爱，不滥施刑罚，尽可能做到公平适当，因而他们的德行普照天下。还有像熊罴一样勇武的将士，忠贞不贰的大臣，安定治理我们的国家，因此，上天才赐予大命。"

【原文】

"皇天用训厥道，付畀四方①。乃命建侯树屏，在我后之人②。今予一二伯父，尚胥暨顾，绥尔先公之臣服于先王③。虽尔身在外，乃心罔不在王室，用奉恤厥若，无遗鞠子羞④！"

【注释】

①用：因。训：顺。付畀：给予，赐予。

②乃：于是，就。建侯：分封诸侯。树屏：树立屏障。在：
眷顾，帮助。

③尚：还。胥：相。暨：与，和。绥：继承。尔：你们。
先公：亡父。

④乃：你的。罔：无。奉：助。恤：忧虑。厥若：那个，
代指王室。鞠子：稚子，康王自谦之词。

【译文】

"上天因而顺其道，把天下交给先王。先王于是命令分
封诸侯，树立藩卫，帮助我们后代子孙。现在，你们几位伯
父还能互相爱护顾念，尽力扶持王室，继续像你们的祖先一
样臣服于先王。你们虽然身在朝廷之外，而心却不可不在王
室，要时时为王室着想，不要让我蒙羞！"

⸻ ◆ ⸻

【原文】

群公既皆听命，相揖，趋出。王释冕，反，丧服①。

【注释】

①群公：三公和诸侯群臣。释冕：脱下接受册命大典时
穿的吉服。反：通"返"，指康王又返回到守丧的侧室。丧服：
穿上丧服。

【原文】

众位大臣都听完了康王诰命，互相作揖，快步退出。康
王脱去吉服，返回居丧的侧室，穿上丧服。

毕 命

【原文】

康王命作册毕，分居里，成周郊，作《毕命》^①。

【注释】

①作册：作册书。分：分别。成周：西周的东都洛邑。

【译文】

康王命令太史作册书册命毕公，分别殷民善恶，划定区域使他们居住在洛邑的郊区，史官写下了《毕命》。

【原文】

惟十有二年，六月庚午，朏^①。越三日壬申，王朝步自宗周，至于丰，以成周之众，命毕公保厘东郊^②。

【注释】

①惟：句首语气助词。朏：新月初放光明。

②越：及，到了。自：从。宗周：镐京。丰：周文王时的都城。成周：洛邑。保：安抚。厘：治理。东郊：周公迁殷顽民之处。

【译文】

康王十二年六月庚午日，月亮初放光明。到了第三天壬申日，康王早晨从镐京出发，抵达丰邑，把成周的民众交代给毕公，命令毕公安治于东郊。

【原文】

王若曰："呜呼！父师，惟文王、武王敷大德于天下，用克受殷命①。惟周公左右先王，绥定厥家，毖殷顽民，迁于洛邑，密迩王室，式化厥训②。既历三纪，世变风移，四方无虞，予一人以宁③。道有升降，政由俗革，不臧厥臧，民罔攸劝④。惟公懋德，克勤小物，弼亮四世，正色率下，罔不祗师言⑤。嘉绩多于先王，予小子垂拱仰成⑥。"

【注释】

①父师：指毕公。惟：句首语气助词。敷：布。用：因此。克：能够。

②左右：辅佐。绥定：安定。毖：谨慎。顽民：参加武庚叛乱的殷民。密迩：靠近。式：用。化：感化。训：礼教。

③历：经过。纪：十二年为一纪。虞：忧患。

④道：世道。升降：好坏。政：政教。俗：风俗。不臧厥臧：前一个臧作动词，褒奖；后一个臧作名词，善人善事。罔：无。攸：所。劝：劝勉。

⑤惟：表示希望。懋：勉力。小物：小事。弼亮：辅佐。四世：文、武、成、康。正色：态度庄重。祗：敬。师言：毕公的教导。嘉绩：美善的功绩。多：赞美，称赞。

⑥垂拱：垂衣拱手。仰成：比喻坐享其成。

【译文】

康王这样说："啊！父师。文王、武王行大德于天下，因此能够取代殷商而承受王命。周公辅佐先王，安定国家，谨慎地对待殷商顽民，把他们迁徙到洛邑，靠近王都便于教导感化他们。自从迁徙以来，已经过了三十六年，人世变化，风俗转移，如今天下安定，四方无虞，我因此感到安宁。治道有起有落，政教也随着风俗而改变，如果不能褒奖善人善事，百姓将不知如何劝善。毕公您努力为善，勤勉小事，辅助四代天子，严正地率领臣下，臣下没有人不敬重您的教导。你的丰功伟绩被先王所称赞，小子我仰仗您的功绩才能拱手而治。"

【原文】

王曰："呜呼！父师。今予祇命公以周公之事，往哉①！旌别淑慝，表厥宅里，彰善瘅恶，树之风声②。弗率训典，殊厥井疆，俾克畏慕③。申画郊圻，慎固封守，以康四海④。政贵有恒，辞尚体要，不惟好异⑤。商俗靡靡，利口惟贤，余风未殄，公其念哉⑥！"

【注释】

①祇：敬。往：去。

②旌别：识别。淑慝：善恶，好坏。表：标记。彰：表彰。瘅（dàn）：憎恨。风声：风气。

③率：遵循。训典：法则。殊：区别。井疆：井邑的疆界。俾：使。畏慕：畏惧为恶之祸，羡慕为善之福。

④申：申明。画：划分。郊圻：都邑的疆界。封守：边防；封疆。康：安宁。

⑤恒：常。体要：切实而简要。惟：是。好异：喜好标新立异。

⑥靡靡：奢丽，浮华。利口：能言善辩。殄：绝。其：表示希望。念：思考，考虑。

【译文】

康王说："啊！父师。现在我把周公治理殷民的重任委托给您，您现在就去吧！到了那里，要识别善恶，标明各自的居宅，表彰善良，惩戒邪恶，树立良好的社会风气。对于不遵守法则的人，就重新划分疆界，使他们知道畏惧和向慕。您还要明确地划分出郊区与城市的分界，巩固边防，从而四海安定。为政贵在有常法，文辞贵在简约适当，而不是标新立异。那里的殷商遗民一向奢侈，把能言善辩当作能事，至今此风未绝。您要多加考虑啊！"

【原文】

"我闻曰：'世禄之家，鲜克由礼①。'以荡陵德，实悖天道②。敝化奢丽，万世同流③。兹殷庶士，席宠惟旧，怙侈灭义，服美于人④。骄淫矜侉，将由恶终⑤。虽收放心，闲之惟艰⑥。资富能训，惟以永年⑦。惟德惟义，时乃大训⑧。不由古训，于何其训⑨？"

【注释】

①世禄：世代享受俸禄。鲜：少。由：遵循。

②荡：放荡。陵：欺凌。悖：违背。

③敝化：败坏风化。奢丽：奢侈华丽。

④兹：此。庶士：众士。席宠：倚仗先人的恩宠。惟：极，很。旧：久。怙：依仗。侈：大，指自己强大。

⑤骄淫：骄横，放荡。矜侉：即矜夸，夸耀。

⑥放心：放纵恣肆之心。闲：通"阑"，引申为防制、约束。惟：极，很。

⑦资：资材。训：顺。惟：是。永年：长久。

⑧惟：句首语气助词。时：通"是"，这。大训：先王圣哲的教言。

⑨由：遵守。训：顺从。

【译文】

"我听说：'世代享有禄位的大族，很少能够遵守礼法。'他们放荡不羁，欺凌有德之人，实在是有违天道。浮华奢靡，万世相同。这些殷商的士族们，倚仗先人的恩宠太久了，他们凭仗权势，灭绝德义，穿着奢侈无度，过于常人。他们骄奢淫逸，自吹自擂，一生作恶。这些人虽然收敛了放纵之心，但要约束他们还是很艰难。有钱有势而能接受管束，这样的人才能长久。按照德义行事，这是先人的教诲；如果不遵循古训，他们怎么会顺从呢？"

【原文】

王曰："呜呼！父师。邦之安危，惟兹殷士①。不刚不柔，厥德允修②。惟周公克慎厥始，惟君陈克和厥中，惟公克成厥终。三后协心，同厎于道，道洽政治，泽润生民③。四夷左衽，罔不咸赖，予小子永膺多福④。公其惟时成周，建无穷之基，亦有无穷之闻⑤。子孙训其成式，惟乂⑥。呜呼！罔曰弗克，惟既厥心；罔曰民寡，惟慎厥事⑦。钦若先王成烈，以休于前政⑧！"

【注释】

①惟：在于。殷士：殷商遗民。

②允：的确。修：好。

③惟：句首语气助词。后：君。厎：达到。道：通"导"，教导。洽：遍及。生民：民众。

④四夷：东夷、西戎、南蛮、北狄的总称。左衽：我国古代部分少数民族的服装，前襟向左掩，不同于中原一带人民的右衽。罔不：无不。咸：都。赖：依赖，犹言宾服。膺：受。

⑤其：将。惟：为。时：通"是"，这。成周：洛邑。基：基业。闻：好名声。

⑥训：顺。成式：成法。惟：句首语气助词。义：治。

⑦罔：不要。弗：不。克：能。惟：在于。既：尽。寡：少。

⑧钦：敬。若：顺。成烈：盛大的功业。休：美。前政：指周公、君陈的政绩。

【译文】

康王说："啊！父师。国家的安危，全在于能不能治理好这些殷商遗民。为政不能太过于刚正，也不能太过柔和，这样的德政才是最好的。开始有周公能够谨慎地教化殷民；中间有君陈能够使殷民和睦相处；如今，就要靠您完成这最终的使命。三位齐心协力，共同致力于教化，德教遍及殷民，就能润泽百姓。四方披发左衽的少数民族，无不受到您的福泽，我这个年轻人也跟着沾光享福。您治理好这个地方，建立万世基业，您也能够流芳百世。后世子孙将沿袭您的方略，治理这个地方。啊！您不要说不能胜任，尽自己的心力去做就好了；不要说百姓少，要谨慎地对待每一件小事。认真治理好先王的大业，并且要治理得比前人更加美好！"

君 牙

【原文】

穆王命君牙，为周大司徒，作《君牙》①。

【注释】

①穆王：名满，周昭王之子，西周第五位君主。君牙：人名，周穆王的臣子。大司徒：古代官职名，主管国家教化。

【译文】

周穆王任命君牙为周朝的大司徒，史官记下写成《君牙》。

【原文】

王若曰："呜呼！君牙。惟乃祖乃父，世笃忠贞，服劳王家，厥有成绩，纪于太常①。惟予小子，嗣守文、武、成、康遗绪，亦惟先正之臣，克左右乱四方②。心之忧危，若蹈虎尾，涉于春冰③。"

【注释】

①惟：句首语气助词。乃：你。笃：纯厚。忠贞：忠诚纯正。服劳：服事效劳。王家：周室王朝。厥：其。纪：通"记"，记载。太常：周王朝的旌旗名称，有大功的记在太常旗上。

②嗣守：继承并遵守和保持。遗绪：前人留下来的功业。惟：思。先正：先祖父。克：能够。左右：辅佐。乱：治理。

③忧危：忧虑危惧。若：像。蹈：踩，踏。涉：徒步渡水。
春冰：春天的薄冰。

【译文】

穆王这样说："啊，君牙！你的祖父和你的父亲，世代纯厚
忠正，勤劳服事于周室王朝，为我周王朝立下汗马功劳，这些功
绩都记录在太常旗上。我这个年轻人继守文、武、成、康的遗业，
时时想着能有先王那样的能臣，辅佐我治理天下。我内心忧愁恐
惧，好似踩着老虎的尾巴，如同走着春天的薄冰之上。"

【原文】

"今命尔予翼，作股肱心膂①。缵乃旧服，无忝祖考②！
弘敷五典，式和民则③。尔身克正，罔敢弗正；民心罔中，
惟尔之中④。夏暑雨，小民惟曰怨咨；冬祁寒，小民亦惟曰
怨咨⑤。厥惟艰哉！思其艰以图其易，民乃宁⑥。呜呼！丕
显哉，文王谟！丕承哉，武王烈⑦！启佑我后人，咸以正罔
缺⑧。尔惟敬明乃训，用奉若于先王⑨。对扬文、武之光命，
追配于前人⑩。"

【注释】

①尔：你。翼：辅佐。股肱心膂：辅佐帝王的得力大臣。
②旧服：旧职。忝：辱。祖考：祖先。
③弘：大。敷：布。五典：五常之教。式：用。则：法则。
④克：能。正：中正。罔：无。弗：不。中：标准。惟：只。
⑤惟：只。怨咨：怨恨嗟叹。祁寒：大寒。
⑥惟：极，很。图：谋。乃：才。
⑦丕：大。显：显扬。谟：谋略。承：继承。烈：功业。
⑧启佑：开导佑助。正：正道。罔：无。

⑨惟：表示希望。明：通"勉"，努力。训：这里指五常之教。用：以。若：顺。

⑩对扬：显扬。光命：文武功业。配：匹配，相等。

【译文】

"现在我命令你辅助我，做我的心腹重臣。要继承先祖旧职，不要辱没了先祖名声！广泛的传布五常之教，用作人民和谐相处的准则。你自身能中正行事，人民不敢不正；民心没有标准，他们以你的标准为标准。夏天大热大雨，小民只是怨恨嗟叹；冬天大寒大雪，小民也只是怨恨嗟叹。要治理好天下真的很难呀！经常能够想着这些难处从而去谋划怎么治理，人民才会安宁。啊！要大力运用我们文王的谋略！要大力继承我们武王的功业！它可以启示佑助我们后人，使我们都依从正道而不走歪路。你要努力宣扬你的五常之教，以此来遵从先王。只有显扬文王、武王的功业，才能与前人相匹配。"

【原文】

王若曰："君牙！乃惟由先正旧典时式，民之治乱在兹①。率乃祖考之攸行，昭乃辟之有乂②。"

【注释】

①乃：你。惟：思。由：遵循。先正：先祖父。时：通"是"，这。式：准则。兹：此。

②率：遵循。攸：所。昭：指导，帮助。辟：君主。乂：治。

【译文】

穆王这样说："君牙！你要奉行先祖父的旧典和准则，治理民众的关键就在这里。你应当遵循你祖辈和父辈所做的，帮助你的君王治理天下。"

冏　命

【原文】

穆王命伯冏，为周太仆正，作《冏命》①。

【注释】

①伯冏（jiǒng）：人名，周穆王的臣子。太仆：官名，掌管皇帝的车马。正：长。

【译文】

周穆王任命伯冏为周朝的太仆正，史官记下写成《冏命》。

【原文】

王若曰："伯冏！惟予弗克于德，嗣先人宅丕后，怵惕惟厉，中夜以兴，思免厥愆①。昔在文、武，聪明齐圣，小大之臣，咸怀忠良②。其侍御仆从罔匪正人，以旦夕承弼厥辟，出入起居罔有不钦，发号施令罔有不臧③。下民祗若，万邦咸休④。"

【注释】

①惟：句首语气助词。克：能够。嗣：继承。宅：居。丕后：大君，天子之位。怵惕：恐惧警惕。惟：有。厉：危险，祸患。中夜：半夜。兴：起来。厥：其。愆：过失。

②齐圣：聪明睿智。咸：都。

③其：代指文王武王。侍御：侍奉君王左右的人。仆从：跟在身边的仆人。罔匪：无非，无不是。匪，通"非"。旦夕：早晚。承：承命。弼：辅佐。辟：君主。钦：敬。臧：善，好。

④祗若：恭敬顺服。休：美好。

【译文】

穆王这样说："伯冏！我深知自己德行还不足，继承先王处在大君的位置，戒惧害怕会有危险，甚至半夜起来，想着要怎么避免过失。从前在文王、武王的时候，他们聪明睿智，身边臣子无不忠心耿耿。他们身边的人，没有哪个不是正人君子，他们早晚侍奉辅佐他们的君主，所以君主出入起居，没有不恭敬的；发号施令，也没有不好的。老百姓恭敬顺服，万国和洽休美。"

- - - - - - - - - ● - - - - - - - - -

【原文】

"惟予一人无良，实赖左右前后有位之士，匡其不及，绳愆纠谬，格其非心，俾克绍先烈①。今予命汝作大正，正于群仆侍御之臣，懋乃后德，交修不逮②。慎简乃僚，无以巧言令色、便辟侧媚，其惟吉士③。仆臣正，厥后克正；仆臣谀，厥后自圣④。后德惟臣，不德惟臣。尔无昵于憸人，充耳目之官，迪上以非先王之典⑤。非人其吉，惟货其吉，若时，瘝厥官，惟尔大弗克祗厥辟，惟予汝辜⑥。"

【注释】

①惟：句首语气助词。无良：没有好的德行。赖：依靠。匡：纠正。绳：纠正。愆：过失。谬：错误。格：修正。俾：使。克：能。绍：继承。先烈：先人功业。

②大正：太仆正。正：统领。群仆：各种仆从。懋：努力。

后：君主。交：共同。逮：及。

③简：选拔。乃：你的。僚：下属。巧言令色：花言巧语，虚伪讨好。便辟（pián pì）：逢迎谄媚。侧媚：用不正当的手段讨好别人。惟：只。吉士：贤良中正之人。

④正：贤良中正。后：君。谀：谄媚；奉承。自圣：自以为圣明。

⑤惟：在于。昵：亲近。迪：引导。

⑥其：句中音节助词。吉：善。惟：只。货：财货。若时：像这样。时，这。瘝：病，引申为败坏。惟：是。祗：敬。辟：君。惟：表示顺承，相当于"则"。辜：罪，引申为惩罚。

【译文】

"我没有好的德行，实在要依靠身边的各位近侍大臣，匡正我的不足，纠正我的过错，修正我不正确的想法，使我能够继承先王的功业。现在我任命你做太仆长，统领群仆、侍御等臣子，你们要帮助我增进德行，共同修补不足的地方。你要慎重选择你的部属，不要任用那些巧言令色、阿谀奉承的人，而是要任用那些贤良中正之人。身边的臣子都贤良中正，他们的君主才能贤良中正；身边臣子阿谀奉承，他们的君主就会自以为圣明。君主有德，在于臣下，君主无德，也在于臣下。你不要亲近小人，让他们充当你的耳目，引导我干一些违背先王法度的事。如果不爱贤人，只爱货财，像这样就是渎职，就是你不能敬重你的君主，我就要惩罚你。"

【原文】

王曰："呜呼！钦哉！永弼乃后于彝宪①。"

【注释】

①钦：敬。弼：辅佐。乃：你的。后：君主。彝宪：常法。

【译文】

穆王说："啊！要敬重呀！永远辅助你的君王按照常法行事。"

吕 刑

【原文】

吕命，穆王训夏赎刑，作《吕刑》①。

【注释】

①吕：吕侯，周穆王大臣。命：任命。训：教导。夏：夏代。赎刑：用钱财赎免刑罚。

【译文】

吕侯被任命为卿大夫，周穆王教导他依从夏代的赎刑，史官记下写成了《吕刑》。

—————◆—————

【原文】

惟吕命，王享国百年，耄，荒度作刑，以诘四方①。王曰："若古有训，蚩尤惟始作乱，延及于平民，罔不寇贼鸱义，奸宄夺攘矫虔②。苗民弗用灵，制以刑，惟作五虐之刑曰法③。杀戮无辜，爰始淫为劓、刵、椓、黥④。越兹丽刑并制，罔差有辞⑤。"

【注释】

①惟：句首语气助词。享国：享有国家，指在位。百年：虚指，指在位时间久。耄：年老。荒度：大力治理；统盘筹划。诘：管束。

②若：句首语气助词。蚩尤：东方九黎族的首领，与皇

帝战于涿鹿，失败被杀。惟：句中语气助词。罔：无。寇：侵掠。贼：残害。鸱义：像鸱鸮一样不讲道义。奸宄：犯法作乱。夺攘：抢夺。矫虔：矫命杀人。

③灵：通"令"，政令。制：制服。虐：残酷。

④无辜：无罪。爰：于是。淫：过度。劓：割鼻子。刵（èr）：割耳朵。椓（zhuó）：割去生殖器。黥（qíng）：用刀刻面染于黑色。

⑤越：与，及。兹：此。丽刑：触犯刑法。丽，通"罹"。罔：无。差：区别。有辞：有罪。

【译文】

吕侯被任命为卿大夫的时候，穆王在位很多年了，年纪大了，还是统盘筹划制定刑法，来管束天下。穆王说："古代有教训，蚩尤作乱，累及百姓。人们无不相互仇杀，不讲道义犯法作乱，偷盗抢夺，矫命杀人。苗民不遵守政令，就用刑罚来制服他们，当时制定了五种酷刑作为刑罚。许多无罪的人被杀害，于是开始滥用劓、刵、椓、黥等刑罚，以及所有触犯刑罚的人都是用这种方法惩治，不管有罪无罪。"

————◆————

【原文】

"民兴胥渐，泯泯棼棼，罔中于信，以覆诅盟①。虐威庶戮，方告无辜于上②。上帝监民，罔有馨香德，刑发闻惟腥③。皇帝哀矜庶戮之不辜，报虐以威，遏绝苗民，无世在下④。乃命重、黎，绝地天通，罔有降格⑤。群后之逮在下，明明棐常，鳏寡无盖⑥。"

【注释】

①兴：兴起。胥：互相。渐：欺诈。泯泯棼棼（mǐn

mǐn fén fén）：纷乱的样子。罔：不。中：合。覆：败坏。
诅盟：誓约。

②虐威：以暴政令人畏服。庶戮：众多被杀的人。方：
通"旁"，普遍。

③监民：考察民情。罔有：无有。馨香：散布很远的香气。
发闻：传播。惟：只。腥：腥臭。

④皇帝：这里指颛顼。哀矜：哀怜。报：惩治。遏绝：
诛灭；灭绝。世：后代。

⑤乃：于是。重：主持天神。黎：主持臣民。格：升。

⑥群后：颛顼之后的君主高辛和尧舜。逮：及，相继。
明明：显用有德的人。棐：辅助。常：常法。盖：壅蔽。

【译文】

"苗民互相欺诈，社会混乱不堪，所行不合于信义，以
致背盟败约。许多遭酷刑折磨的人都向上帝申告自己的无
罪。上帝考察民情，没有德行所散发的香气，只有酷刑所散
发的腥气。颛顼帝哀怜众多被杀的人没有罪过，就用严刑峻
法来惩治他们，灭绝那些作恶的苗民，不让他们的后代留在
世间。又命令重和黎，隔绝苗民与天神的直接联系，无有升
降往来。高辛、尧、舜相继在下，都显用贤德的人，扶持常
道，于是孤苦之人的苦情也不再被壅蔽。"

【原文】

"皇帝清问下民，鳏寡有辞于苗①。德威惟畏，德明惟
明②。乃命三后，恤功于民③。伯夷降典，折民惟刑；禹平
水土，主名山川；稷降播种，农殖嘉谷④。三后成功，惟殷
于民⑤。士制百姓于刑之中，以教祗德⑥。"

【注释】

①皇帝：尧帝。清问：清楚地听闻。问，通"闻"。有辞：有怨言。

②德：有德的人。威：惩罚。惟：表示顺承，相当于"则"。畏：畏服。明：尊重。

③乃：于是。三后：指下文的伯夷、禹、稷。恤：忧。功：事。

④降：颁布。典：法典。折民：审理民众案件。惟：只。主名：确定名称。稷：后稷，主管农事。农：勉力。殖：种植。嘉谷：泛指五谷。

⑤惟：表示顺承，相当于"则"。殷：富足，殷实。

⑥士：主管刑狱的官。百姓：百官。于：以。中：适中。祇：敬。

【译文】

"尧帝清楚地听到天下民众和孤苦无依的人对苗民的怨言。于是选用贤人，贤人所惩罚的，人们都畏服，贤人所尊重的，人们都尊重。于是任命三位大臣管理民事。伯夷颁布法典，审理案件一切依法行事；大禹平治水土，负责为山川命名，后稷教民播种，努力种植庄稼。这三个人成功了，老百姓富足了。狱官又用公正的刑罚制御百官，教导臣民敬重德行。"

- - - - - - - ◆ - - - - - - -

【原文】

"穆穆在上，明明在下，灼于四方，罔不惟德之勤，故乃明于刑之中，率乂于民棐彝①。典狱非讫于威，惟讫于富②。敬忌，罔有择言在身③。惟克天德，自作元命，配享在下④。"

【注释】

①穆穆：庄敬的样子。明：贤明的人。明：通"勉"，努力。灼：照。罔不：无不。率：句首助词。乂：治。棐：辅助。彝：常法。

②典狱：主管刑狱。惟：在于。讫：止。

③敬忌：谨慎而有所畏惧。罔有：无有。择言：坏话。择，通"斁"。

④惟：句首语气助词。天德：上天立下的道德准则。元：长。配享：配天享禄。

【译文】

"尧帝贤明在上，臣子用功于下，德行光照四方，没有人不勤施德政，所以能用刑适中，臣民也乐于服从。主管刑罚的官员，不完全用刑罚治民，而更多的用仁厚治民。民众谨慎而有所畏惧，自身就不会再说坏话。他们能够遵循上天立下的道德准则，以自己的善行修得福命，所以享有上天所赐予的禄位。"

【原文】

王曰："嗟！四方司政典狱，非尔惟作天牧？今尔何监？非时伯夷播刑之迪？其今尔何惩？惟时苗民匪察于狱之丽①？罔择吉人，观于五刑之中；惟时庶威夺货，断制五刑，以乱无辜②。上帝不蠲，降咎于苗，苗民无辞于罚，乃绝厥世③。"

【注释】

①司政典狱：掌管政教和刑狱。司，典，都是掌管的意思。尔：你。惟：为。牧：治民。这里指治民的官。监：效法。

惟：是。时：通"是"，这。播：施行。迪：法则。惩：惩戒。
丽：通"罹"，遭受。

②吉人：善人。中：适中。惟时：于是。庶威：盛为威势。
乱：随意惩罚。无辜：无罪。

③蠲：免除，赦免。咎：灾祸。无辞于罚：对上天的惩
罚毫无怨言。乃：于是。

【译文】

穆王说："啊！掌管政教和刑狱的四方诸侯们，不是你们
代替上天治理民众吗？现在你们要效法谁呢？难道不该是伯
夷施行刑罚的法则吗？现在你们要用什么作为惩戒呢？难道
不是那些苗民不详察狱事而陷民于水火？他们不选择贤人，
监察五刑是否公正适宜；因此导致更多的人滥用威势，掠夺
财物，用酷刑决人生死，随意惩罚无辜。上帝不加赦免，降
灾于苗民，苗民对上帝的惩罚毫无怨言，于是断绝了他们的
后代。"

【原文】

王曰："呜呼！念之哉！伯父、伯兄、仲叔、季弟、幼子、
童孙，皆听朕言，庶有格命①。今尔罔不由慰曰勤，尔罔或
戒不勤②。天齐于民，俾我一日，非终惟终，在人③。尔尚敬
逆天命，以奉我一人④！虽畏勿畏，虽休勿休⑤。惟敬五刑，
以成三德⑥。一人有庆，兆民赖之，其宁惟永⑦。"

【注释】

①念：考虑。伯兄：长兄。仲叔：兄弟中排行第二。季
弟：最小的弟弟。庶：大概，或许。格命：犹大命，福命。格，
通"嘏"。

②尔：你们。罔不：无不。由：用。慰：自我安慰。或：有人。戒：警戒。

③齐：整顿。俾：使，使我们在位。惟终：代表惯犯。非终：代表偶犯。在：察。

④尚：庶几，表示希望。逆：迎接，接受。奉：助。

⑤虽：即使。休：美，善。

⑥惟：表示希望。三德：即上文的正直、刚克、柔克。

⑦庆：善。赖：利。其：将。惟：表示顺承，相当于"则"。

【译文】

穆王说："啊！你们要记住这个教训啊！伯父、伯兄、仲叔、季弟以及年幼的子孙们，你们都要听我的话，或许能保住上天赐予我们的大命。如今你们没有一个不自我安慰说已经很勤劳了，你们没有人会以不勤劳带来的灾祸为戒。上帝为了治理下民，才使我们在位，是偶尔犯罪还是一贯犯罪，我们要认真考察清楚。你们可要恭敬地接受天命，来辅助我！在断狱的时候，即使遇到可怕的事，也不要害怕；即使弄清了案情的原委，也不要高兴。希望你们慎用五刑，养成三种德行。一人办了好事，万民都能受益，国家就能长治久安。"

【原文】

王曰："吁！来，有邦有土，告尔祥刑①。在今尔安百姓，何择，非人？何敬，非刑？何度，非及②？两造具备，师听五辞；五辞简孚，正于五刑；五刑不简，正于五罚；五罚不服，正于五过③。五过之疵，惟官、惟反、惟内、惟货、惟来④。其罪惟均，其审克之⑤！"

【注释】

①有邦：指诸侯。有土：指王畿内有采地的大臣。尔：

你们。祥刑：善用刑罚。

②度：谋划。及：适宜。

③两造：原告与被告。师：士师，断狱官。听：审理。五辞：即五听，辞听、色听、气听、耳听和目听。简孚：核实可信。正：定罪。五刑：墨、劓、剕、宫、大辟。五罚：五等处以罚金的惩罚。五过：五种可以获得赦免的处罚。

④疵：弊病。惟：在于。官：畏权势。反：报私怨。内：受请托。货：索贿赂。来：徇私情。

⑤其：代指断狱官。惟：句中语气助词。均：与犯人同罪。其：表示希望。审：仔细地。克：通"核"，核实。

【译文】

穆王说："啊！来吧！各位诸侯和大臣们，我告诉你们要善用刑法。如今你们安定百姓，要选择什么呢，不该是贤人吗？要慎重什么呢，不正是刑罚吗？要考虑什么呢，不就是断狱适宜吗？原告和被告都来齐了，断狱官就用五种听讼的方法来断狱；如果用五种听讼的方法核实可信，就用五刑来判决。如果所犯之罪与五刑不符，就用罚金的办法来判决；如果所犯之罪与罚金不符，就用可以赦免的五种方式来判决。可以赦免的五种方式要防止这五种弊端：畏权势、报私怨、受请托、索贿赂、徇私情。但凡有这五种情况，断狱官的罪就与罪犯相同，你们必须详细核实啊！"

【原文】

"五刑之疑有赦，五罚之疑有赦，其审克之①！简孚有众，惟貌有稽②。无简不听，具严天威③。墨辟疑赦，其罚百锾，阅实其罪④。劓辟疑赦，其罚惟倍，阅实其罪⑤。剕辟疑赦，其罚倍差，阅实其罪⑥。宫辟疑赦，其罚六百锾，阅实其罪⑦。大辟疑赦，其罚千锾，阅实其罪⑧。墨罚之属千，劓罚之属千，剕罚之属五百，宫罚之属三百，大辟之罚其属二百⑨。五刑之属三千⑩。"

【注释】

①疑：疑问。其：表示希望。审：仔细地。克：通"核"，核实。

②简孚：核实可信。惟：只。貌：疑似。稽：考察。

③简：核实。具：都。严：敬。

④墨：在犯人额上刺字并染以墨。辟：罪。锾（huán）：古代重量单位，一锾等于六两。阅实：审查核实。

⑤劓：割鼻子。惟：是。倍：百锾的一倍，即两百锾。

⑥剕（fèi）：砍去脚。倍差：一倍半，即五百锾。

⑦宫：宫刑。

⑧大辟：死刑。

⑨属：指刑罚的条目。

⑩三千：墨刑的条目有一千，劓刑的条目有一千，剕刑的条目有五百，宫刑的条目有三百，死刑的条目有二百，合为三千。

【译文】

"根据五刑定罪有疑问可以从轻处罚的，根据五罚定罪有疑问可以从轻处罚的，一定要详细察实！要多从众人中核实验证，但有疑似都要严格审察。未经核实就不能定罪，应当共同敬畏上天的威严。判处墨刑有疑问可以从轻处罚的，就罚金一百锾，要核实其罪行。判处劓刑有疑问可以从轻处罚的，就罚金二百锾，要核实其罪行。判处剕刑有疑问可以从轻处罚的，就罚金五百锾，要核实其罪行。判处宫刑有疑问可以从轻处罚的，就罚金六百锾，要核实其罪行。判处死刑有疑问可以从轻处罚的，就罚金一千锾，要核实其罪行。墨刑的条目有一千，劓刑的条目有一千，剕刑的条目有五百，宫刑的条目有三百，死刑的条目有二百。五种刑罚的条目共有三千。"

【原文】

"上下比罪，无僭乱辞，勿用不行，惟察惟法，其审克之①！上刑适轻，下服；下刑适重，上服②。轻重诸罚有权③。刑罚世轻世重，惟齐非齐，有伦有要④。罚惩非死，人极于病⑤。非佞折狱，惟良折狱，罔非在中⑥。察辞于差，非从惟从⑦。哀敬折狱，明启刑书胥占，咸庶中正⑧。其刑其罚，其审克之！狱成而孚，输而孚⑨。其刑上备，有并两刑⑩。"

【注释】

①比：比照。无：毋，不要。僭：差错。乱辞：不实的供词。不行：已废除的法律。惟：句首语气助词。察：仔细审察。

②上刑：重刑。适：宜。下服：减刑一等。

③权：变通。

④齐：同。伦：常理。要：根据。

⑤极：痛苦。于：比。

⑥佞：巧言善辩的人。折狱：断案。惟：只。良：贤能的人。罔非：无不。中：合适。

⑦差：供词间的矛盾。

⑧哀敬：怜恤，同情。启：打开。胥：相。占：预料。咸：都。庶：或许。中正：得当；不偏不倚。

⑨其：表示祈使，应当。孚：信。输：变更。

⑩备：慎。并：合并为一种。

【译文】

"要根据法律条文上下比照其罪行，不要因为不实之词而断错，不要用已经废除的法律，要仔细审察，要依法合理，一定要详细察实！重刑宜于减轻处置的，就减轻一等处置；轻刑宜于加重处置的，就加重一等处置。罚轻罚重都要有所变通。刑罚是轻是重，是同还是不同，都有它的常理和根据，不能任意决定。刑罚虽不能置人于死地，但受刑罚的人会比得了重病还痛苦。不用巧辩的人审理犯人，而是用贤能的人审理犯人，就没有什么不公正合理的。从供词间的矛盾处审察犯人，不服从的犯人也会服从。审理案件应当怀着哀怜的态度来判决，打开刑书都能一一印证，或许才能公平恰当。该受刑还是当罚金，要详细察实啊！定刑能够使人信服，改刑也能使人信服。刑罚贵在慎重，有时也可以两罪并罚。"

【原文】

王曰："呜呼！敬之哉！官伯族姓，朕言多惧①。朕敬于刑，有德惟刑。今天相民，作配在下②。明清于单辞，民之乱，罔不中听狱之两辞，无或私家于狱之两辞③！狱货非宝，惟府辜功，报以庶尤④。永畏惟罚，非天不中，惟人在命⑤。天罚不极，庶民罔有令政在于天下⑥。"

【注释】

①官伯：指诸侯。即上文"四方司政典狱"。族姓：同姓大臣。即上文"伯父、伯兄、仲叔、季弟、幼子、童孙"。

②惟：在于。相：扶持。作配：立君设官与天帝众神相配。

③明清：明察。单辞：一面之词。乱：治理。中听：不偏听偏信。两辞：原告与被告两方的诉辞。私家：私自谋利。

④狱货：狱吏受贿所得之物。惟：只。府：聚集。辜功：罪状。庶尤：众怨。

⑤畏：敬畏。惟：句中语气助词。中：公平。惟：是。在：终止。

⑥天罚：天威。极：至。罔有：无有。令政：善政。

【译文】

穆王说："啊，要谨慎地对待刑狱啊！众位诸侯以及同姓官员们，对我说的话要有所戒惧。我之所以慎重对待刑罚，是因为有德于民的也是刑罚。如今上天扶助民众，设立官长替天治民。办案时一定要明察，不可偏听偏信，要治理天下，无不在于公正地听取双方的讼辞，而不是为了私利偏袒其中一方！审理案件受贿不是好事，只会让自己罪状加深，招致民众的怨恨。敬畏上天的惩罚，不是上天不公平，而是人们自绝天命。如果上天不惩罚他们，众民就感受不到德政。"

【原文】

王曰："呜呼！嗣孙，今往何监？非德？于民之中，尚明听之哉①！哲人惟刑②。无疆之辞，属于五极，咸中有庆③。受王嘉师，监于兹祥刑④。"

【注释】

①嗣孙：承嗣的子孙。监：通"鉴"，鉴戒。中：公正适当。尚：庶几，表示希望。

②哲：通"折"，制。惟：在于。

③无疆：无穷。属：符合。五极：五刑。庆：福泽。

④嘉：善。师：众。监：视。兹：此。祥刑：善用刑罚。

【译文】

穆王说:"啊!子孙们,从今以后,用什么作为鉴戒呢?难道不是德政吗?审理案情要公正适当,就要你们明察双方的讼辞啊!唯有刑罚才能治理民众。对于无穷的讼辞,判决都能合于五刑,处理公正适当,才会有福泽。你们接受了这些善良的民众,可要学会善用刑罚啊!"

文侯之命

【原文】

平王锡晋文侯秬鬯圭瓒，作《文侯之命》①。

【注释】

①平王：名宜臼，东周第一任君主。锡：赐。圭瓒：古代的一种玉制酒器，形状如勺，以圭为柄，用于祭祀。

【译文】

周平王赐给晋文侯秬鬯、圭瓒，史官记下写成了《文侯之命》。

【原文】

王若曰："父义和①！丕显文、武，克慎明德，昭升于上，敷闻在下，惟时上帝集厥命于文王②。亦惟先正克左右昭事厥辟，越小大谋猷罔不率从，肆先祖怀在位③。"

【注释】

①父：对同姓诸侯中尊长的称呼。义和：晋文侯的字。丕显：大显。

②克：能够。慎：谨慎。明：通"勉"，努力。昭：明。上：上天。敷：布。闻：名声。下：民间。惟时：于是。集：下。

③惟：因为。先正：前代的贤臣。左右：辅佐。昭事：勤勉地服事。辟：君主。越：于。猷：谋。罔不：无不。率

从：遵从。肆：故，所以。怀：安。

【译文】

平王这样说："族父义和啊！文王和武王能够大显于世，因为他们能够慎重施行德政，盛德升闻于上天，名声传播在民间，于是上帝降下福命给文王、武王。也因为前代的贤臣能够辅佐、服事他们的君主，对于君主的大小谋略无不遵从，所以先祖能够安然在位。"

【原文】

"呜呼！闵予小子嗣，造天丕愆①。殄资泽于下民，侵戎我国家纯②。即我御事，罔或耆寿俊在厥服，予则罔克③。曰惟祖惟父，其伊恤朕躬④！呜呼！有绩予一人，永绥在位⑤。"

【注释】

①闵：可怜。予小子：周平王自称。嗣：继承大位。造：遭受。丕：大。愆：灾祸。

②殄：绝。资：财。泽：禄位。侵戎：侵伐。纯：边境。

③即：现在，如今。御事：治事大臣。罔或：没有。耆寿：年高德劭的人。俊：通"骏"，长久地。服：职位。克：胜任。

④惟：句首语气助词。其：表示希望。伊：你们。恤：忧虑，保佑。

⑤绩：成果，功业。绥：安。

【译文】

"啊！可怜我这年纪轻轻继承王位，遭到了上天的大灾祸。不仅断绝了大家的财货与禄位，还遭遇犬戎侵略我国家边境。现在我的治事大臣，没有老成人长期在职，我真是不堪重负了。我常常祈祷祖父们要保佑我！啊！为我建功立业吧，让我能够永远地保住大位。"

- - - - - - - - - ◆ - - - - - - - - -

【原文】

"父义和！汝克绍乃显祖，汝肇刑文、武，用会绍乃辟，追孝于前文人①。汝多修，扞我于艰，若汝，予嘉②。"

【注释】

①绍：继承。乃：你。显祖：晋国先祖叔虞，受封于唐，故称唐叔虞。肇：勉力。刑：效法。会绍：征召会合。辟：君主。追孝：继承前人的意志。文人：有文德的人，指显祖。

②修：美好。扞：保卫。

【译文】

"族父义和啊！您能够继承您的显祖唐叔，努力效法文王和武王，用会合诸侯的方式帮助了您的君主，像你的先祖一样建立功业。您实在太好了，在困难的时候保卫了我，像您这样的大臣，我要好好嘉奖！"

- - - - - - - - - ◆ - - - - - - - - -

【原文】

王曰："父义和！其归视尔师，宁尔邦①。用赉尔秬鬯一卣；彤弓一，彤矢百；卢弓一，卢矢百；马四匹②。"

【注释】

①尔：你的。视：治理。师：军队。宁：安定。

②彤弓：朱漆弓。古代天子用以赐有功的诸侯或大臣使专征伐。彤矢：朱漆箭。古代天子用以赐有功诸侯大臣。卢弓：黑色弓。

【译文】

平王说:"族父义和啊!回去好好整顿您的军队,安定您的国家。现在我赐给您黑黍香酒一坛;红色的弓一张,红色的箭一百支;黑色的弓一张,黑色的箭一百支;马四匹。"

【原文】

"父往哉!柔远能迩,惠康小民,无荒宁①。简恤尔都,用成尔显德②。"

【注释】

①柔:安抚。能:亲善,和睦。迩:近邻。惠:爱。康:安。荒宁:荒废政事,贪图安逸。

②简恤:考察而体恤之。显德:显明的美德。

【译文】

"您回去吧!安抚远方,亲善近邻,爱护安定国民,不要荒废政事,贪图安逸。努力体恤你的子民,成就您的美德。"

费 誓

【原文】

鲁侯伯禽宅曲阜，徐、夷并兴，东郊不开，作《费誓》①。

【注释】

①伯禽：周公之子。宅：居。曲阜：鲁国国都。并：一起。兴：作乱。

【译文】

鲁侯伯禽居于曲阜，徐戎、怀夷一起作乱，鲁国东郊不安宁，不开国门，史官记下写了《费誓》。

━━━━━━━━━ ◆ ━━━━━━━━━

【原文】

公曰："嗟！人无哗，听命①。徂兹淮夷、徐戎并兴②。善敹乃甲胄，敿乃干，无敢不吊③！备乃弓矢，锻乃戈矛，砺乃锋刃，无敢不善④！今惟淫舍牿牛马，杜乃擭，敜乃阱，无敢伤牿⑤。牿之伤，汝则有常刑⑥！"

【注释】

①无：毋。哗：喧哗。

②徂：通"且"，现在。

③敹（liáo）：缝缀。乃：你的。甲：铠甲。胄：头盔。敿（jiǎo）：系连。干：盾牌。吊：善。

④锻：锻造。砺：磨砺。

⑤惟：表示希望。淫：大大地。舍：放。牿（gù）：养牛马的圈。杜：闭。攫（huò）：装有机关的捕兽木笼。敜（niè）：填塞。牿：指牛马。

⑥有：受到。

【译文】

公说："喂！大家不要喧哗，听我命令。现今淮夷、徐戎同时起来作乱。好好缝缀你们的铠甲头盔，系连你们的盾牌，不许不准备好！准备你们的弓箭，锻造你们的戈矛，磨利你们的锋刃，不许不准备好！现在要大放圈中的牛马，关闭你们捕兽的机关，填塞你们捕兽的陷阱，不要伤害牛马。伤害了牛马，你们就要受到惩罚！"

【原文】

"马牛其风，臣妾逋逃，勿敢越逐①！祗复之，我商赉尔，乃越逐不复，汝则有常刑②！无敢寇攘，逾垣墙，窃马牛，诱臣妾，汝则有常刑③！"

【注释】

①风：雌雄相诱谓之风，这里指相诱而走失。臣妾：奴仆。逋逃：逃跑。越逐：离开队伍去追赶。

②祗：敬。复：还。指还给原主。商：考虑。乃：如果。

③寇攘：劫掠，侵扰。逾：翻越。垣墙：围墙。

【译文】

"牛马走失了，男女奴仆逃跑了，不许离开队伍去追赶！无意得到的要恭敬送还原主，我会考虑赏赐你们，如果你们擅自离开队伍去追赶，或者不归还原主，你们就要受到惩罚！不许抢取掠夺，翻越围墙，偷人马牛，骗取别人的男女奴仆，这样，你们就要受到惩罚！"

【原文】

"甲戌，我惟征徐戎。峙乃糗粮，无敢不逮，汝则有大刑①！鲁人三郊三遂，峙乃桢干②。甲戌，我惟筑，无敢不供，汝则有无余刑，非杀③。鲁人三郊三遂，峙乃刍茭，无敢不多，汝则有大刑④！"

【注释】

①惟：将。峙（zhì）：储备。乃：你的。糗（qiǔ）粮：干粮。不逮：不及，达不到要求。大刑：死刑。

②三郊三遂：古代行政区划，城外近处是郊，远处是遂。桢干：筑墙的木板，桢用在墙的两端，干用在墙的两旁。

③惟：将。筑：修筑营垒。无余刑：终身监禁。

④刍茭：干草，牛马的饲料。

【译文】

"甲戌这天，我们将要征伐徐戎。准备好你们的干粮，不许不够，如果不够，你们就要受到死刑！我们鲁国三郊三遂的人，要准备好你们的筑墙工具。甲戌这天，我们要修筑营垒，不许不供给，如果不供给，你们将受到终身监禁的处罚，只是不杀头。我们鲁国三郊三遂的人，要准备你们的干草，不许不够，如果不够，你们就要受到死刑！"

秦 誓

【原文】

秦穆公伐郑，晋襄公帅师败诸崤，还归，作《秦誓》①。

【注释】

①伐：征伐。师：军队。诸：之于。崤（xiáo）：山名，在今河南西部。还归：指晋国释放秦国将领孟明视、西乞术、白乙丙回秦国。

【译文】

秦穆公征伐郑国，晋襄公率领军队败之于崤山，归还了秦国的三位将领，穆公悔过，史官记下写了《秦誓》。

【原文】

公曰："嗟！我士，听无哗①。予誓告汝群言之首①。古人有言曰：'民讫自若，是多盘②。'责人斯无难，惟受责俾如流，是惟艰哉③！我心之忧，日月逾迈，若弗云来④！惟古之谋人，则曰未就予忌；惟今之谋人，姑将以为亲⑤。虽则云然，尚猷询兹黄发，则罔所愆⑥。"

【注释】

①士：众官。群言之首：许多话中最重要的话。

②讫：终，竟。自若：随心所欲。盘：邪僻。

③惟：却。俾：使。是：这。惟：是。

④日月逾迈：时间一天天过去。云来：如云飞卷而来，返回。

⑤惟：句首语气助词。谋人：谋臣。就：顺从。忌：通"恭"，意志。姑：姑且，将就。

⑥云然：这样说。尚：还。猷：谋。黄发：老人。愆：过失。

【译文】

穆公说："啊！众位官员们，听着，不要喧哗！我有重要的话要告诉你们。古人有句话说：'人只要随心所欲，就会多出差错。'责备别人不是难事，被别人责备却能从谏如流，这就很困难啊！我心中忧虑的是，时间一天天过去，再也不会回来了。昔日的谋臣，总觉得他们不能顺从我的意志；现在的谋臣，都将要把他们当作最亲的人了。虽说这样，还是要多向年老的人请教，才没有失误。"

【原文】

"番番良士，旅力既愆，我尚有之；仡仡勇夫，射御不违，我尚不欲①。惟截截善谝言，俾君子易辞，我皇多有之②！"

【注释】

①番番：白发苍苍的样子。番，通"皤"。旅力：体力。旅，通"膂"。愆：通"寋"，亏损。这里指年老体衰。有：亲近。仡仡（yì）：勇武强壮的样子。射：射箭。御：驾车。违：失误。欲：喜欢。

②惟：只。截截：浅薄的样子。截，通"諓"。谝（pián）言：巧言。易辞：改变言辞。皇：通"况"，竟然。有：亲近。

【译文】

"白发苍苍的良士，虽然年老体衰，我还是亲近他们。

强壮勇猛的武士，射箭和驾车都不错，我还是不大喜爱。只是那些浅薄善辩的人，容易使人迷惑，我竟然会亲近他们！"

【原文】

"昧昧我思之，如有一介臣，断断猗无他技，其心休休焉，其如有容①。人之有技，若己有之。人之彦圣，其心好之，不啻若自其口出②。是能容之，以保我子孙黎民，亦职有利哉③！"

【注释】

①昧昧：暗暗地。介：个。断断：诚实专一。猗：语气助词。技：技能，本领。休休：宽容。

②彦圣：有才有德。不啻：不但。

③是：这。职：职位。

【译文】

"我暗暗思量着，如果有一个官员，诚实专一而没有别的技能，他的胸怀宽广，能够容纳他人。别人有能力，好像自己的一样。别人有才有德，不但口中常常加以称道，而且从心里喜欢他。这样能够宽容的人，必定能够保护我的子孙和百姓，在职位上也能有利于国家啊！"

【原文】

"人之有技，冒疾以恶之①。人之彦圣，而违之俾不达②。是不能容，以不能保我子孙黎民，亦曰殆哉③！"

【注释】

①冒疾：即媢嫉，妒忌。

②违：阻挠。俾：使。达：通。

③是：这。殆：危险。

【译文】

"别人有能力，就妒忌，就厌恶。别人有才有德，却阻挠使他不能被君主知道。这样不能宽容人，必定不能保护我的子孙和百姓，任用他们会很危险啊！"

【原文】

"邦之杌陧，曰由一人；邦之荣怀，亦尚一人之庆①。"

【注释】

①杌陧（wù niè）：倾危不安的样子。由：由于。荣怀：强盛安宁。

【译文】

"国家的倾危不安，是由于君主用人不当；国家的繁荣安定，也取决于君主用人得当。"